Franz Hauleitner · Michael Hauleitner

Nationalpark Kalkalpen

Sengsengebirge, Reichraminger Hintergebirge und Steyrer Voralpen

50 ausgewählte Wanderungen zwischen Steyr und Ybbs

ROTHER
BERGVERLAG

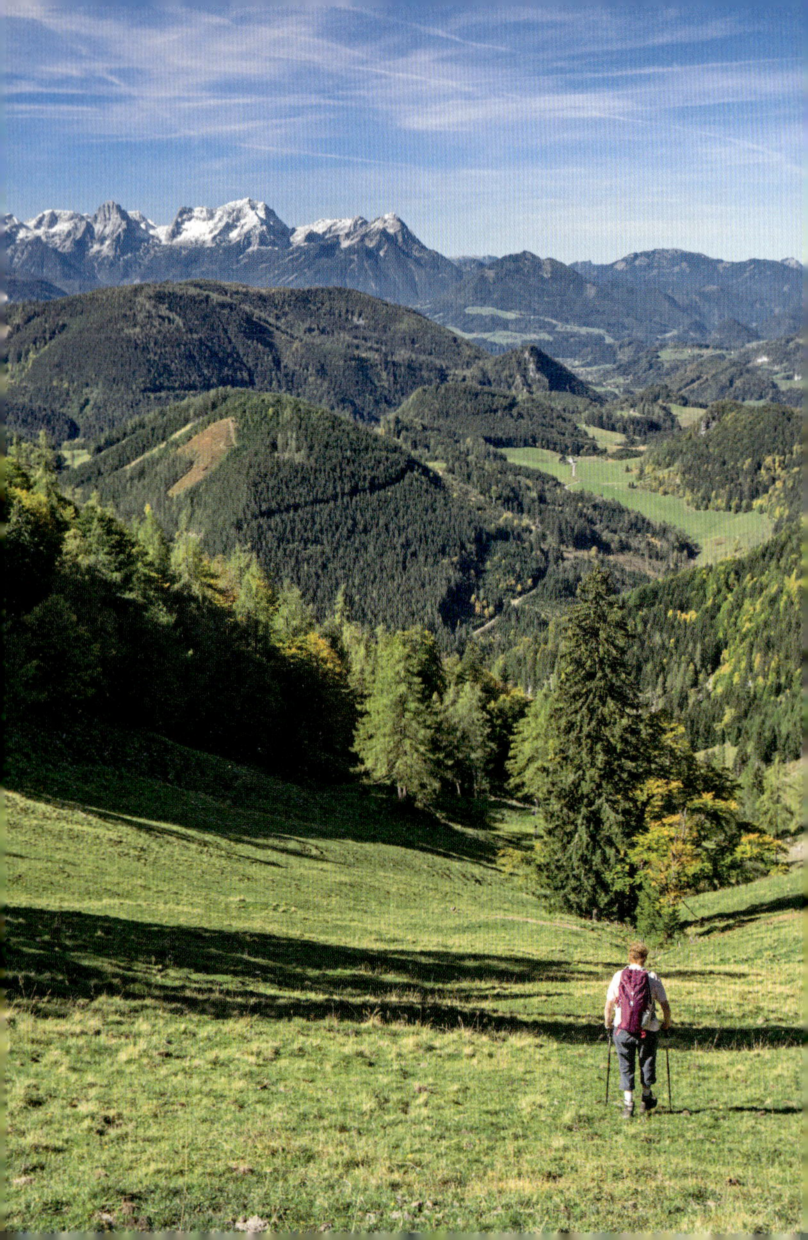

VORWORT

Wem alpine Übererschließung, lärmende Menschenmassen, überrannte Trampelpfade und volle Hütten ein Gräuel sind, wer nach Stille und Einsamkeit, nach unentdeckter, noch unberührter Bergnatur Ausschau hält – in der Wildnis, den Urwäldern und weitläufigen Waldgebieten des Nationalparks Kalkalpen kann er sie finden. Als Teilgebiet der nördlichen Kalkvoralpen prunkt das Gebiet nicht mit »Äußerlichkeiten«, mit wuchtigen Felsmassiven wie etwa im nahen Gesäuse oder im Toten Gebirge. Hier konzentriert sich die Aufmerksamkeit des Besuchers auf kleinere, subtilere Dinge, auf undurchdringliche Urwälder, seltene Pflanzen und Tiere, auf entlegene verträumte Almen und die zahllosen Schluchten und Klammen, die labyrinthartig das Gebiet durchziehen.

Im Südosten des Bundeslandes Oberösterreich nahe der Grenze zu Niederösterreich und der Steiermark gelegen, formen zwei Gebirgsmassive das Nationalparkrevier: das Sengsengebirge als nördlicher Randwall der Kalkalpen mit dem Hohen Nock als höchster Erhebung im 20 Kilometer langen Hauptkamm und das Reichraminger Hintergebirge, das größte geschlossene Waldgebiet Österreichs mit dem längsten unversehrten Bachsystem der Ostalpen. Naturnahe Mischwälder, wilde verborgene Schluchten, unberührte klare Gebirgsbäche, aussichtsreiche Berggipfel und sanfte Almweiden prägen das Landschaftsbild, bieten Lebensraum für Raritäten wie Luchs, Steinadler, Weißrückenspecht, Alpenbockkäfer, Clusius-Primel und Frauenschuh.

Ein gepflegtes Wegenetz schafft vielfältige Wandermöglichkeiten, von Wasserwegen, Schluchten- und Almwanderungen bis hin zur zünftigen alpinen Bergtour, wobei sich spezielle Themenwege für Familien mit Kindern anbieten. Auf einem weitverzweigten, über 500 Kilometer langen Forststraßensystem – es stammt noch von der zur Eisenverarbeitung (Eisenwurzen!) notwendigen Holzindustrie – kommen auch Radfahrer und Mountainbiker auf ihre Rechnung.

Wir wünschen allen Entdeckerinnen und Entdeckern dieser größten Waldwildnis der Ostalpen genussreiche Stunden in der noch heilen Gebirgswelt des Nationalparks Kalkalpen.

Wien, im Frühjahr 2024 — Franz und Michael Hauleitner

Im Abstieg vom Menauersattel zur gleichnamigen Alm (Tour 38). In der Ferne links das Tote Gebirge mit Großem Priel und Spitzmauer.

INHALTSVERZEICHNIS

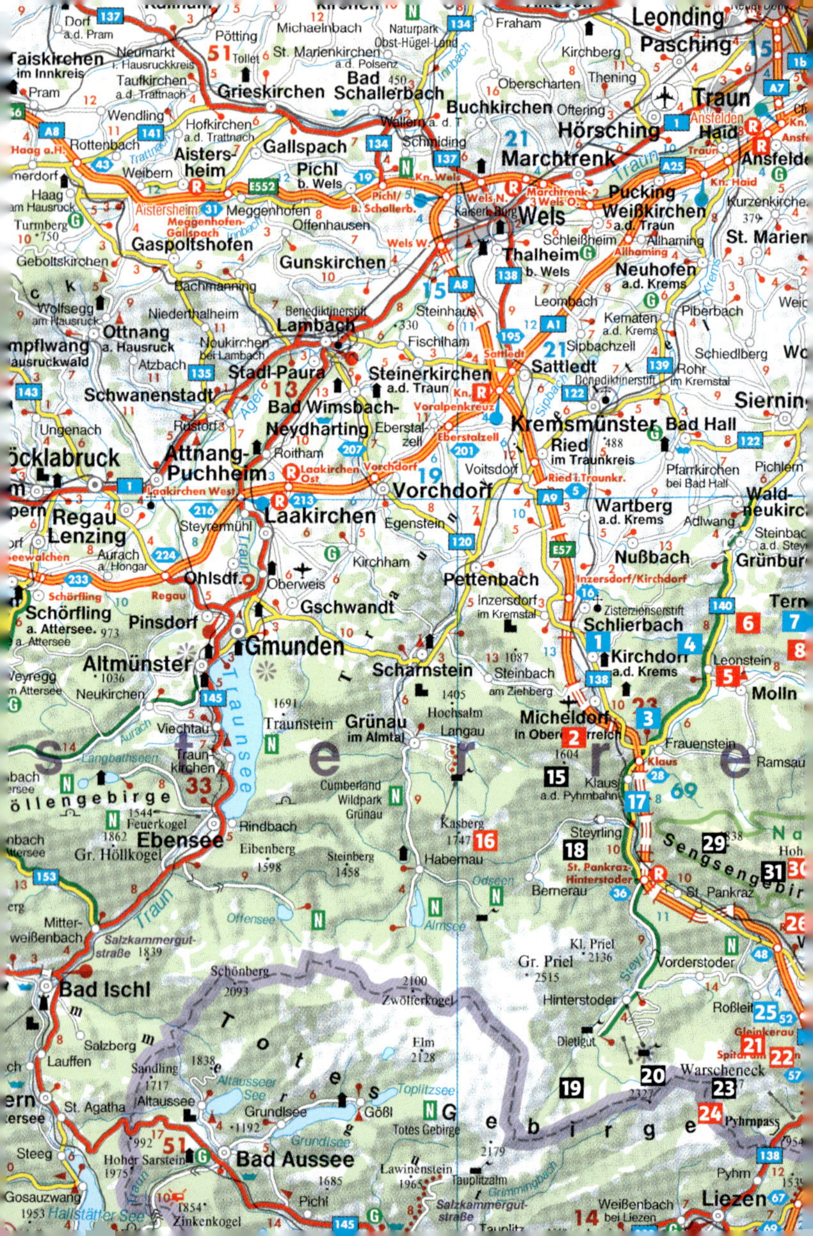

Leonding
Pasching
Dorf a.d. Pram
Pötting
Michaelnbach
Naturpark Obst-Hügel-Land
Fraham
Taiskirchen im Innkreis
Neumarkt i. Hausruckkreis
Tollet
St. Marienkirchen a.d. Polsenz
Kirchberg
Thening
Pram
Taufkirchen a.d. Trattnach
Grieskirchen
Bad Schallerbach
Oberschartern
Traun
Wendling
Hofkirchen a.d. Trattnach
Wallern a. d. T.
Buchkirchen
Offering
Hörsching
Ansfelden
Haid
Rottenbach
Aistersheim
Gallspach
Schmiding
Marchtrenk
Haag a.H.
Weibern
Pichl b. Wels
Kn. Wels
Kn. Haid
Haag am Hausruck
Meggenhofen
Offenhausen
Wels
Pucking
Weißkirchen a.d. Traun
Kurzenkirchen
Turmberg
Gaspoltshofen
Schleißheim
Allhaming
St. Marien
Geboltskirchen
Gunskirchen
Thalheim b. Wels
Neuhofen a.d. Krems
Wolfsegg am Hausruck
Niederthalheim
Bachmanning
Benediktinerstift
Lambach
Steinhaus
Leonbach
Kematen a.d. Krems
Piberbach
Ottnang a. Hausruck
Ampflwang im Hausruckwald
Neukirchen bei Lambach
Fischlham
Sipbachzell
Schiedlberg
Atzbach
Stadl-Paura
Steinerkirchen a.d. Traun
Sattledt
Rohr im Kremstal
Schwanenstadt
Bad Wimsbach-Neydharting
Voralpenkreuz
Kremsmünster
Bad Hall
Sierning
Ungenach
Rüstorf
Eberstalzell
Ried im Traunkreis
Vöcklabruck
Attnang-Puchheim
Roitham
Laakirchen Ost
Vorchdorf
Voitsdorf
Pfarrkirchen bei Bad Hall
Pichlern
Laakirchen West
Ried i. Traunkr.
Wartberg a.d. Krems
Waldneukirchen
Regau
Lenzing
Steyrermühl
Laakirchen
Egenstein
Adlwang
Steinbach a.d. Steyr
Seewalchen
Aurach a. Hongar
Kirchham
Nußbach
Grünburg
Ohlsdf.
Oberweis
Pettenbach
Inzersdorf/Kirchdorf
Schörfling
Regau
Inzersdorf im Kremstal
Schörfling a. Attersee
Pinsdorf
Gschwandt
Zisterzienserstift
Schlierbach
Gmunden
Kirchdorf a.d. Krems
Leonstein
Altmünster
Scharnstein
Steinbach am Ziehberg
Molln
Neukirchen
Traunsee
Grünau im Almtal
Hochsalm
Micheldorf in Oberösterreich
Traunstein
Viechtau
Langau
Frauenstein
Traunkirchen
Langbathseen
Cumberland Wildpark Grünau
Klaus a.d. Pyhrnbahn
Klaus
Ramsau
Höllengebirge
Feuerkogel
Rindbach
Kasberg
Steyrling
Ebensee
Eibenberg
Steinberg
Gr. Höllkogel
Habernau
St. Pankraz-Hinterstoder
Sengsengebirge
St. Pankraz
Bernerau
Offensee
Odensee
Almsee
Traun
Mitterweißenbach
Salzkammergut-straße
Kl. Priel
Gr. Priel
Vorderstoder
Schönberg
Bad Ischl
Zwölferkogel
Hinterstoder
Roßleiten
Dietlgut
Salzberg
Lauffen
Sandling
Elm
Gleinkerau
Spital
Warscheneck
Altausseer See
Toplitzsee
Altaussee
St. Agatha
Grundlsee
Gößl
Totes Gebirge
Pyhrnpass
Steeg
Hoher Sarstein
Bad Aussee
Grundlsee
Lawinenstein
Tauplitzalm
Grimmingbach
Pyhrn
Gosauzwang
Hallstätter See
Zinkenkogel
Pichl
Salzkammergut-straße
Weißenbach bei Liezen
Liezen
Tauplitz

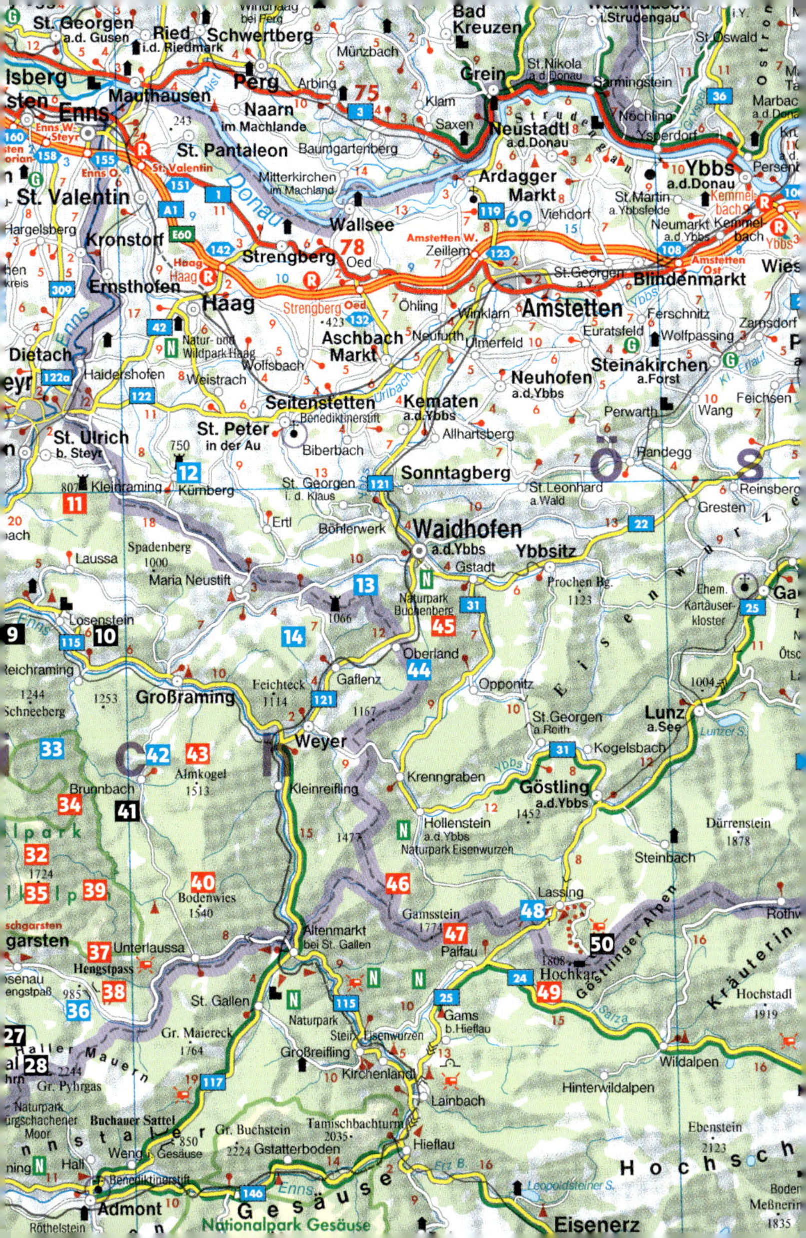

St. Georgen a.d. Gusen
Ried i.d. Riedmark
Schwertberg
Münzbach
Bad Kreuzen
Mauthausen
Perg
Arbing
Enns
Naarn im Machlande
Grein
St. Nikola a.d. Donau
Sarmingstein
St. Oswald
Klam
Saxen
Neustadtl a.d. Donau
St. Pantaleon
Baumgartenberg
Mitterkirchen im Machland
Donau
Ardagger Markt
Ybbs a.d. Donau
Persenbeug
St. Valentin
Wallsee
St. Martin a. Ybbsfelde
Kemmelbach
Viehdorf
Neumarkt a.d. Ybbs
Kronstorf
Strengberg
Oed
Zeillern
Amstetten W.
Amstetten Ost
Blindenmarkt
Hargelsberg
Haag
St. Georgen a.Y.
Ernsthofen
Öhling
Winklarn
Amstetten
Ferschnitz
Zarnsdorf
Aschbach Markt
Neufurth
Euratsfeld
Wolfpassing
Dietach
Natur- und Wildpark Haag
Wolfsbach
Ulmerfeld
Steinakirchen a.Forst
Haidershofen
Weistrach
Neuhofen a.d. Ybbs
Seitenstetten
Benediktinerstift
Kematen a.d. Ybbs
Wang
Feichsen
Perwarth
Allhartsberg
St. Ulrich b. Steyr
St. Peter in der Au
Biberbach
Randegg
Kleinraming
Kürnberg
St. Georgen i. d. Klaus
Sonntagberg
St. Leonhard a.Wald
Reinsberg
Gresten
Ertl
Böhlerwerk
Waidhofen a.d. Ybbs
Lausa
Spadenberg 1000
Maria Neustift
Gstadt
Ybbsitz
Prochen Bg. 1123
Naturpark Buchenberg
Ehem. Kartäuser-kloster
Losenstein
Oberland
Reichraming
Gaflenz
Feichteck 1114
Opponitz
Eisenwurzen
Schneeberg 1244
Großraming
St. Georgen a. Reith
Lunz a. See
Lunzer S.
Weyer
Kogelsbach
Almkogel 1513
Brunnbach
Kleinreifling
Krenngraben
Ybbs
Göstling a.d. Ybbs
Hollenstein a.d. Ybbs
Naturpark Eisenwurzen
Dürrenstein 1878
Steinbach
Bodenwies 1540
Lassing
Gamsstein 1774
Göstlinger Alpen
Altenmarkt bei St. Gallen
Unterlaussa
Palfau
Hengstpass
Hochkar
Kräuterin
St. Gallen
Gams b. Hieflau
Hochstadl 1919
Gr. Maiereck 1764
Naturpark Steirische Eisenwurzen
Salza
Großreifling
Kirchenlandl
Wildalpen
Haller Mauern
Gr. Pyhrgas
Lainbach
Hinterwildalpen
Buchauer Sattel
Gr. Buchstein 2224
Tamischbachturm 2035
Ebenstein 2123
Weng i. Gesäuse
Gstatterboden
Hieflau
Hochschwab
Admont
Benediktinerstift
Enns
Gesäuse
Leopoldsteiner S.
Nationalpark Gesäuse
Röthelstein
Eisenerz

TOP-TOUREN

Über Geschmack lässt sich bekanntlich nicht streiten. Auch bei der Suche nach den Top-Touren eines Gebiets urteilt der eine so, der andere so. Da ist es wahrlich nicht einfach, aus einem Kompendium von an sich schon lohnenden Touren die allerschönsten auszuwählen. Wenn nachstehend dieser Versuch nach objektiven Kriterien unternommen wurde, so bleibt das Ergebnis dennoch irgendwie subjektiv, je nachdem, was man als Wanderer für wichtiger ansieht: Abwechslungsreichtum, touristischen Wert oder landschaftliche Schönheit.

Aus dem Steyrtal ins Kremstal
Familienwanderung in leichtem Auf und Ab durch herrliches Voralpengebiet. Sehenswürdigkeiten wie Klauser Stausee, Wallfahrtskirche Frauenstein, Steyrdurchbruch, Burg Altpernstein bzw. Kultstätte Georgenberg machen die Tour auch für kulturell Interessierte attraktiv. *(Tour 3, 4.30 h)*

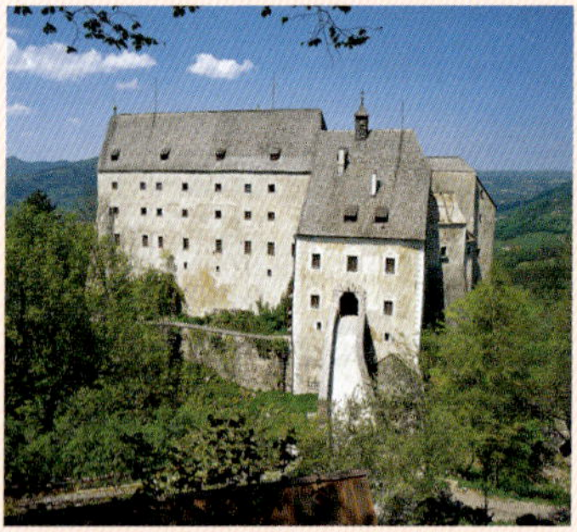

Rinnerberger Klamm und Wasserfall
Eine gemütliche Runde, die neben der Besichtigung eines alten Hammerschmiede-Dorfes auch Naturattraktionen wie die Rinnerberger Klamm mit spektakulärem Wasserfall einschließt. *(Tour 4, 3.30 h)*

Schoberstein
Ein fantastischer Aussichtsberg hoch über dem Ennstal bei Ternberg. Mit seinem felsigen Gipfelaufbau besitzt er trotz bescheidener Höhe bereits so etwas wie »alpine Dimensionen«. *(Tour 8, 4.00 h)*

Stodertaler Dolomitensteig
Der gesicherte Stodertaler Dolomitensteigs über die Hochsteinalm durch die Nordabstürze des Schwarzkogels, vorbei am Steyr-Ursprung, lässt die Herzen geübter Bergwanderer höherschlagen. *(Tour 19, 4.30 h)*

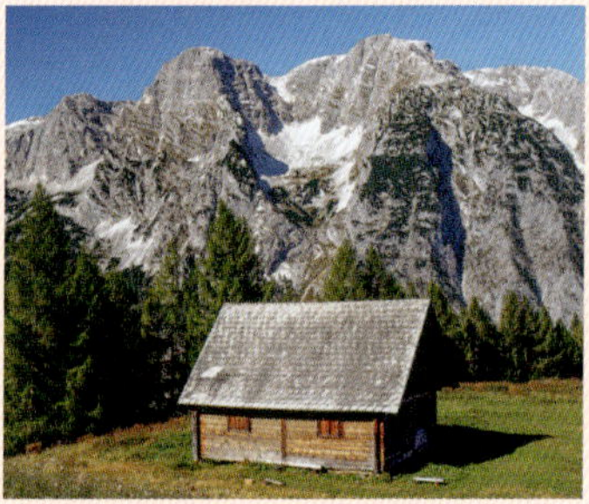

Vom Gleinkersee und Pießling-Ursprung
Ein idyllischer Badesee, eine mächtige Karstquelle und eine der ältesten Sensenschmieden Österreichs machen diese Rundwanderung zu einem Erlebnis für Jung und Alt. *(Tour 25, 2.00 h)*

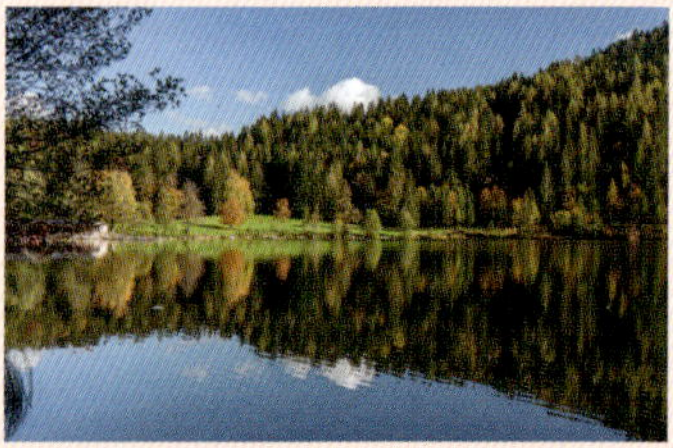

Kleinerberg
Ein wunderbarer Aussichtsberg, eingebettet in eine abwechslungsreiche Rundwanderung am Rande des Kalkalpen-Nationalparks. *(Tour 26, 4.30 h)*

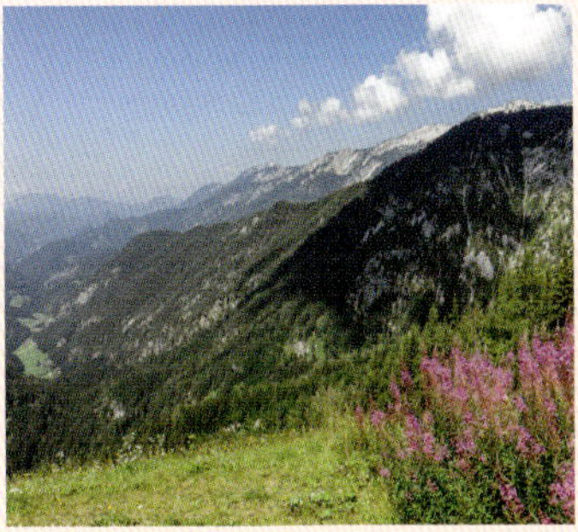

Kleiner Pyhrgas
Anspruchsvolle Bergtour auf einen nur im Verhältnis »kleinen« Gipfel. Die traumhaft schön gelegene Gowilalm verdient auch für sich allein einen Besuch. *(Tour 27, 7.00 h)*

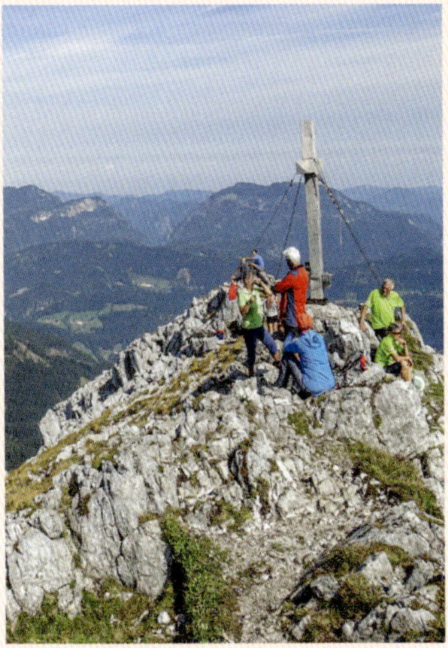

Hochkogel, Anlaufalm und Große Schlucht
Eine lange, »klassische« Tour im Nationalparkgebiet des Hintergebirges mit romantischen Schluchten und Wasserfällen, gemütlicher Almeinkehr und aussichtsreichem Gipfel. *(Tour 41, 7.45 h)*

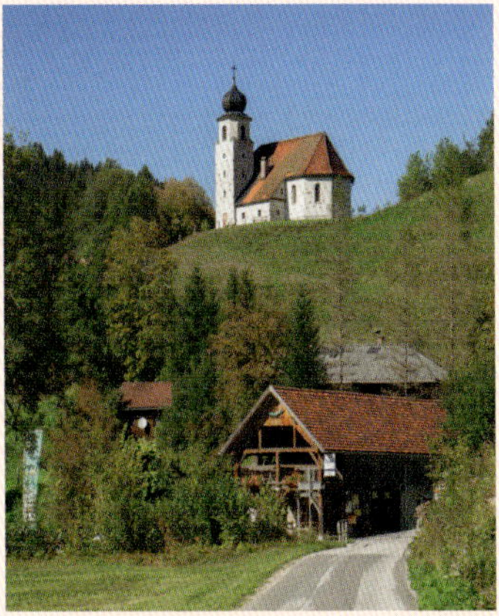

Der Triftsteig durch die Erlebniswelt Mendlingtal
Das Mendlingtal bei Lassing birgt die einzige noch betriebsfähige Holztriftanlage Mitteleuropas. Eine Begehung des aufwendig angelegten Triftsteigs bietet Information und Abwechslung auf Schritt und Tritt. *(Tour 48, 3.15 h)*

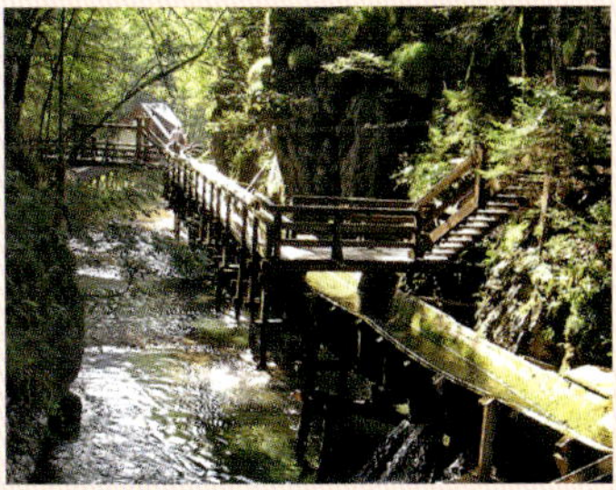

WICHTIGE HINWEISE FÜR UNTERWEGS

Anforderungen

Viele Wanderungen verlaufen auf gut instand gehaltenen, markierten Steigen und Wegen, sind also im alpinistischen Sinn leichte Unternehmungen. Andere Touren verlangen hingegen bergsteigerische Übung, Trittsicherheit, Schwindelfreiheit und Ausdauer. Um die jeweiligen Anforderungen besser einschätzen und vergleichen zu können, werden die Nummern der einzelnen Tourenvorschläge mit verschiedenen Farben versehen. Diese erklären sich wie folgt:

SCHWIERIGKEITSKATEGORIEN

■ = Leicht

Wanderungen auf markierten, meist auch trassierten Wegen und Pfaden. Unschwierig und in der Regel nur wenig anstrengend. Auch für Kinder und Senioren geeignet.

■ = Mittel

Bergwanderungen auf meist markierten Pfaden und Steigen, die jedoch häufig schmal und steil angelegt sind und über kurze Abschnitte auch ausgesetzt sein können. Trittsicherheit, etwas Schwindelfreiheit und Orientierungsvermögen nötig.

■ = Schwierig

Anspruchsvolle Bergtouren mit unmarkierten, zum Teil auch weglosen Passagen. Stellenweise können die Steige sehr ausgesetzt sein, manchmal wird die Zuhilfenahme der Hände notwendig (leichte Kletterei im Schwierigkeitsgrad I, vereinzelt auch II), an gesicherten Passagen kann ein Klettersteigset nötig sein. Nur für absolut trittsichere, schwindelfreie, konditionsstarke und alpin erfahrene Geher.

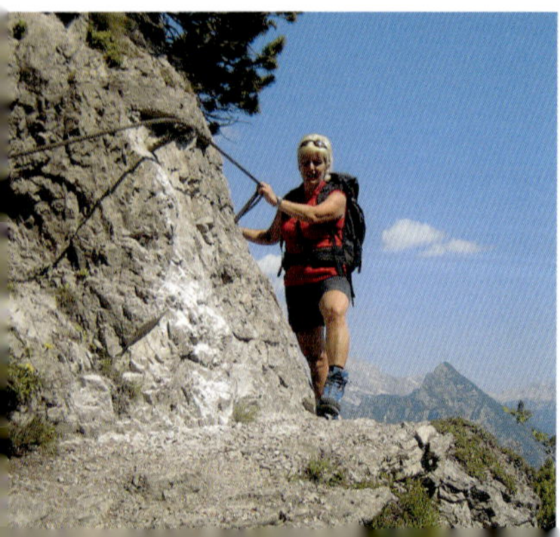

Gehzeiten

Man beachte, dass sich die Zeitangaben (Gesamtgehzeit in der Titelzeile, in den Höhenprofilen auch Teilgehzeiten) nur auf die reine Gehzeit beziehen. Pausen, Verlangsamung der Gehgeschwindigkeit durch Übermüdung usw. sind darin nicht enthalten. Wiederholt einge-

Bergsteigerische Übung ist am Stodertaler Dolomitensteig (Tour 19) vonnöten.

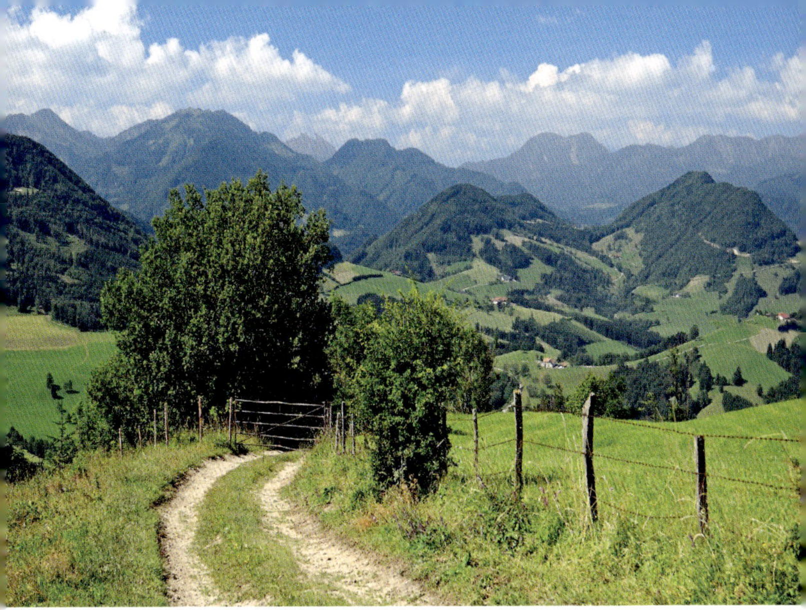

Am Freithofberg bei Maria Neustift. Im Süden links Almkogel (Tour 43) und Brunnbacher Gamsstein (Tour 42), rechts im Dunst das Reichraminger Hintergebirge mit dem Größtenberg (Tour 35).

legte Pausen können in Summe die Gehzeit wesentlich verlängern. Zeitangaben sind natürlich auch subjektiv. Die entsprechende Korrektur zur angeführten Gehzeit kann durch einen anfänglichen Zeitvergleich ermittelt werden (zum Beispiel: 1 Std. im Wanderführer entspricht 1.15 Std. persönlicher Gehzeit).

Kinder

Wanderungen, die mit Kindern unternommen werden können, sind in diesem Buch durch ein Symbol gekennzeichnet. Grundsätzlich können Eltern die körperliche Leistungsfähigkeit ihres Nachwuchses sicher am besten einschätzen. Bei Kindern zwischen fünf und fünfzehn Jahren, die sich gerne bewegen, ist weniger die Schwierigkeit einer Tour als vielmehr die gebotene Abwechslung ausschlaggebend. Auf einer längeren Tour sind beispielsweise Einkehrmöglichkeiten unterwegs ein wichtiges Kriterium für eine Kindertauglichkeit. Und sollte für den Nachwuchs das zumutbare Tagespensum schon erreicht sein, besteht immer noch die Möglichkeit, zu übernachten (Hüttenabend!) und das Unternehmen anderntags ausgeruht und gut gelaunt fortzusetzen.

Höhenunterschied

Unter dieser Angabe ist jeweils die Summe auf einer Tour im Aufstieg bzw. im Abstieg zu bewältigenden Höhenunterschiede zu verstehen. Gegensteigungen werden also berücksichtigt!

Ausrüstung

Feste Schuhe mit Profilgummisohle, zweckmäßige Bekleidung sowie Rucksack mit Pullover, Regenschutz, Anorak und kleinerem Tourenproviant (Wasserflasche!) sind Voraussetzung. Bei anspruchsvolleren Touren, z. B. auf Klettersteigen, wird die Verwendung eines Klettersteigsets empfohlen.

Gefahren

Obwohl die meisten der hier angeführten Wanderungen gebahnten Wegen folgen, ist an einzelnen abrutschbereiten Stellen, bei Querung steiler Hänge und hart gefrorener Schneefelder, an steinschlaggefährdeten oder rutschigen Wegpassagen sowie im tiefen, aufgeweichten Terrain (nach langen Regenfällen) Vorsicht geboten. Eine mitunter erhebliche Gefahrenquelle stellen sommerliche Gewitter (meist nachmittags, deshalb früher Aufbruch empfohlen) dar. Vorsicht vor Zecken, sie können Borreliose und FSME übertragen! Auch das lokale Vorkommen von Giftschlangen (Vipern) ist zu beachten. Bei Besteigung einiger Gipfel sind exponierte, durch Drahtseile gesicherte Felspassagen zu bewältigen, die Trittsicherheit, Schwindelfreiheit und Klettersteig-Erfahrung erfordern. Weniger Geübte seien vor unüberlegten Begehungen dieser Wegstellen gewarnt.

SYMBOLE

Symbole im Tourenkopf

- mit Bahn/Bus erreichbar
- Einkehrmöglichkeit
- für Kinder geeignet

Symbole im Höhenprofil

- Parkplatz
- Bahnhof
- Bushaltestelle
- Auf-/Abfahrt mit Seilbahn
- Auf-/Abfahrt mit Sessellift
- Ort mit Einkehrmöglichkeit
- Einkehrmöglichkeit
- unbewirtschaftete Hütte
- Kirche, Kapelle
- Burg, Schloss, Ruine
- Aussichtsturm
- Gipfel
- Joch, Passübergang
- Aussichtsplatz
- Höhle, Grotte
- Brücke
- Wassermühle
- Abzweigung links/rechts
- markanter Baum
- Quelle
- Wasserfall

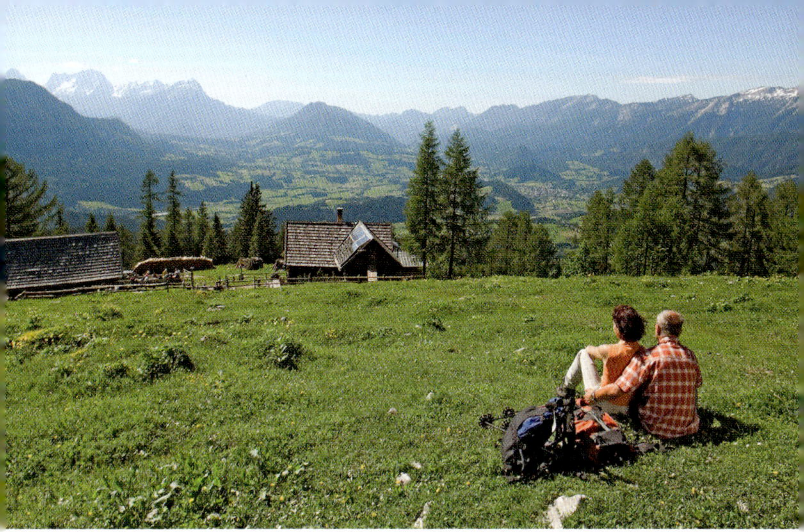

Auf der Gowilalm unterm Kleinen Pyhrgas (Tour 27). Im Norden über dem Garstnertal ganz links das Tote Gebirge, rechts das Sengsengebirge.

Bergrettung, Notruf

In Österreich kann über die Telefonnummer 140 (kostenlos, keine Vorwahl) die Bergrettung verständigt werden. Bei einem Handy oder Smartphone ist unter Verwendung der Europäischen Notrufnummer 112 (ebenfalls kostenlos, keine Vorwahl) der gleichzeitige Zugriff auf alle Netzbetreiber möglich, allerdings nur dann, wenn zuvor der PIN-Code nicht eingegeben wurde. Bei Kartenhandys kann der Notruf auch ohne Guthaben gewählt werden.

Wegmarkierungen

Neben der einheitlichen rot-weiß-roten Markierung besitzen viele Steige zur besseren Identifizierung auch eigene Nummern. Wo Farbzeichen verblasst oder unleserlich geworden sind, ist auf mögliche Steinmänner-Markierung zu achten.

Aufstiegshilfen

Einige Wanderungen haben Ausgangspunkte, die mit Seilbahn oder Sessellift erreichbar sind. Man beachte, dass diese Anlagen überwiegend nur während der sommerlichen Hochsaison (Juli bis September) in Betrieb sind. In der übrigen Zeit können solche Tourenziele bzw. Ausgangspunkte nur zu Fuß erreicht werden. Bei den Öffnungszeiten der Lifte werden im Wanderführer oft Zeitspannen (z. B. 5./10. Juni bis 15./20. September) angegeben, innerhalb derer die Lifte im mehrjährigen Durchschnitt in Betrieb sind.

Schutzhütten, Gaststätten, Restaurants, Jausenstationen

In den Kurzinformationen werden zu jeder Tour alle an der Route gelegenen Stützpunkte und Einkehrmöglichkeiten aufgeführt (mit Hinweisen auf etwaige Ruhetage, die jedoch in den Monaten Juli / August oft nicht eingehalten werden!). Die angegebenen Bewirtschaftungszeiten sind Richtzeiten. Sie können je nach Lage der Wochenenden von Jahr zu Jahr etwas schwanken. Dementsprechend sind Zeitspannen nach einem statistischen Erfahrungswert angegeben. Das gilt auch für die Betriebszeiten von Beförderungsmitteln.

Öffentliche Verkehrsmittel

Viele Talorte und Ausgangspunkte dieses Wanderführers sind mit öffentlichen Verkehrsmitteln erreichbar.
Fahrplanauskünfte gibt es unter folgenden Internetadressen:

- Fahrpläne europaweit: fahrplan-online.de
- Fahrpläne der ÖBB (Österreichische Bundesbahn): fahrplan.oebb.at
- Fahrpläne des Verkehrsverbund Ost-Region: vor.at, anachb.at
- Verkehrsverbund Oberösterreich: ooevv.at
- Verkehrsverbund Steiermark: verbundlinie.at
- Fahrpläne der Nebenbahnen und Wieselbusse in Niederösterreich: noevog.at

Blick von der Tannschwärze (Tour 38) nach Süden zu den Haller Mauern.

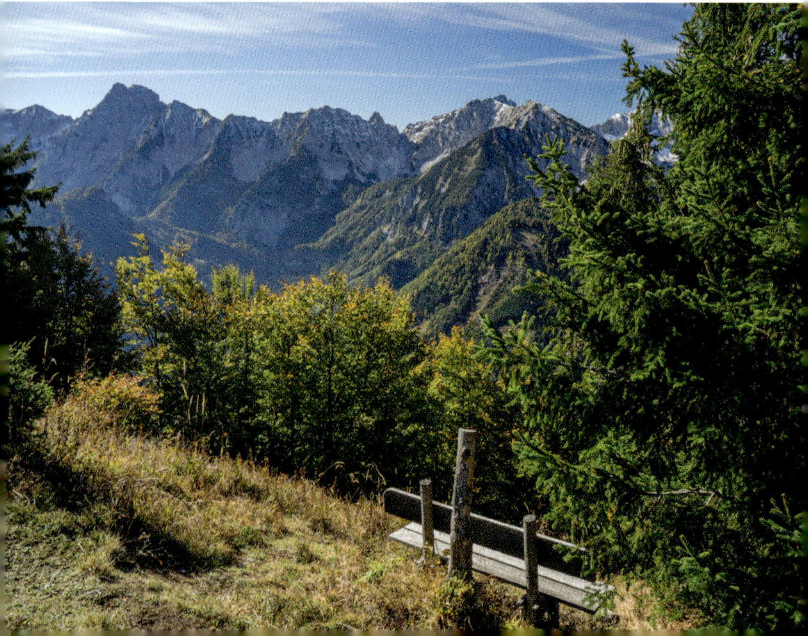

Anreise

Der **Nationalpark Kalkalpen** wird in erster Linie von Norden, aus dem Alpenvorland (Westautobahn, Westbahn) her angefahren. **Krems-** und **Steyrtal** mit dem im Süden anschließenden Windischgarstner Tal (Tal der Teichl) sowie das **Ennstal** bilden die Hauptanreisewege. Hinzu kommt die beide Taläste verbindende **Hengstpassstraße** im Süden des Nationalparks zwischen Windischgarsten und Altenmarkt, über die eine ganze Reihe von Ausgangspunkten in das Gebiet erreicht werden können.

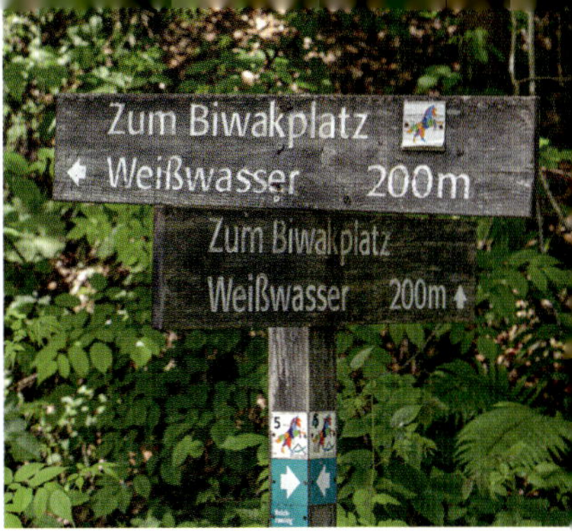

Zahlreiche informative Wegtafeln erleichtern die Orientierung im Nationalpark Kalkalpen.

Mit Bahn und Bus

Durch das **Krems-** und das **Steyrtal** im Westen des Nationalparks verkehrt die Bahnlinie 140 (»Phyrnbahn«) von Linz über Kremsmünster, Kirchdorf / Krems, Windischgarsten, Spital / Pyhrn und Selzthal. Zwischen **Kirchdorf / Krems** und **Windischgarsten** verkehrt zusätzlich Buslinie 430, auf der Strecke Steyr – Grünburg – Kirchdorf die Buslinie 433, von Bahnhof Hinterstoder über **Hinter-** und **Vorderstoder** nach Windischgarsten die Buslinien 431 und 434 sowie von Hinterstoder nach Baumschlagerreith die Linie 432. Zwischen **Windischgarsten** und **Liezen** verkehrt der Regionalbus 911. Ferner kann mit dem Rufbus 435 (Fa. Rebhandl, Tel. +43 7562 5339; verkehrt bei Bedarf alle 2 bis 2.30 Std.) von Windischgarsten auch direkt zum **Hengstpass** gefahren werden. Durch das **Ennstal** fährt die in Linz bzw. St. Valentin von der Westbahn abzweigende Bahnlinie 131 (»Ennstalbahn«) über Steyr, Ternberg, Trattenbach, Losenstein, Reichraming, Großraming, Kleinreifling nach Weißenbach – St. Gallen. Von **Steyr** über **Großraming** nach **Weyer** verkehrt zusätzlich die Buslinie 440. Ferner gib es Busverbindungen zwischen **Waidhofen / Ybbs**, Gaflenz und Weyer (630); Steyr, **Maria Neustift** und Großraming (441) sowie Waidhofen / Ybbs und Maria Neustift (631).

Mit dem Auto

Von der **Westautobahn A1** (Knoten Voralpenkreuz) erreicht man über die Nord-Süd verlaufende **Pyhrnautobahn** A9 durch das Krems- und Steyrtal **Windischgarsten** und über **Spital / Pyhrn** und den Bosrucktunnel **Liezen** im Ennstal. Von **Steyr** aus kann die B140 durch das Untere Steyrtal über Grünburg nach **Klaus** genutzt werden. **Hinterstoder** kann über die Stodertalstraße (L552) von der Steyrbrücke sowie über die Vorderstoder Straße (L551) von **Windischgarsten** erreicht werden. Das **Ennstal** erreicht man

Der Umwelt zuliebe ...

Auch beim Wandern hinterlassen wir einen ökologischen Fußabdruck, aber im Einklang mit der Natur unterwegs zu sein, ist gar nicht so schwer!

VORBEREITUNG UND ANFAHRT

- Sich vorab informieren, worauf in Bezug auf Natur und Umwelt in der jeweiligen Wanderregion besonders zu achten ist.
- Soweit möglich mit Bahn und Bus anreisen, Wander- und Rufbusse nutzen.
- Ist eine Anfahrt mit dem Auto nötig, Fahrgemeinschaften bilden.
- Bei weiten Anfahrten Mehrtagestouren planen oder von einem Quartier vor Ort aus mehrere Touren absolvieren.
- Flugreisen möglichst reduzieren und durch Beiträge zu Klimaschutzprojekten kompensieren.

KLEIDUNG UND AUSRÜSTUNG

- Beim Kauf von Outdoor-Kleidung auf umweltfreundliche und faire Herstellung achten und Kleidungsstücke möglichst viele Jahre nutzen.
- Ausrüstung kann man eventuell auch gebraucht kaufen oder ausleihen.
- Reparieren statt neu kaufen.

VERPFLEGUNG

- Beim Einkauf Bio-Ware, regionale und saisonale Erzeugnisse bevorzugen.
- Hütten und Gasthäuser auswählen, die regionale Produkte verwenden.
- Auf Einwegflaschen und Plastikverpackungen verzichten, stattdessen wiederverwendbare Trinkflaschen und Brotzeitboxen benutzen.

ÜBERNACHTUNG

- Bei lokalen Anbietern buchen, damit Menschen vor Ort profitieren.
- Auf Hütten und in anderen Unterkünften Strom und Wasser sparen.

UNTERWEGS

- Wege benutzen und Abkürzer vermeiden.
- Sperrungen von Wegen und Schutzgebieten respektieren.
- Keine Blumen pflücken und keine Pflanzen entnehmen.
- Waldbrandgefahr beachten.
- Müll wieder mit nach Hause nehmen und dort entsorgen.
- Toilettengänge in freier Natur möglichst vermeiden.
- Lärm vermeiden.
- Hunde an die Leine nehmen.

ROTHER BERGVERLAG

entweder von Steyr auf der B115 über **Großraming** oder von der Autobahnausfahrt Amstetten-West auf der B121 über **Waidhofen / Ybbs**, **Gaflenz** und **Weyer**. Im Norden des Gebiets ist die B122 zwischen Amstetten, **Seitenstetten** und Steyr von Bedeutung. Zu Ausgangspunkten im Süden und für Touren im Bereich der Haller Mauern kann die **Hengstpassstraße** (L715) zwischen Windischgarsten und Weißenbach – St. Gallen gewählt werden.

Wandertaxi und Radshuttle

Für das Gebiet **Nationalpark Kalkalpen** werden zwei umweltfreundliche Serviceshuttles angeboten. Weitere Informationen: steyr-nationalpark.at/service/shuttle.

- **Radshuttle Steyrtal** verkehrt von Steyr über Grünburg, Klaus, Windischgarsten / Hinterstoder nach Spital am Pyhrn (Fr., Sa., So. und an Feiertagen am Vor- und Nachmittag, also zweimal täglich).
- **Sebaldus-Shuttle** verkehrt entlang des Sebalduswegs zwischen Weyer, Maria Neustift, Laussa und Großraming (vom 8. Juli bis 10. Sept. Sa., So. und an Feiertagen vor- und nachmittags, zweimal täglich).

Da diese Verkehrmittel vorwiegend bestimmte Orte im Gebiet des Nationalparks ansteuern und keine eigentlichen Ausgangspunkte, sind sie für touristische Zwecke nur bedingt geeignet. Als Wanderer wird man hier vorwiegend auf **lokale Taxidienste** (Besonderheiten in der Ferienregion Pyhrn-Priel beachten!) zurückgreifen.
In der südwestlich angrenzenden **Urlaubsregion Pyhrn-Priel** können Nächtigungstouristen mit gültiger Gästekarte sowie Besitzer der Pyhrn-Priel AktivCard vom 1. Mai bis 31. Okt. bestimmte lokale Taxis als bedeutend ermäßigte »Wander- und Radtaxis« (Pauschalpreise) nutzen. Weitere Informationen: urlaubsregion-pyhrn-priel.at.

GPS-TRACKS UND KOORDINATEN DER AUSGANGSPUNKTE

Auf **gps.rother.de** stehen zu diesem Wanderführer GPS-Tracks und die Koordinaten der Ausgangspunkte zum kostenlosen Download bereit. Dieser QR-Code führt direkt zum Download.
4. Auflage, Passwort: **453904vzo**
Die GPS-Tracks können in die **Rother App** importiert werden. In der App kann man unterwegs stets sehen, wo man gerade ist und wo es langgeht. **Anleitungen dazu: rother.de/gps**
Trotz sorgfältiger Prüfung können wir Fehler und zwischenzeitliche Veränderungen nicht ausschließen. Verlassen Sie sich für die Orientierung niemals einzig und allein auf die GPS-Daten, sondern beurteilen Sie die Verhältnisse vor Ort.

Voraussetzungen zur Nutzung der Wander- und Radtaxis

- Das Wander- und Radtaxi kann nur gegen Vorlage einer ausgefüllten Pyhrn-Priel-Gästekarte (Meldeblatt) oder einer gültigen Pyhrn-Priel AktivCard in Anspruch genommen werden (kein Leistungsanspruch mit der Pyhrn-Priel SaisonCard).
- Das Wander- und Radtaxi verkehrt ausschließlich auf jenen Strecken, auf denen öffentliche Verkehrsmittel nicht genutzt werden können oder die Wartezeiten außerhalb des Zumutbaren liegen.
- Das Wander- und Radtaxi darf nur im Rahmen einer Wanderung oder Radtour zur Anfahrt eines Ausgangspunktes oder vom Endpunkt der Tour zum geparkten Auto bzw. Quartier verwendet werden.
- Es ist das dem Rufstandort nächstgelegene Taxi anzufordern (Zonenplan) und nach Möglichkeit schon am Vortag zu bestellen.
- Das Wandertaxi ist nicht für Einkaufsfahrten und Fahrten zu Veranstaltungen gedacht, dafür werden die üblichen Taxitarife berechnet.

Informationen zu Fremdenverkehrsämtern

Zentrale Informationsstellen

- Österreich: austria.info/de
- Niederösterreich: niederoesterreich.at
- Oberösterreich: oberoesterreich-tourismus.at
- Steiermark: steiermark.com/de

Regionale Fremdenverkehrsämter und Auskunftsstellen

- Tourismusverband Steyr und die Nationalpark-Region, Tel. +43 7252 5322, steyr-nationalpark.at
- Tourismusverband Pyhrn-Priel, Tel. +43 7562 5266, urlaubsregion-pyhrn-priel.at
- Nationalpark Kalkalpen: Tel. +43 7584 3951, kalkalpen.at
- Natur- und Geopark Steirische Eisenwurzen, Tel. +43 3632 7714, eisenwurzen.com
- Naturparke Niederösterreichisch, Tel. +43 2742 21919 334, naturparke-niederoesterreich.at

Wetter

Informationen und Vorhersagen für das Berg- und Wanderwetter können telefonisch oder über das Internet abgefragt werden:

- Tonbanddienst von GeoSphere Austria (erhöhter Tarif): Niederösterreich Tel. +43 900 9115 6602, Oberösterreich Tel. +43 900 9115 6604, Steiermark Tel. +43 900 9115 6607, 5-Tagesprognosen für Gesamtösterreich Tel. +43 900 9115 6610, geosphere.at
- Tonbanddienst des ÖAV (erhöhter Tarif): Ostalpenwetter Tel. +43 900 9115 6682 und Tel. +43 900 9115 6684, regionales Alpenwetter Tel. +43 900 9115 6681.

ABKÜRZUNGEN

B.	Betten	L.	Lager
bew.	bewirtschaftet	NÖ	Niederösterreich
bez.	bezeichnet, markiert	OÖ	Oberösterreich
Bf.	Bahnhof	P.	Punkt der Landkarte, Höhenkote
ganzj.	ganzjährig	unbew.	unbewirtschaftet
Ghf.	Gasthof, Gasthaus	unbez.	unbezeichnet, unmarkiert
Jh.	Jahrhundert	W	Wandertaxi
Jst.	Jausenstation		

- Vorhersagen des Alpenwetters findet man außerdem auf den Internetseiten alpenverein.at und alpenverein.de.

Telefon

Für das Telefonieren von und nach Österreich gelten folgende Landeskennzahlen: aus Deutschland, Italien, Ungarn, Tschechien, Slowakei und der Schweiz nach Österreich: +43; aus Österreich nach Deutschland +49, Italien +39, Ungarn +36, Tschechien +420, Slowakei +421 und in die Schweiz +41.
Bei Italien bleibt die Null der Ortsvorwahl erhalten, bei den übrigen Ländern entfällt sie!

Karten

Neben den Wanderkärtchen mit Routeneintragungen zu jeder Tour werden als ergänzende Orientierungshilfe folgende Karten empfohlen:

- Freytag & Berndt Wanderkarte 1:50.000, Blätter 051 (Eisenwurzen – Steyr – Waidhofen a. d. Ybbs – Hochkar) und 081 (Pyhrn-Priel – Traunsee-Almtal – Steyrtal –Nationalpark Kalkalpen)
- Kompass-Wanderkarte 1:50.000, Blatt 70 (Nationalpark Kalkalpen)

Literatur

- F. Hauleitner: Wanderführer Ötscher-Mariazell, Rother Bergverlag, München.
- F. Hauleitner: Wanderführer Salzkammergut (Bände Ost und West), Rother Bergverlag, München.
- F. Hauleitner: Wanderbuch Wandern am Wasser Ostösterreich, Rother Bergverlag, München.
- F. Hauleitner: Wanderbuch Wandern am Wasser Salzkammergut, Rother Bergverlag, München.
- Otto Harant, Wolfgang Heitzmann: Reichraminger Hintergebirge, Ennsthaler Verlag, Steyr.
- Marc Zahel: Alpine Klettersteige Ostalpen, Rother Bergverlag, München.
- A. Jentzsch-Rabil, D. Wissekal, A. Jentzsch: Klettersteigführer Österreich, Alpinverlag.

DER NATIONALPARK UND DAS WANDERGEBIET

Der **Nationalpark Kalkalpen** wurde als einer der derzeit sechs österreichischen Nationalparks am 25. Juli 1997 eröffnet (nationalparksaustria.at). Er umfasst eine Fläche von 20.856 Hektar mit über 200 Kilometer unverbauten Bachläufen und 800 Quellen und ist das größte zusammenhängende Waldgebiet Österreichs. Der höchste Gipfel ist mit 1963 Metern der Hohe Nock im Sengsengebirge. Während es im Parkbereich keine forstliche Nutzung gibt, also die Natur sich selber überlassen bleibt, werden die außerhalb gelegenen Gebiete forstwirtschaftlich bearbeitet. Der Nationalpark setzt sich östlich im **Naturpark Eisenwurzen Niederösterreich** und südöstlich im **Naturpark Steirische Eisenwurzen** fort.

Im Bereich des Nationalparks Kalkalpen sind zwei Berggruppen zu unterscheiden, das Sengsengebirge und das Reichraminger Hintergebirge, an das östlich der Dürrensteigkamm (Almkogel und Bodenwies) anschließt. Beide sind Teilgebiete der **Oberösterreichischen Voralpen**, zu denen auch die Grünauer Berge (Kasberg, Kremsmauer) und die Steyrer Voralpen (Schieferstein, Schoberstein, Hochbuchberg) gehören. Der vorliegende Wanderführer enthält aber nicht nur Touren aus den genannten Gebieten, sondern auch aus den angrenzenden Ybbstaler Alpen, den Ennstaler Bergen (Haller Mauern) und der Warscheneckgruppe. Im Südosten Oberösterreichs, nahe der Grenze zu Niederösterreich und der Steiermark gelegen, sind die Grenzen der Nationalparkregion wie folgt: Enns im Norden und Osten, Steyr im Westen und Südwesten sowie Hengstpass und Laussatal im Süden. Zusammen bilden sie ein riesiges Waldschutzgebiet mit verborgenen Schluchten, unberührten Bergbächen, naturnahen Wäldern, aussichtsreichen Gipfeln und reizvollen Almen, Lebensraum und Rückzugsgebiet für seltene und gefährdete Tiere und Pflanzen wie Luchs (einzige Population in den österreichischen Alpen!), Weißrückenspecht, Alpenbockkäfer, Clusius-Primel und Frauenschuh. Im Nationalpark finden sich 50 Säugetier- und 80 Brutvogelarten, 1400 verschiedene Schmetterlinge und mehr als 1000 Blütenpflanzen, Farne und Moose.

Das **Sengsengebirge** ist ein von Ost nach West verlaufendes, rund 20 Kilometer langes Kettengebirge mit knapp 2000 Meter hohen, auf einem Dolomitsockel ruhenden

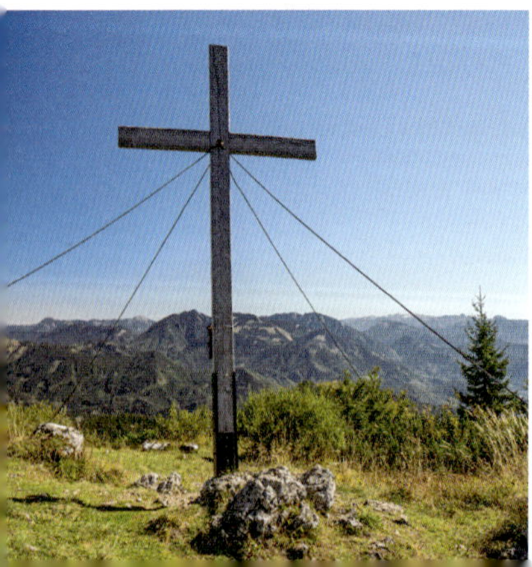

Das Gipfelkreuz auf der – ihres umfassenden Panoramas wegen – häufig bestiegenen Bodenwies (Tour 40).

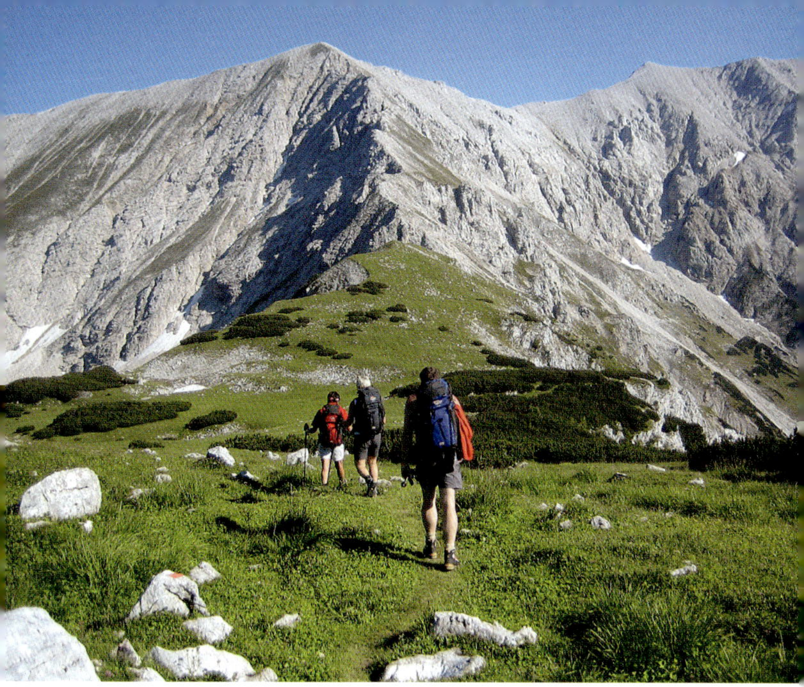

Tour 20: Im Zugang zum Schrocken-Nordgrat (im Bild).

Gipfeln. Den nach Norden gerichteten Steilabstürzen mit Felswänden und Karen steht eine vergleichsweise sanfte Südseite gegenüber. Am schwach ausgeprägten Gipfelplateau finden sich Karsterscheinungen wie Karrenfelder und Dolinen. Aus ihr ragen Schillereck, Spering, Schneeberg, Hochsengs, Gamskogel, Rohrauer Größtenberg und als höchste Erhebung der Hohe Nock, 1963 m, auf. Zu den Sehenswürdigkeiten an der Nordseite des Gebirges gehört die Feichtau, ein idyllisches Wiesengebiet mit bewirtschafteter Alm, Schutzhaus und zwei reizvollen Seen.

Östlich an das Sengsengebirge schließen die »Waldalpen«, das **Reichraminger Hintergebirge**, an, das größte geschlossene und dabei fast völlig unbesiedelte Waldgebiet der Nördlichen Kalkalpen. Darunter wird das rund 180 km^2 große Einzugsgebiet des Reichramingbaches (im Oberlauf Großer Bach genannt) verstanden. Zu den Sehenswürdigkeiten dort gehören die vielen tief eingeschnittenen Schluchten und Gräben, von den reißenden Bächen in jahrtausendelanger Arbeit in das Gestein (Wettersteinund Opponitzer Kalk im Süden, Dolomit und weiträumige Flyschgebiete im Norden) gefräst. Begehrtes Ziel ist da die Große Schlucht, die man auf dem

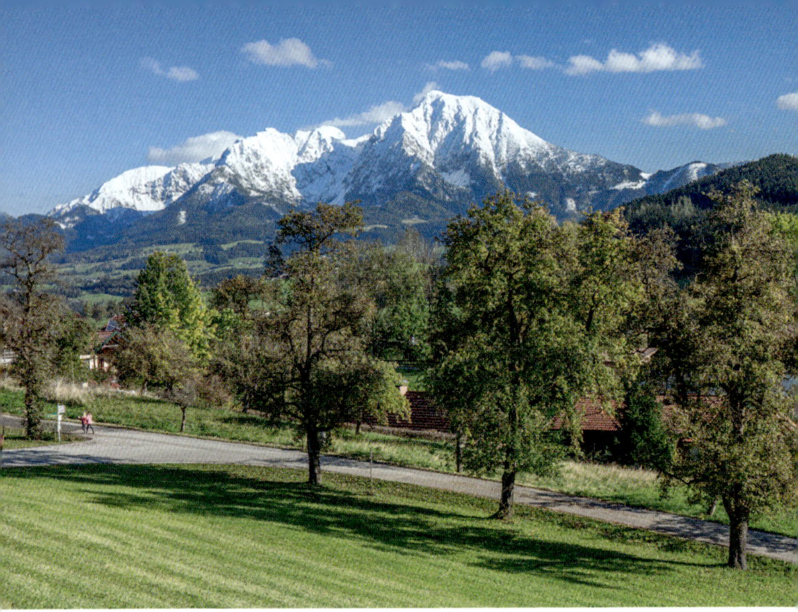

Die im Spätherbst schon »angezuckerten« Höhen der Haller Mauern (Scheiblingstein, Großer Pyhrgas) von Nordwesten.

Triftsteig erkunden kann. Über diesem Wirrwarr an Schluchten und Gräben ragen die bedeutendsten Gipfel des Hintergebirges auf: Schneeberg, 1244 m, und Fahrenberg, 1253 m, im Norden, Hochkogel, 1157 m, Alpstein, 1443 m, und Trämpl, 1424 m, in der Mitte, Almkogel, 1513 m, Langlackenmauer, 1492 m, und Bodenwies, 1543 m, im Osten, Wasserklotz, 1504 m, Schwarzkogel, 1554 m, Kampermauer, 1394 m, Langfirst, 1469 m, und der alles überragende, doppelgipfelige Größtenberg, 1724 m, im Süden. Eine besondere Ehre wurde dem Nationalpark Kalkalpen zuteil, als im Juli 2017 5250 Hektar alte Buchenwälder im Reichraminger Hintergebirge und 1965 Hektar im Wildnisgebiet Dürrenstein mit dem Prädikat »Weltnaturerbe der UNESCO«, der ersten Auszeichnung dieser Art in Österreich, geadelt wurden.

Durch den Nationalpark führen einige attraktive **Weitwanderwege** wie der »Kalkalpenweg«, eine 150 km lange Route in elf Etappen vom Ennstal in das Tote Gebirge. In West-Ost-Richtung verläuft der Voralpenweg 04, der Weitwanderweg 01 Nördliche Kalkalpen sowie der 220 Kilometer lange Luchs Trail. In Nord-Süd-Richtung erschließen einige gesamtösterreichischer Weitwanderwege die Region wie der Salzsteigweg 09, der Eisenwurzenweg 08 und der oberösterreichische Mariazellerweg 06.

Zur Entstehung des Nationalparks

Der Nationalpark Kalkalpen liegt inmitten der Eisenwurzen, jenem »Durchgangsland« an den Straßen vom steirischen Erzberg ins nördliche Alpenvorland, im Dreiländereck zwischen Steiermark, Ober- und Niederösterreich. An den Eisenverarbeitungswegen (»Eisenstraßen«) durch die Voralpen zur Donau entwickelte sich, bedingt durch die Nähe des Erzvorrates und den Reichtum an Wald und Wasserkraft, ab dem 15. Jahrhundert eine bedeutende Eisenverarbeitungsindustrie in Form unzähliger Hammerwerke (Schmieden), in denen aus dem Roheisen verschiedenste Eisenwaren wie Sensen, Sicheln, Messer und Nägel angefertigt wurden. Die Energie der wasserreichen Gebirgsbäche diente zum Antrieb der Blasebälge und Schmiedehämmer; aus dem Holz der ausgedehnten Bergwälder wurde Holzkohle gewonnen. Ein komplexes System von Montan- und Transportindustrie, Land- und Forstwirtschaft, verbunden mit großflächigen Entwaldungen prägte die Region. Diese Produkte wurden in alle Teile Europas, ja sogar bis in den Orient geliefert.

Während in den Gebirgstälern die Eisenverarbeitung überwog, spielte das am Transportweg gelegene Flachland im Umkreis der Donau bei der Versorgung der am Erzberg tätigen Menschen eine große Rolle. So wurde Eisen gegen Waren des täglichen Bedarfs wie Fleisch, Getreide, Wolle, Leinen, Most und Schmalz getauscht, und es entwickelte sich jene Beziehung zwischen Berg und Umland, die diese Landschaft für Jahrhunderte prägte. Besonders die alte Eisenstadt Steyr hatte als Stapelplatz große Bedeutung, später erhielt sie durch die Stadt Waidhofen / Ybbs Konkurrenz. So entwickelte sich aus dem Eisengewerbe ein gewisser Wohlstand. Heute erinnern die prächtigen Häuser der Hammerherren, jene Frühindustriellen, die wegen ihrer Wohlhabenheit »Schwarze Grafen« genannt wurden, sowie die Reste von Hollztriftklausen und Spuren der alten Bergbautätigkeit an die blühende Kleinindustrie von damals. Umgekehrt fristete das einfache Volk, die schwer arbeitenden Hammerschmiedgesellen, die abhängigen Kleinbauern und hart schuftenden Holzknechte, Köhler, Bergknappen und Flößer ein recht bescheidenes, entbehrungsreiches Leben. Im Zuge der Industria-

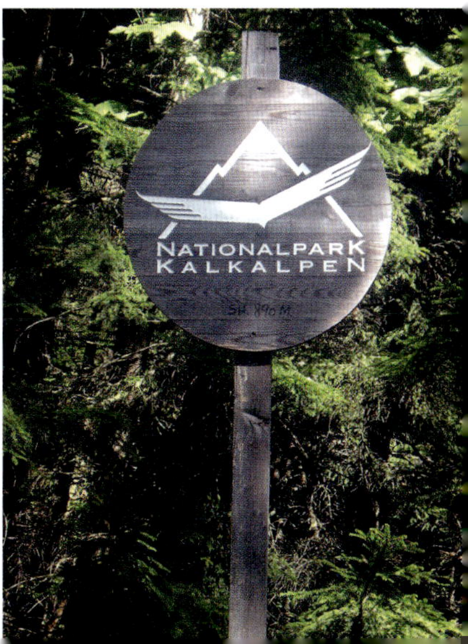

Runde Holztafeln markieren das Gebiet des Nationalparks Kalkalpen.

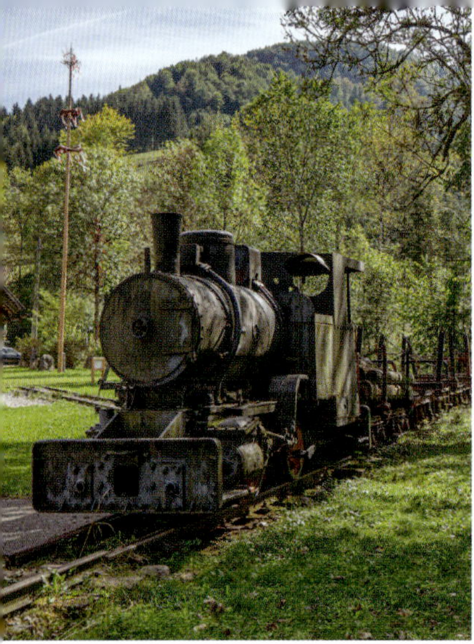

Lok und Anhänger der alten Waldbahn in Brunnbach.

lisierung und der aufkommenden Konkurrenz neuer großindustrieller Betriebe verfielen nach 1860 die meisten Gewerbebetriebe. Denn als der einst riesige, für die Befeuerung der Hämmer notwendige Holzreichtum zu schwinden begann, konnten die modernen Betriebe mit neuen Energiequellen, Maschinen und Technologien aufwarten.

Nach dem Niedergang der Eisenverarbeitungsindustrie blieb dem Gebiet seine noch weitgehend intakte Natur- und Kulturlandschaft erhalten, die allerdings als Tourismusregion niemals jene Bedeutung erlangt hat wie etwa das nahe Tote Gebirge, die Warscheneckgruppe oder das Gesäuse. Das Reichraminger Hintergebirge, Kerngebiet des heutigen Nationalparks, war bis in die 1960er-Jahre fast ausschließlich wirtschaftlich genutzt worden, durch Bergbau und intensive Forstwirtschaft. Der Bergbau dürfte in dem Gebiet nördlich der Laussa schon im 12. Jahrhundert betrieben worden sein. Der Abbau von Eisenerz am Blahberg und am Hochkogel ist jedenfalls seit dem Mittelalter belegt. Daneben wurden auch Bauxit, Kohle, Böhmit und Hämatit abgebaut. Bauxit, der Rohstoff für die Aluminiumerzeugung, wurde im Gebiet des Prefingkogels gewonnen und von dort über eine 14 km lange Materialseilbahn zur Bahnverladung nach Weißenbach an der Enns gebracht.

Reste von Triftanlagen zeugen heute von der einstigen Bedeutung dieses Wirtschaftszweigs. Standen im Einzugsgebiet des Reichramingbachs um 1900 noch rund 450 Häuser, so sind es jetzt nur noch 70. Neben den Triften wurde der Holztransport aus dem Waldgebiet nach Reichraming zwischen 1920 und 1971 durch eine eigens errichtete Waldbahn (mit Spurweite 760 mm) bewerkstelligt, unter anderem durch die Große Schlucht. Nach Schließung der Bahn wurden die Trassen zu Forststraßen umgebaut, die heute teilweise auch mit dem Fahrrad befahren werden können.

Die Idee zu einem Kalkalpen-Nationalpark wurde in mehreren Anläufen geboren. Zunächst wollte man das Gebiet weiterhin industriell nutzen: 1982 sollte ein Testgelände für Kanonen, später ein gewaltiges Speicherkraftwerk mit drei Staumauern errichtet werden, durch die der Bach im Bereich der Großen Schlucht in eine Stauseen-Kette umgewandelt worden wäre. Nach »Besetzungen« des Hintergebirges durch Kraftwerkgegner ließ man all diese Projekte fallen. 1976 wurde das Naturschutzgebiet Sengsengebirge errichtet. Mit der Gründung des Nationalparks 1997 war ein Großteil des Gebietes endgültig unter Schutz gestellt. 2001 wurde der Nationalpark auf 18.400 Hektar erweitert, 2003 erfolgte eine erneute Erweiterung, und zwar auf 20.856 Hektar. Die Region kann heute als eine gewachsene Kulturlandschaft angesehen werden. Dabei kommt dem Nationalpark Kalkalpen als Bestandteil eines regionalen Netzwerkes zur Bewahrung des Naturerbes und der Umwelt und somit als Lebensgrundlage und Erholungsraum für den Menschen besondere Bedeutung zu.

Die Nationalpark Besucherzentren

Folgende Servicestellen geben Auskunft über die besten Ausflugstipps in der Region sowie über geführte Rangertouren:

- Nationalpark Zentrum Molln: Nationalpark Allee 1, A-4591 Molln, Tel. +43 7584 3951, kalkalpen.at/de/Kontakt_Service/Nationalpark_Zentrum_Molln
- Nationalpark Besucherzentrum Ennstal: Eisenstraße 75, A-4462 Reichraming, Tel. +43 7254 8414-0, kalkalpen.at/de/Besuchen_Erleben/Besucherzentren/Besucherzentrum_Ennstal
- Nationalpark Panoramaturm Wurbauerkogel: Wurbauerkogel 29, A-4581 Rosenau am Hengstpass, Tel. +43 7562 20046, wurbauerkogel.at/de
- Villa Sonnwend National Park Lodge: Mayrwinkl 80, A-4575 Roßleithen, Tel. +43 7562 20592, villa-sonnwend.at
- Infostelle Nationalpark Hengstpasshütte (Selbstversorgerhütte): A-4581 Rosenau, Am Hengstpass 13, Tel. +43 7584 3951-350, kalkalpen.at/de/Besuchen_Erleben/Besucherzentren/Hengstpasshuette

Biwakplätze

Innerhalb des Nationalparks wurden bisher zwei Biwakplätze zum Campieren geschaffen, der Biwakplatz Weißwasser, 600 m, und der Biwakplatz Steyrsteg, 950 m (sowie in der Hochregion des Sengsengebirges das Uwe-Anderle-Biwak, 1583 m, eine metallgefertigte stets geöffnete, aber unbewirtschaftete Biwakschachtel mit 10 Lagern). Die Campingplätze sind vom 15. Mai bis 31. Okt. geöffnet und bieten Platz für 10 bzw. 13 Zwei-Personen-Zelte. Feuerstelle, Feuerholz, Trockentoilette und befestigter Untergrund zum Schlafen sind vorhanden, jedoch kein Trinkwasser! Nicht zu vergessen sind ausreichend Proviant, Schlafsack, Isomatte, Zelt oder Biwaksack, Regenschutz, wetterfeste und warme Bekleidung sowie eine Taschenlampe.
Übernachten und Zelten ist nur innerhalb des Biwakareals und nur bis zu zwei Nächten erlaubt. Zur Erhaltung des Biwakplatzes wird ein kleiner Unkostenbeitrag einbehalten: Erwachsene 5 Euro, Kinder 3 Euro pro Nacht. Der Beitrag ist mit dem Anmeldungsformular in einem Kuvert in die Anmeldebox am Biwakplatz zu werfen. Information und Voranmeldung (bei Gruppen) im Nationalpark Zentrum Molln (Tel. +43 7584 3651, nationalpark@kalkalpen.at).

ORTE UND SEHENSWÜRDIGKEITEN

Altenmarkt bei St. Gallen

Marktgemeinde an der Enns, im Südosten des Nationalparks Kalkalpen mit alten Bürger- und Hammerherren-Häusern. Bahn- und Bushaltestelle. Ausflug in den nahen Wassererlebnispark St. Gallen, in die Spitzenbachklamm (»Tal der Schmetterlinge«), ferner in die romantische Nothklamm und zur 340 m langen Kraushöhle (Gipskristallhöhle) beim GeoDorf Gams.

Gaflenz

Oberösterreichischer Markt nordöstlich von Weyer mit barockisierter, ehemals gotischer Pfarrkirche. Besuch der Forsteralm (Skigebiet) sowie der Wallfahrtskirche Sankt Sebald am Heiligenstein mit Einsiedlerklause und spätgotischer Kirche, barocker Unterkirche. Kapelle über der angeblichen Klause des Heiligen mit barocker Kreuzigungsgruppe am Endpunkt des von Osten kommenden Kreuzwegs.

Garsten

Marktgemeinde und südlicher Nachbarort von Steyr mit 1787 aufgelassenem Benediktinerstift (heute Strafanstalt). Das Stift wurde 1082 auf Veranlassung von Herzog Ottokar I. von Steyr vom hl. Berthold gegründet und 1108 durch Benediktiner von Göttweig (NÖ) besiedelt; um 1700 barocker Neubau von Kirche und Kloster. Sehenswert ist die Pfarrkirche von Garsten, die Stiftskirche des ehemaligen Benediktinerklosters. Der Bau wurde 1677 unter dem italienischen Baumeister Pietro Francesco Carlone begonnen und von seinen Söhnen Carlo Antonio und Giovanni Battista vollendet. Barocke Ausgestaltung u. a. von Martin Johann Schmidt, genannt Kremser Schmidt.

Göstling an der Ybbs

Alter Hammerort und Markt an der niederösterreichischen Eisenstraße, an der Mündung des Göstlingbachs in die Ybbs. Spätbarocke Pfarrkirche mit Gemälde des Kremser Schmidt, lohnender Besuch der »Erlebniswelt Mendlingtal« (Tour 48) bei Lassing mit der letzten Holztriftanlage Mitteleuropas, altem Schmiedegesellenhaus (Museum), Venezianer-Säge, Getreidemühle und Schautriften. Mautstraße auf das Hochkar.

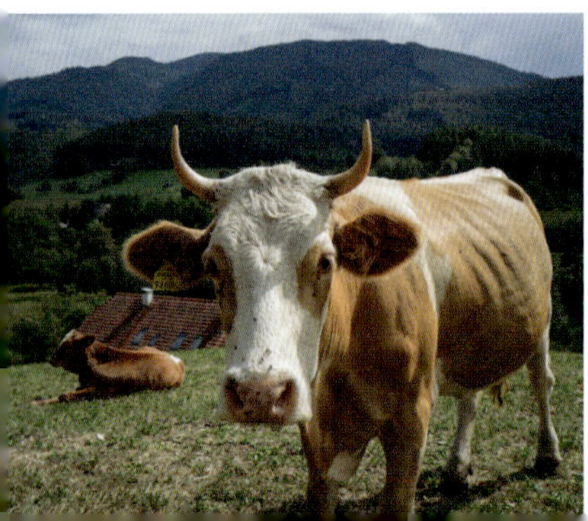

Großraming

Dorf im Ennstal am Rand des Nationalparks Kalkalpen. Gotische Pfarr-

Friedliche Weidetiere auf der Anlaufalm.

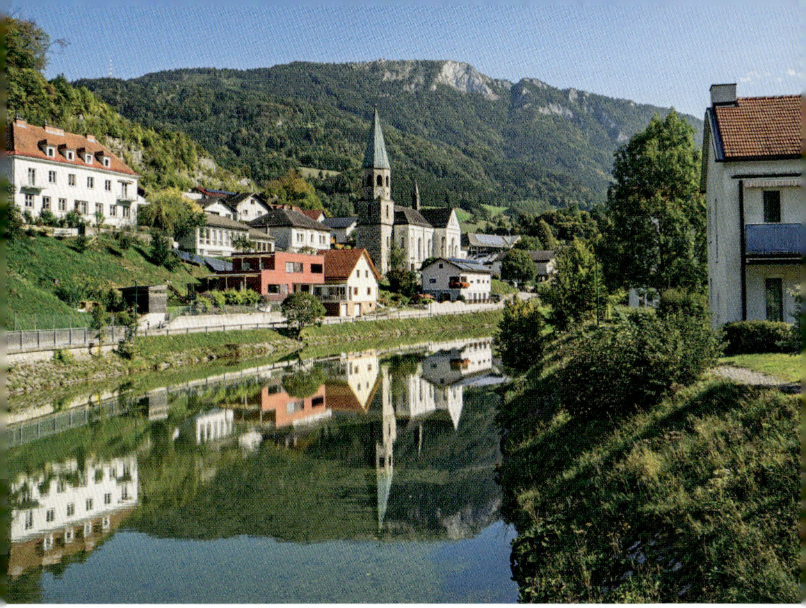

Der Ort Reichraming, im Norden überragt vom Schieferstein (Tour 10).

kirche mit Fresken aus der Altomonte-Schule und barockem Hochaltar. Besuchenswert das Leopold-von-Buch-Denkmal im Pechgraben (Neustiftgraben), einem deutschen Geologen gewidmet, der durch seine Arbeiten über erratische Granitblöcke mitten im Kalkgebiet bekannt wurde; das Kutschenmuseum Gruber mit über 60 Fahrzeugen verschiedener Bauart (geöffnet 1. April bis 31. Okt., Fr. bis So., 14–17 Uhr oder nach telefonischer Vereinbarung; Tel. +43 650 9286753, johannesgruber.com); der Hochseilgarten Großraming von Pro-Adventures (geöffnet 15. April bis 31. Okt., So. und Feiertage 10–18 Uhr, 10. Juli bis 10. Sept. zusätzlich Di. und Mi., Tel. +43 664 4412111, pro-adventures.com); ferner Floß-, Jetboot- und Kanufahrten auf dem Ennskraftwerk-Stausee.

Hinterstoder

Bedeutender alpiner Fremdenverkehrsort im Stodertal mit Sommer- und Wintersaison (Skigebiet) nahe dem Steyr-Ursprung. Besuchenswertes Ausstellungshaus »Alpineum Hinterstoder« (Forst, Jagd, bäuerliches Leben, Brauchtum, Bergrettungswesen, Tourismus), spätbarocke Pfarrkirche, Freizeitzentrum, Hochseilgarten, Kabinenumlaufbahn zu den Hutterer Böden, von dort Sechser-Sessellift auf die Hutterer Höss (Wander- und Skigebiet, mehrere Gastbetriebe).

Kirchdorf an der Krems

Stadtgemeinde und Hauptort des Kremstals, anstelle einer römischen Siedlung (Militärstraße) erbaut. Gotische Pfarrkirche hl. Gregor (1491), im Lauf der Jahrhunderte mehrmals baulich umgestaltet. Sehenswert das einem oberösterreichischen Vierkanthof (quadratischer Grundriss mit Innenhof) gleichende Schloss Neupernstein, als Hanvelder Hof 1291 erstmals erwähnt. Im Auftrag des Stiftes Kremsmünster wurde das heutige Gebäude 1715 nach einem Entwurf von Jakob Prandtauer errichtet und 1717 fertiggestellt, seither wird von »Schloss Neupernstein« gesprochen. Heute sind in dem zwischen 2001 und 2003 für Veranstaltungen umgebauten Schloss das »Kulturzentrum Schloss Neupernstein« sowie die Landesmusikschule Kirchdorf untergebracht.

Klaus an der Pyhrnbahn

Südlich von Micheldorf, am Nordende des Steyrtal-Stausees (Staumauer) gelegener Ort. Westlich oberhalb des Stausees das mächtige Schloss Klaus (1578) mit der ehemaligen, frühbarocken Pfarrkirche (auch »Bergkirche Klaus«), der »Perle im Wald« mit Deckenfresken und prächtigem barockem Hochaltar, 1616–1618 als evangelische Kirche erbaut, 1674 als katholische Kirche geweiht. Sehenswert auch der Pfarrhof (1731) mit barocker Kapelle (heute Pfarrkirche) mit einem Altarbild von Paul Troger. Kajakschule Klaus (Tel. +43 650 4214383, kajak-pyhrn.at).

Laussa

Erholungsdorf südlich von Steyr, in einem Seitental der Enns. Gotische Pfarrkirche Mariae Himmelfahrt, urkundlich bereits um 1300 erwähnt, der heutige Sakralbau (mit Barockeinrichtung) stammt aus der Zeit von 1839 bis 1869. Der Turm in Süden des Chorwinkels ist in barocker Tradition und mit Haube ausgeführt. Zu den Sehenswürdigkeiten der Umgebung gehören die malerische Pechgrabenkapelle »Unbefleckte Empfängnis Mariae«, (auch »Sengstschmiedkapelle«), das Schloss Kogl und das Hammerschlössl. Ebenfalls besuchenswert sind das Naturschutzgebiet Kalksteinmauer sowie der Klettergarten »Sauzähne«.

Losenstein

Ort im Ennstal zwischen Reichraming und Ternberg mit Flusskraftwerk. Die auf einem Felsen (Klettergarten!) über dem Ort thronende wuchtige Burgruine (1186 erstmals erwähnt) ist Stammsitz der Losensteiner, eines 1692 ausgestorbenen mächtigen Rittergeschlechts. Losenstein war früher Zentrum des Ennstaler Nagelschmiedegewerbes (im 19. Jh. bis zu 100 Meister und 600 Gesellen). Die gotische Pfarrkirche St. Blasius (14. Jh., schöne Glasfenster und Fresken) hat eine barocke Innenausstattung. Besuchenswert das Museum »Brandstätter Hammer« am »Nagelschmiedweg« zum Kesselfall mit kleinem See (Anmeldung zum Besuch der Nagelschmiede

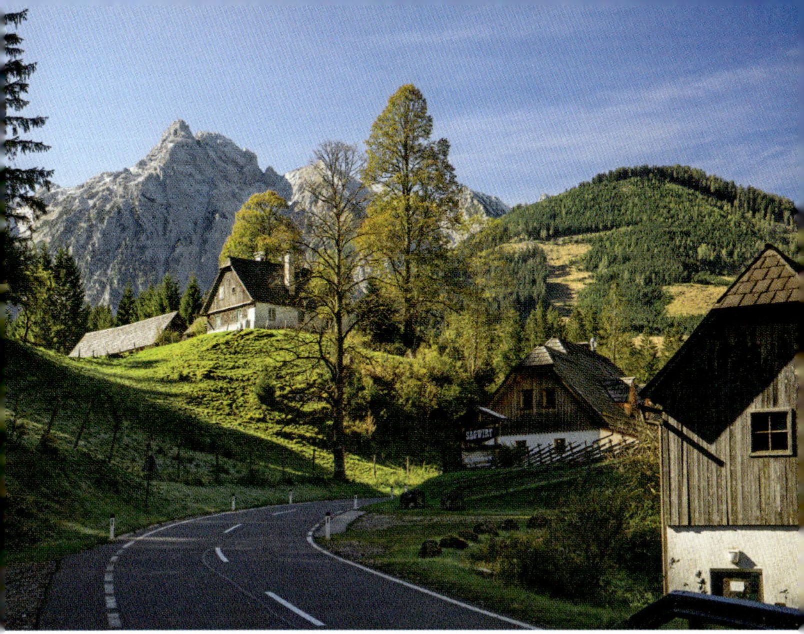

Beim Gasthaus Sagwirt in Oberlaussa, dahinter der Hexenturm (Haller Mauern).

beim Tourismusverband Losenstein, Tel. +43 7255 600013). Über die Mautstraße geht es zur Anton-Schosser-Hütte auf der Hohen Dirn.

Micheldorf

Marktgemeinde im Kremstal südlich von Kirchdorf, vom 16. bis ins 19. Jh. bedeutende Eisenverarbeitungsindustrie, heute Sitz des oberösterreichischen Sensenschmiedemuseum (zu besichtigen 1. Mai bis 31. Okt. im Rahmen von Führungen; Infos bzw. Voranmeldung: Tel. +43 699 17169200, sensenschmiedemuseum.at, ooemuseumsverbund.at). Themenweg »Sengstschmiedroas«; Kulturschmiede, Klangwelten. Der Georgenberg, 595 m, südlich über Micheldorf gilt mit seiner ursprünglich gotischen, später barockisierten Kalvarienbergkirche – eine beliebte Hochzeitskirche mit Gasthaus daneben – als eines der Wahrzeichen des Kremstals. Als »St. Jörgerberg« 1334 erstmals urkundlich erwähnt, beweisen zahlreiche wissenschaftliche Grabungen und Funde, dass die Bergkuppe schon im 2. Jh. v. Chr. besiedelt war. Burg Altpernstein auf einem Felsen erbaut von den Pernsteinern im 12. Jh., später Besitz des Stifts Kremsmünster (Umbau), heute Jugendburg der Katholischen Jugend (Renaissance-Torbau; Burghof, Burgverlies, Rittersaal, Kapelle, Aussichtsterrasse, vorgelagerter Befestigungsturm).

Molln

Marktort und Nationalparkgemeinde in einem Talkessel an der Mündung der Krummen Steyrling in die Steyr gelegen. Spätgotische Pfarrkirche mit Hochaltarbild von Leopold Kuppelwieser. Als alter Hammerort früher bedeutende Kleineisenmanufaktur, aber auch heute noch Erzeugung von Maultrommeln und »Steirischen Harmonikas« (Schauwerkstätten). Sitz des Nationalpark-Zentrums Molln (ganzj. geöffnet, Mo., Di. und Do., 8–12 Uhr und 13–16 Uhr, Mi. und Fr. 8–12 Uhr, Sa., So. und Feiertage geschlossen, Tel. + 43 7584 3951, kalkalpen.at/de/Kontakt_Service/Nationalpark_Zentrum_Molln; siehe Seite 25).

Palfau

Naturparkgemeinde im Salzatal mit barocker Pfarrkirche. Wildwasser-Kajakstrecke und Rafting-Fahrten auf der Salza. Zu den lohnendsten Ausflugszielen im Umkreis des Ortes gehören das per Lift erschlossene Hochkar, die Palfauer Wasserlochklamm (Tour 49) 5 km östlich an der Salza, die Erlebniswelt Mendlingtal (Tour 48) bei Lassing sowie die Nothklamm mit der Kraushöhle (einzige Gipskristallhöhle Österreichs) bei Gams.

Reichraming

An der Mündung des Reichramingbachs – ein noch vollkommen intaktes Bachsystem mit 200 km² Einzugsgebiet – in die Enns gelegener Ort am Nordrand des Hintergebirges mit ehem. bedeutender Kleineisenindustrie.

Die Nationalparkgemeinde Großraming im Ennstal mit dem Almkogel im Dürrensteigkamm (Tour 43) dahinter.

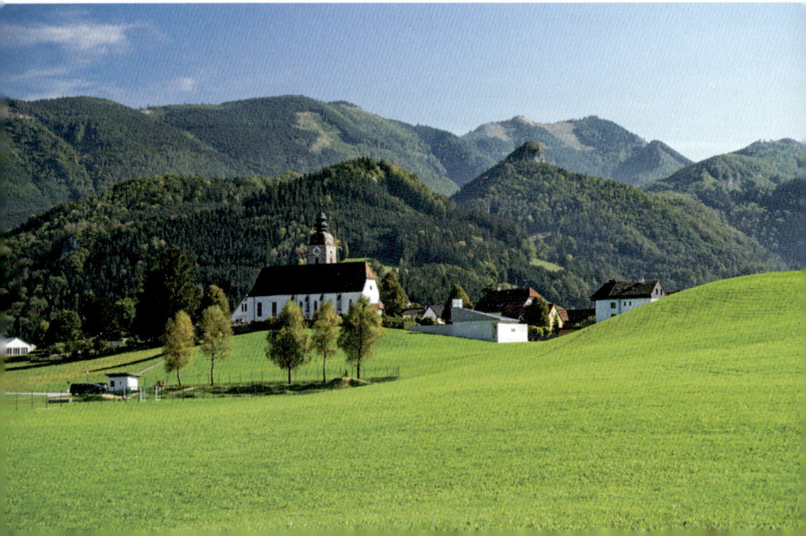

Ausgangspunkt für die 1910 errichtete, 1971 eingestellte längste Waldbahn Österreichs (40 km Streckenlänge) in das Hintergebirge. Sitz des Nationalpark-Besucherzentrums Ennstal (geöffnet 10./15. Mai bis 26. Okt., Mo. bis Fr. 9–12 Uhr und 13–17 Uhr, Sa., So. und an Feiertagen 9–12 Uhr, Tel. +43 7254 8414, kalkalpen.at/de/Besuchen_Erleben/Besucherzentren/Besucherzentrum_Ennstal, reichraming.at, nationalparkregion.com; siehe Seite 25); Rad- & Mountainbikeverleih Reichraming (geöffnet nur bei Schönwetter, von Mai bis Sept. Sa., So. und an Feiertagen, im Juli/August tgl. 8–12 Uhr, Radrückgabe bis 18 Uhr, Vorreservierung empfohlen, Tel. +43 664 88726656); Erlebnisarena Schallau (geöffnet Mo. bis So. 9.30–22.00 Uhr, außerhalb der Sommerferien Mi. Ruhetag, Tel. +43 7255 6600); Kutschenfahrten ins Reichraminger Hintergebirge (Tel. +43 7255 8260, hintergebirgskutscher.at); Reichraminger Holzknechtmuseum in der Wallerhütte (geöffnet Juni bis Ende Sept. So. 13–17 Uhr, Tel. +43 676 7241800 und +43 664 75003434, reichraming.at/Reichraminger_Holzknecht_Museum).

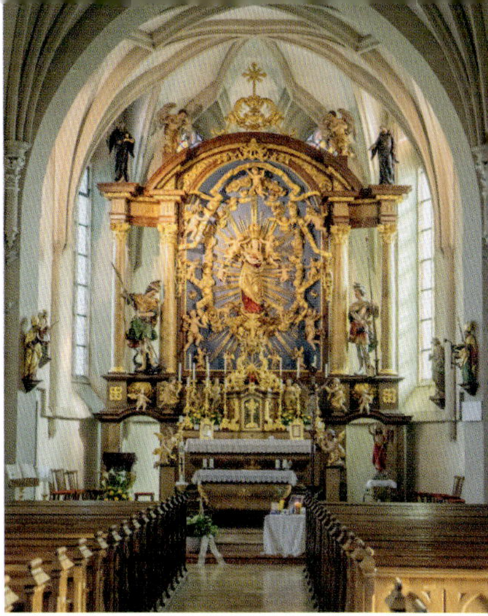

Der Hochaltar in der Wallfahrtskirche Maria Neustift.

Scharnstein im Almtal

Im Schloss Scharnstein befindet sich das Strafrechtsmuseum (Österreichisches Kriminal-Museum) mit mittelalterlichen Foltergeräten.

Schlierbach

Alte Klostersiedlung im Kremstal, nördlich von Kirchdorf. Im berühmten Zisterzienserstift großartige Klosterkirche, ein Hauptwerk des österreichischen Barock (1700) mit reicher Stuck- und Freskendekoration. Sehenswerte Prunksäle (Bernhardisaal, Bibliothek). Stiftsgymnasium, Glaswerkstätten, bekannter Käsereibetrieb (»Schlierbacher Klosterkäse«) mit Führungen.

Spital am Pyhrn

Zwischen Windischgarsten und Pyhrnpass gelegene Gemeinde. Der »Dom am Pyhrn«, wie die Spitaler Stiftskirche genannt wird, ist das Wahrzeichen des Ortes. Gründung eines Hospizes im Jahre 1190, nach 1418 Kollegiatstift, 1807 Aufhebung durch Kaiser Franz I. Sehenswert ist vor allem die barocke

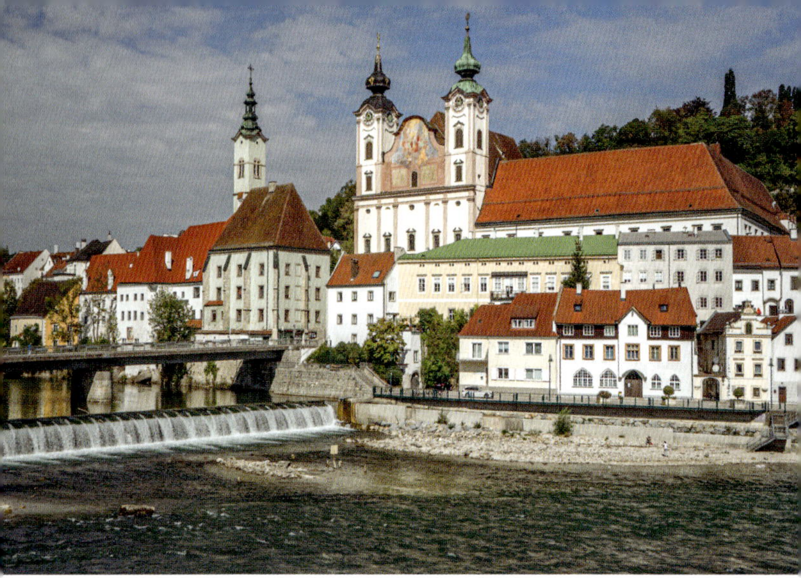

Einen Besuch verdient die Altstadt von Steyr: Im Bild die Michaelerkirche über dem Zusammenfluss vor Enns und Steyr.

Stiftskirche mit Innenausstattung von Domenico Antonio Carlone, Bartolomeo Altomonte (Fresken) und Andreas Ferdinand Lindemayr (Schmiedearbeiten). Besichtigung des Österreichischen Felsbildermuseums in den Barockräumen des ehemaligen Stiftes.

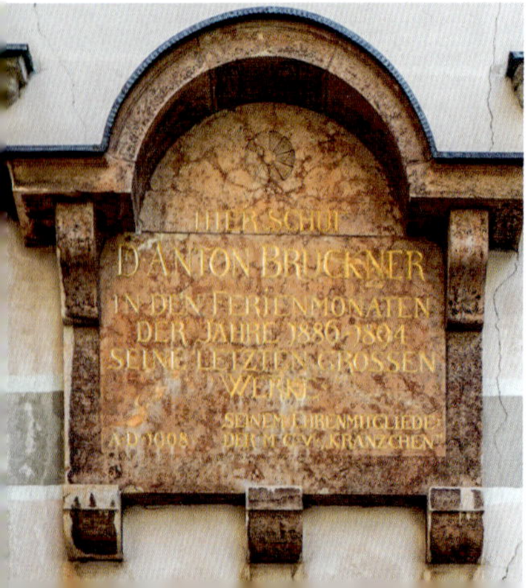

Gedenktafel an den großen oberösterreichischen Komponisten Anton Bruckner am Stadtpfarrhof in Steyr.

St. Gallen

Steirische Marktgemeinde und Erholungsort im Nahbereich der Nationalparks Kalkalpen und Gesäuse. Bushaltestelle. Spätgotische Pfarrkirche (1523) mit Netzrippen- und Schlingrippengewölbe, spätbarockem Hochaltar und Altarbild Mariae Himmelfahrt von Martin Johann Schmidt. Die ehemals stolze Burg Gallenstein (13. Jh.) war bis Ende des 19. Jh. Fluchtburg und Verwaltungssitz des Stiftes Admont. Die danach zur Ruine verfallene Burg wurde ab Mitte der 1960er-Jahre wieder aufgebaut und neu belebt. Bekanntes Festival St. Gallen jährlich im August (festival.stgallen.at) sowie das ARCANA-Festival für Neue Musik. Zu den Sehenswürdigkeiten des Ortes und seiner Umgebung gehören einige alte Bürgerhäuser und Hammerherrenhäuser, ferner die Spitzenbachklamm (von Frühjahr bis Herbst bei trockenem Wetter geöffnet) und der Wassererlebnispark St. Gallen (geöffnet 1. Juni bis 10. September: täglich 9–17 Uhr im Mai, Juni, September, bzw. 9–19 Uhr im Juli/August).

Steyr

Am Zusammenfluss von Enns und Steyr gelegene Kleinstadt mit reichen Kunstschätzen, aber auch mit modernen Wirtschaftseinrichtungen. Zu den Sehenswürdigkeiten gehören der Stadtplatz mit dem Rathaus (1786), einem der bedeutendsten Rokokobauten Österreichs, das Bummerlhaus (13. Jh.), die frühbarocke Marienkirche (17. Jh.), die Stadtpfarrkirche (1443–1522) mit 80 m hohem Turm, die Barockkirche St. Michael (1635–1675), das Schloss Lamberg (1727) und das im schottischen Stil errichtete Schloss Vogelsang (1877). Lohnender Besuch der 3 km entfernten Wallfahrtskirche Christkindl.

Ternberg

In einem weiten Talkessel eingebetteter Erholungsort und Marktgemeinde im Ennstal, 12 km südlich von Steyr mit dem weiter südlich am Ennsknie gelegenen Ortsteil Trattenbach, Heimat und Erzeugungsstätte des »Trattenbacher Zaukerl« (Taschenfeitel), eines einfachen Taschenmessers, das nur hier gebaut und in alle Welt exportiert wird. Alte Eisenhämmer (Schaubetriebe), Drechslereimuseum, Besuch der »Wasserspiellandschaft am Bach«, ein Mordsspaß für Kinder mit ganzjährig frei zugänglichen Wasserrädern, Flutern, Pumpen und einigem mehr zum Experimentieren, Bauen und Spielen, daneben die Jausenstation »Drah-Hüttn« (Museumsdorf Trattenbach, Tel. +43 7256 7376, tal-der-feitelmacher.at).

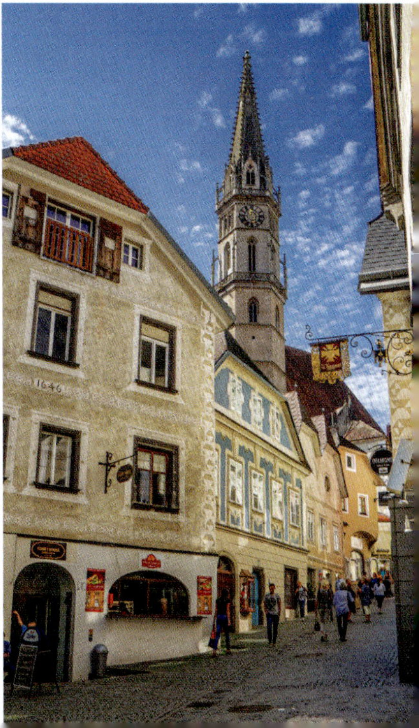

Aufblick aus der Pfarrgasse zur gotischen Stadtpfarrkirche von Steyr.

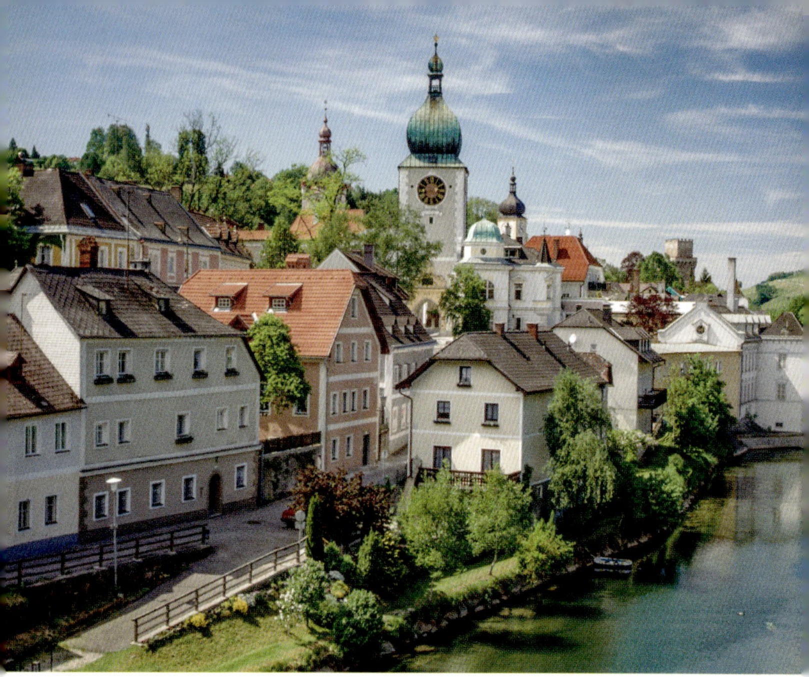

Die malerische Altstadt von Waidhofen an der Ybbs ist unbedingt einen Besuch wert!

Unterlaussa

An der Hengstpassstraße zwischen Altenmarkt und Windischgarsten nahe der niederösterreichisch-steirischen Grenze gelegener Ort am Laussabach. Sehenswert das Bergbau- und Heimatmuseum Knappenhaus (geöffnet 5./10. Mai bis 26. Okt., So. und Feiertage, 13–17 Uhr sowie nach tel. Voranmeldung, Tel. +43 660 7622286 und +43 664 75163542, knappenhaus-unterlaussa.com). Es wurde nach einem Gebäude originalgetreu nachgebaut, das am Blaberg den Arbeitern des Bauxitwerkes bis 1964 als Stützpunkt und Unterkunft diente. Dabei wird der Verarbeitungsweg vom Rohstoff (Bauxit) über den Transport bis zum Endprodukt Aluminium gezeigt.

Waidhofen an der Ybbs

An der niederösterreichischen Eisenstraße gelegene Stadt, die wegen ihres prächtigen Stadtbilds auch »Stadt der Türme« genannt wird. Der Ort wird 1171 erstmals erwähnt und ist mit Steyr das wichtigste Zentrum der Eisenverarbeitung nördlich der Alpen. Das vom steirischen Erzberg kommende Roheisen wurde hier zu Messern, Schaufeln, Schwertern etc. verarbeitet,

Jahrhunderte hindurch blühendes Handwerk der Hammerherren (»Schwarze Grafen«), das erst mit der zunehmenden Industrialisierung im 19. Jh. sein Ende fand. Zu den Sehenswürdigkeiten von Waidhofen gehören die beiden Stadtplätze (Oberer und Unterer Stadtplatz) mit schönen Häusern aus Gotik und Barock, die Stadtpfarrkirche, eine spätgotische Hallenkirche, der Pfarrhof mit der berühmten gotischen Messerer-Monstranz (1469–1472 in Freising geschaffen), das Schloss Rothschild hoch über Waidhofen (erhielt im 19. Jh. durch den Wiener Dombaumeister F. Schmidt seine heutige neugotische Form) mit dem 5-Elemente-Museum sowie die historischen Türme (Stadtturm, Schlossturm, Ybbsturm und die vier Kirchtürme). Besuchenswert das Schaukraftwerk Schwellöd sowie der Natur- und Wildpark Buchenberg im Süden der Stadt.

Weyer

Luftkurort und Markt im Gaflenztal nahe seiner Mündung in das Ennstal, einst »Güldenes Märktl« genannt. Der im 12. Jh. gegründete Ort verdankt seinen früheren Reichtum den beiden Handelswegen vom steirischen Erzberg ins niederösterreichische Waidhofen an der Ybbs bzw. entlang der Enns ins oberösterreichische Steyr. Sehenswert die noblen Bürgerhäuser der einstigen Hammerherren am historischen Marktplatz (Balgsetzerhaus), die gotische Pfarrkirche (1259 erstmals erwähnt, 1443 erweitert; gotische Fresken, sonst barock), die gotische Filialkirche St. Sebastian (Rokoko), der Innerberger Stadel, ein 1654 errichteter Eisen- und Proviantspeicher und das Egerer Schlössl (1560). Lohnenswert ist der Besuch von Ennsmuseum Weyer-Kastenreith mit Freilichtmuseum Katzensteinermühle, Buchdruckmuseum und Flößertaverne (ooemuseumsverbund.at); Floß- und Wikingerschiff-Fahrten auf dem Stausee des Ennskraftwerks (ennsspektakel.at).

Gemütliche Einkehr an der Puglalm beim Hengstpass (Tour 36).

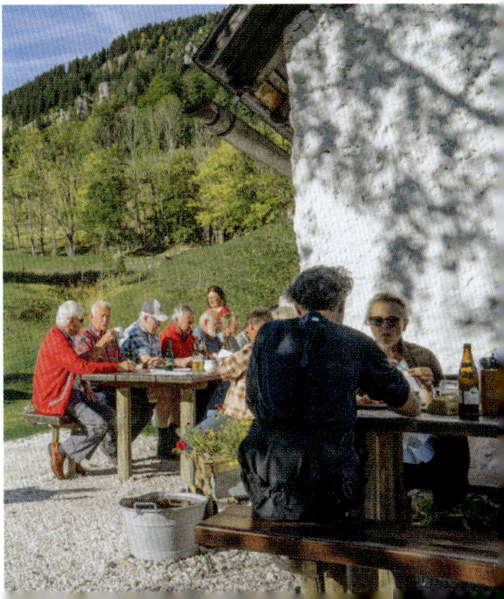

Windischgarsten

Luftkurort und Nationalparkgemeinde im Becken der Teichl mit herrlicher Umgebung. Sessellift auf den »Erlebnisberg Wurbauerkogel« (zwei Sommerrodelbahnen, Panoramaturm). Sehenswerte Pfarrkirche mit gotischem Chor und Barockaltären. Ausflüge in die Vogelsangklamm, zum Pießling-Ursprung (stärkste Karstquelle der Ostalpen), zum Gleinkersee sowie zum Wild- und Erlebnispark Enghagen in Roßleithen (62 Tierarten).

Agrarium
Nahe bei Bad Wimsbach/Neydharting im Bereich der historischen Parkanlage von Schloss Almegg gelegener Erlebnispark mit 60 Themengärten aus Pflanzen-, Tier- und Abenteuerwelt, Zoo, Erlebnisrutsche und Gasthaus. Vom 15./20. April bis 15./20. Okt. 10 – 17 Uhr, im Juli/August täglich, sonst an Wochenenden, Feiertagen und Brückentagen, ab 20 Personen nach Voranmeldung jederzeit geöffnet; Tel. +43 7245 2581-0, agrarium.at.

Badeseen
Zwei reizvolle Bergseen in unmittelbarer Umgebung von Windischgarsten laden an heißen Hochsommertagen zum Baden: Der Naturbadesee Edlbach mit benachbartem Golfplatz, Clubhaus »Salettl« und dem Edlbacher Moor sowie der zu Füßen des Warscheneck-Massivs gelegene Gleinkersee – einer der wärmsten Gebirgsbadeseen Österreichs mit Bootsverleih und Hochseilgarten – im Südosten bzw. Süden des Ortes bieten Badespaß für die gesamte Familie.

Cumberland-Wildpark
Im Almtal südlich von Grünau gelegenes, 60 Hektar großes Gelände mit rund 500 Tieren, u. a. Waschbären, Braunbären, Luchse und Wölfe. Ganzj. geöffnet, von April bis Okt. 9 – 17 Uhr (Ausgang bis 19 Uhr möglich), Nov. bis März 10 – 16 Uhr (Ausgang bis 17 Uhr); Tel. +43 7616 8425, wildparkgruenau.at.

Erlebnisberg Wurbauerkogel
Ein Muss für jeden Windischgarsten-Besucher mit Sessellift, 21 m hoher gläserner Panoramaturm, Alpine Coaster (Zweipersonenschlitten), Bikepark, 3D-Bogenschießen, Klettersteigpark und Bergrestaurant. Geöffnet: Einser-Sessellift und Alpine Coaster 5./10. Mai bis 5./10. Okt, 9.30–17.30 Uhr, Tel. +43 7564 5275, wurbauerkogel.at.

Frauenstein
Wallfahrtsort mit gotischer, später barockisierter Kirche östlich über dem Steyrdurchbruch (Dolomit) mit berühmter gotischer Schutzmantelmadonna, 1515 von Gregor Erhard (Ulm) geschnitzt, einer der bedeutendsten Kunstschätze Oberösterreichs. Am Friedhof unterhalb der Kirche ist der bekannte Showmaster Hans-Joachim Kulenkampff begraben. Sehenswert das weiter nördlich (flussabwärts) in der Steyrschlucht bei Göritz gelegene Jugendstilkraftwerk mit filigraner Bogenbrücke unterhalb der Staumauer.

Kartause Gaming
Größtes Kartäuserkloster Mitteleuropas. Bis zu seiner Aufhebung durch Joseph II. (1782) geistiges und wirtschaftliches Zentrum des gesamten alpinen Mostviertels. 1330 durch Herzog Albrecht II. von Österreich, seiner Gemahlin Johanna von Pfirt und seinem Bruder Otto gegründet und von Kartäusern aus Mauerbach bei Wien besiedelt, wobei das Ötscher-Gebiet mit Verkehrswegen und Meiereien erschlossen und mehrere Siedlungen gegründet wurden. Um zwei große Klosterhöfe gruppieren sich insgesamt 24 gotische Mönchszellen. Sehenswert sind der stuckgeschmückte Prälatensaal, der Bibliothekssaal, ein Kuppelraum mit Seitenflügeln und Fresken sowie die Klosterkirche Mariä Himmelfahrt und der Kartausenkeller (Tel. +43 7485 98466, kartause-gaming.at). Chopinfestival Mitte August (chopin.at).

Maria Neustift
Auf einem Bergrücken aussichtsreich gelegener Wallfahrtsort an der oberöstereichisch-niederösterreichischen Grenze. Neugotische Kirche (1889 vollendet) mit schönem Barockaltar und der Gnadenstatue »Maria, Heil der Kranken« von 1450.

Mollner Maultrommel
Als Nebenprodukt der Eisenverarbeitung hat sich in Molln ab dem 17 Jh. die Erzeugung von Maultrommeln etabliert. Heute existieren noch drei Familienbetriebe. Die UNESCO-Kommission hat die Mollner Maultrommel als immaterielles Weltkulturerbe ausgewiesen. Besuchenswert ist die Erlebniswelt Maultrommel Molln (Tel. +43 7584 2407, maultrommel-schwarz.at).

Schindlbach-Kinderland
Im Schindlbachtal, 7 km östlich von Grünau (Almtal), mit Kindereisenbahn, Märchenwald-Wanderweg und Gasthaus. Vom 26. April bis 26. Okt. geöffnet, 1. Juli bis 15. Sept. täglich, sonst Sa., So. und an Feiertagen 10–18 Uhr, Tel. +43 664 88659399, schindlbach.at.

Sensenwerk Schröckenfux in Roßleithen
Das Sensenwerk Schröckenfux in Roßleithen ist eines der ältesten Industrieunternehmen Österreichs. 1540 gegründet, werden dort heute noch Qualitäts-Sensen, Mähmesser und -bestandteile produziert und in alle Welt exportiert. Von einem Besuchersteg aus (keine Voranmeldung, kein Eintritt!) erhält man Einblicke in die Sensenschmiede. Besichtigung Mo. bis Do. 8–11 und 12–15 Uhr, Fr. 8–11 Uhr, schroeckenfux.at.

Sonntagberg
Bekannter Wallfahrtsort bei Waidhofen mit weithin schauender Barockkirche auf einem Hügel östlich der Ybbs, anstelle einer spätgotischen Kirche neu erbaut, von Jakob Prandtauer begonnen, von J. Munggenast 1729 fertiggestellt, Deckenfresken von Daniel Gran.

Vogelgesangklamm
Mit 1,5 km ist die Vogelsangklamm bei Spital am Pyhrn die längste Oberösterreichs (über 500 Stufen und Stiegen!).

Wasserspiellandschaft Trattenbach
In Trattenbach lohnt der Besuch einer der berühmten Eisenhämmer sowie der »Wasserspiellandschaft«, ein Spaß für Jung und Alt. Experimentieren, Bauen und Spielen mit Wasserrädern, Flutern, Wehren, Pumpen und vieles mehr, direkt neben der Jausenstation »Drah-Hüttn«.

Ybbstalbahn (Citybahn, Ötscherland-Express)
Von der schmalspurigen Ybbstalbahn (Waidhofen – Großhollenstein – Göstling-Lunz – Kienberg/Gaming) werden heute nur noch zwei kurze Teilstrecken befahren, die 3 km lange Citybahn zwischen dem Bahnhof Waidhofen und dem Stadtzentrum (citybahn.at) und die 18 Kilometer lange Ybbstalbahn-Bergstrecke mit dem »Ötscherland-Express« (100 Jahre alte Dampfloks, 80 Jahre alte Diesellloks) von Kienberg/Gaming nach Lunz am See, eine Museumsbahn der NÖ Lokalbahnen-Betriebsgesellschaft (Nostalgiefahrten an den Wochenenden zwischen Ende Juli und Anfang Oktober, lokalbahnen.at/bergstrecke).

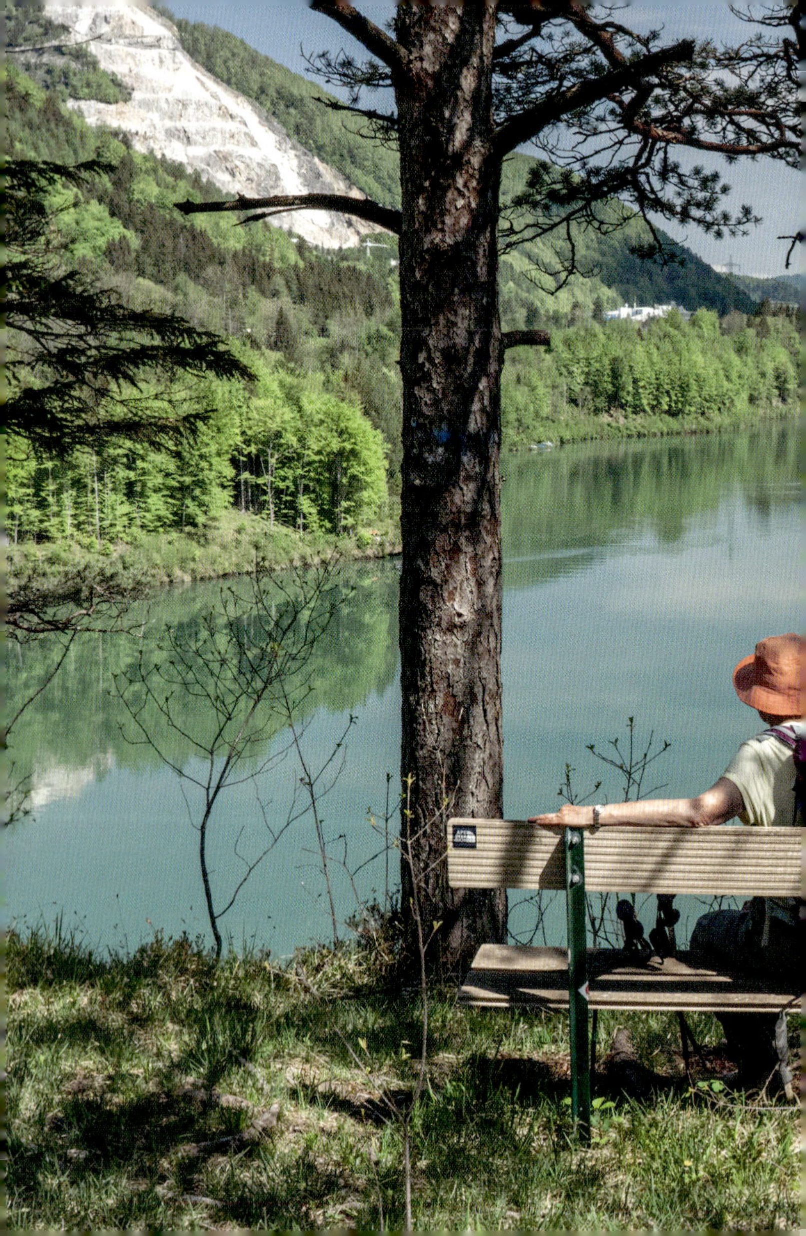

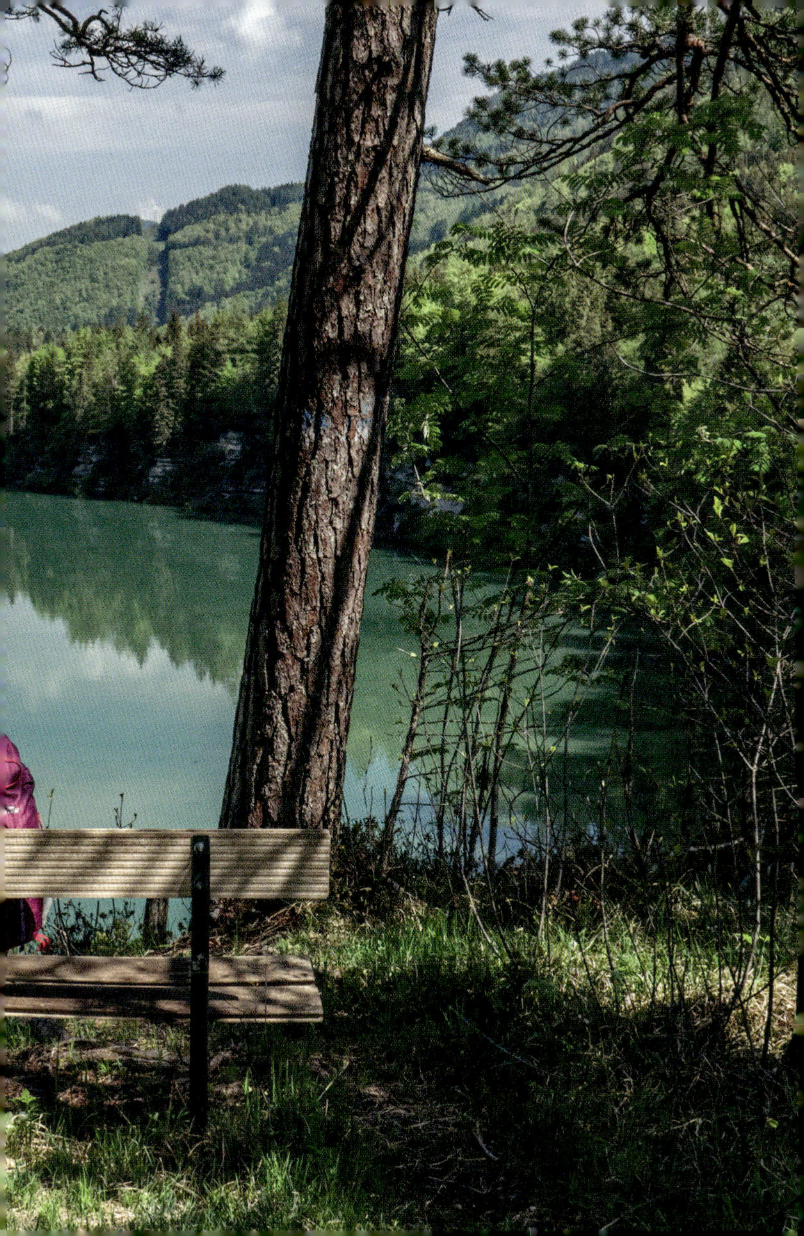

↗ 420 m | ↘ 420 m | 7.6 km

1 Von Schlierbach auf den Grillenparz, 842 m

2.45 h

Gemütliche Rundwanderung am Alpenrand

Die hier gepriesene Voralpen-Wanderung auf den Grillenparz (auch »Grillparz«) beginnt gleich hinter der Schlierbacher Stiftskäserei, aus der ein ganz charakteristischer Duft strömt – eine bequeme Halbtagestour, die Zeit für Besichtigungen lässt, somit ein Tipp für einen Familienausflug, besonders im farbenfrohen Herbst. Kinder könnten dabei nach jenem Schatz suchen, den einst, als Krieg drohte, ein Prälat Schlierbacher einmauern ließ. Damit das Versteck nicht bekannt wurde, musste ein Maurer mit verbundenen Augen die Arbeit ausführen und wurde anschließend vom Auftraggeber kreuz und quer herumgeführt, damit er die Stelle nicht wiederfinde. Als der Prälat im Sterben lag, ließ er den Maurer rufen, um ihm die Stelle zu beschreiben, wo der Schatz eingemauert war. Aber als dieser im Kloster eintraf, war der Prälat bereits tot … und der Schatz wurde bis heute nicht gefunden.

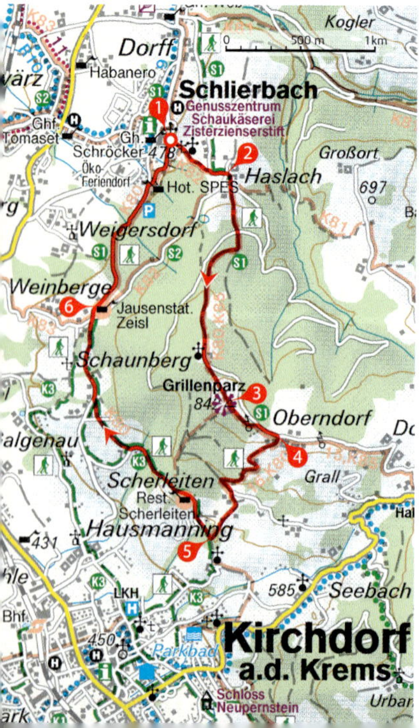

Ausgangspunkt: Schlierbach im Kremstal, 478 m, mit mächtigem Zisterzienserstift (stift-schlierbach.at). Haltestelle der Buslinie 468 (Bad Hall – Kirchdorf/Krems) und der Pyhrnbahn (Linz – Selzthal). Vom westlich gelegenen Bf. Schlierbach 1 km (15 Min. Gehzeit) ins Ortszentrum. Kostenfreier Parkplatz nördlich des Stiftseingangs. Die Wanderung startet beim Tor zum ersten Hof von Stift Schlierbach.
Anforderungen: Kurze, einfache Wanderung auf bez. Fußwegen (meist markiert mit K80), Teilstrecken auch auf asphaltierten Güterwegen.
Einkehr: Im Areal von Stift Schlierbach das Panorama-Café mit Klosterladen (Käseprodukte und heimische Getränke, geöffnet April bis Okt. Di. bis Sa. 8.30–17 Uhr). In Schlierbach mehrere Gasthöfe und Cafés.
Hinweis: Die Klosterkäserei des Stifts Schlierbach ist heute marktführend in der Produktion von Weichkäse in Österreich. Berühmt ist der original »Schlierbacher«, ein oberflächengereifter Weichkäse mit Rotkultur, der seit 1924 hergestellt wird.

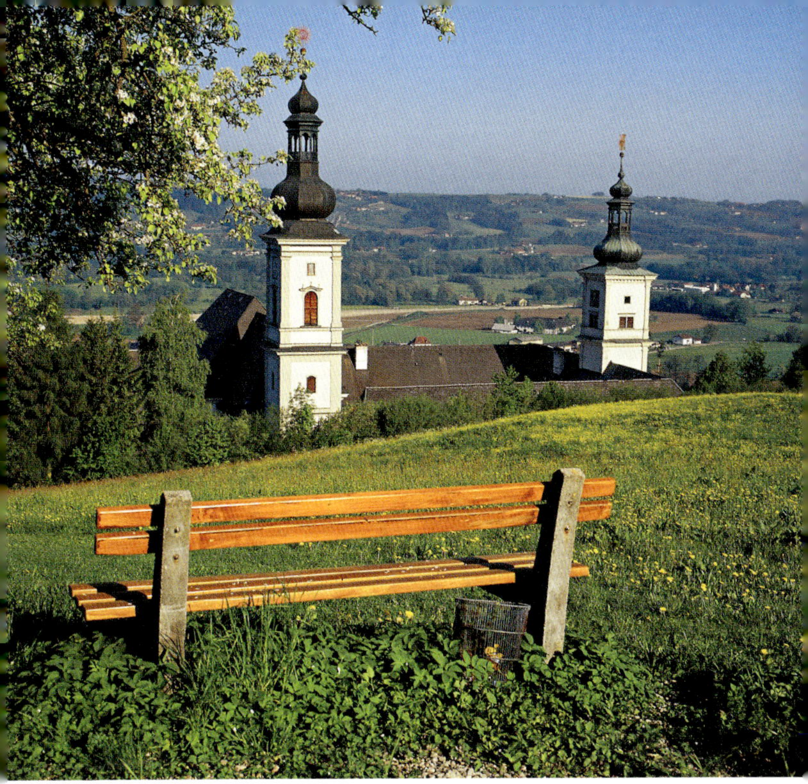

Nach dem ersten Anstieg blickt man zurück auf Stift Schlierbach.

Vom Ortsplatz in **Schlierbach** ❶ beim Tor zum ersten Hof von Stift Schlierbach links durch einen alten Durchgang hinter dem Stift, zum Kreuzweg (Weg Nr. 15 Richtung Altpernstein). Links entlang den Kreuzwegstationen hinauf zu einer Kapelle, 530 m (Sitzbank, Blick aufs Kloster und ins Kremstal). Unmittelbar davor benutzen wir rechts einen Wiesenweg und kommen

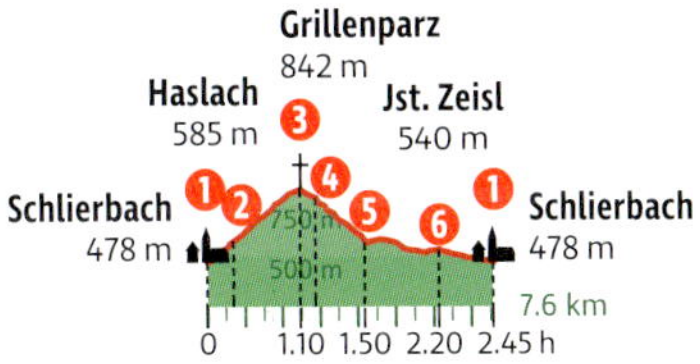

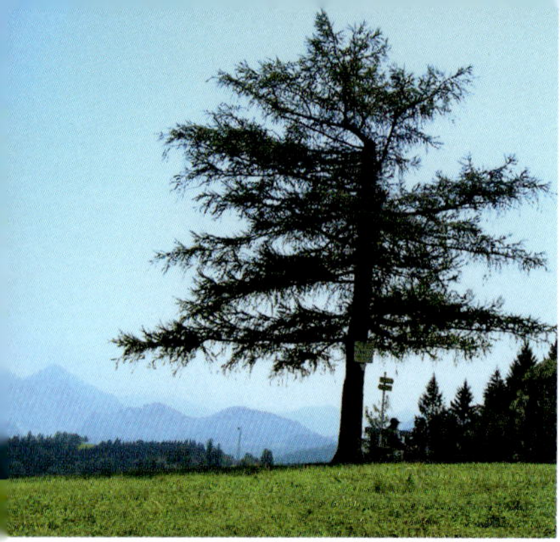

Eine mächtige Lärche krönt den Gipfel des Grillenparz.

auf ihm am Waldrand entlang bergan zu einem Güterweg, in den wir rechts einbiegen, um in einer Doppelkehre die Höfe von **Haslach** ❷, 585 m, zu erreichen. Wegteilungen K82 und K81 bleiben unbeachtet, wir wählen die letzte vom Güterweg abzweigende Zufahrt (Weg 15/K80), die beim Haus Oberschlierbach 33 als Feldweg geradeaus (südwärts) zum Wald ansteigt und in ihm, eine Forststraße kreuzend, bergan zieht. An einer Wegteilung wenden wir uns rechts und erreichen ca. 1,3 km hinter Haslach eine große Lichtung mit Bauernhof und kleiner Kapelle, 765 m. Gleich dahinter zweigt von der Zufahrt rechts ein Weg ab, der bergan, erst durch ein Waldstück, dann gerade auf ausgetretenem Wiesenpfad, relativ steil hinaufzieht zur Wiesenkuppe des von einer einzelnen Lärche gekrönten **Grillenparz** ❸, 842 m, mit Sitzbank und prächtigem Rundumblick.

Vom Gipfel geht es gerade weiter über die Wiese, dann durch Wald hinab zu einem Forstweg und auf ihm rechts zum hier beginnenden Güterweg in **Oberndorf** ❹, 800 m. Beim ersten Hof an der Straße zweigen wir auf K80 rechts ab. Der Weg zieht durch Wiese und Wald hinab zum Beginn der Forststraße Scherleiten. Wir wandern links hinab zu einem Güterweg und rechts bis zu seinem Ende beim Haus Seebach 55. Unmittelbar vorher führt ein Wiesenweg links weiter hinab und erreicht bei einer Kehre den Güterweg **Scherleiten** ❺, 575 m, auf den man einbiegt. In der Gegenrichtung – links, talwärts – führen die Wege nach Kirchdorf. Wir halten uns rechts. 200 m leicht ansteigend, dann stehen wir am Güterwegende vor dem »Gut in Scherleiten« (ehemiges Restaurant). Knapp vor dem Parkplatz schwenken wir rechts auf einen verwachsenen, bergan ziehenden Steig ein, gehen am Berghang vorbei zum Scherleiten-Bankerl, 635 m (Aussicht!), dann auf einem Wiesenweg hinunter zu einem Hof und auf dessen Zufahrt zu der von Hausmanning kommenden Schaunbergstraße (Weg Nr. 14). Auf dem Güterweg wandern wir rechts bergauf bis zum Ende in Schaunberg. Beim letzten Haus (Nr. 30) führt links ein schmaler Fußweg (Nr. 14/K80) hinab in ein Waldstück, dann über Wiesen und erneut durch Wald zur ehemaligen **Jst. Zeisl** ❻, 540 m (Wegkreuzung: rechts K82 hinauf nach Haslach, links abwärts K83 Auweg). Hier auf Naturstraße (Weg K80/K82) geradeaus abwärts zu den ersten Häusern von Schlierbach. Hinter dem Seminarhaus SPES geht es rechts in Richtung Stift wieder zum Kreuzweg und an den Stiftsmauern entlang zurück zum Ortsplatz in **Schlierbach** ❶.

↗ 800 m | ↘ 800 m | 9.6 km

4.30 h

Über die Gradnalm auf den Rauen Kalbling, 1381 m

2

Urige Almwirtschaft über dem Kremstal

Dem felsigen Kremsmauer-Zug ist ein meist bewaldeter Bergrücken vorgelagert, dessen freie Gipfelflächen Höhen über 1400 Meter erreichen und eine herrliche Aussicht auf die Felsberge im Süden und besonders ins Alpenvorland bieten. Unterwegs lockt auf einer schönen Almfläche die Gradnalm zur Einkehr. Von ihr bieten sich Abstecher auf einige lohnende Aussichtsgipfel an.

Ausgangspunkt: Parkplatz Kremsursprung, 580 m. Zufahrt von Micheldorf im Kremstal (dort Haltestelle der Pyhrnbahn Linz – Selzthal sowie Bushalt Linie 433 Steyr – Molln – Kirchdorf) über eine schmale Fahrstraße, die am südlichen Ortsrand (in Hinterburg) von der B138 abzweigt und südwestwärts entlang der jungen Krems verläuft (4 km von Micheldorf, zu Fuß mit Weg Nr. 443 und K93 in 1 Std.).
Anforderungen: Unschwierige Rundwanderung auf gut bez. Wegen und Steigen (Wiesen- und Waldgelände). Im Anstieg steile Waldpfade und teils Forststraßen, am Verbindungskamm vom Rauen Kalbling in Richtung Falkenmauer einige abschüssige Felspassagen. Ab der Parnstalleralm schmaler, steiler Pfad bzw. Steigspuren, jedoch gut bezeichnet. Trittsicherheit und Schwindelfreiheit nötig, am Felsabbruch Richtung Bachgraben Absturzgefahr!
Einkehr: Gradnalm (keine Nächtigung, geöffnet 1. Mai bis 31. Okt. Sa., So. und an Feiertagen, Tel. +43 664 2412323). Gastbetriebe in Micheldorf.
Varianten: Abstecher zu den aussichtsreichen Gipfeln Herrentisch und Pfannstein.

Wallfahrtsort Frauenstein mit Pfannstein, Rauem Kalbling und Kremsmauer dahinter.

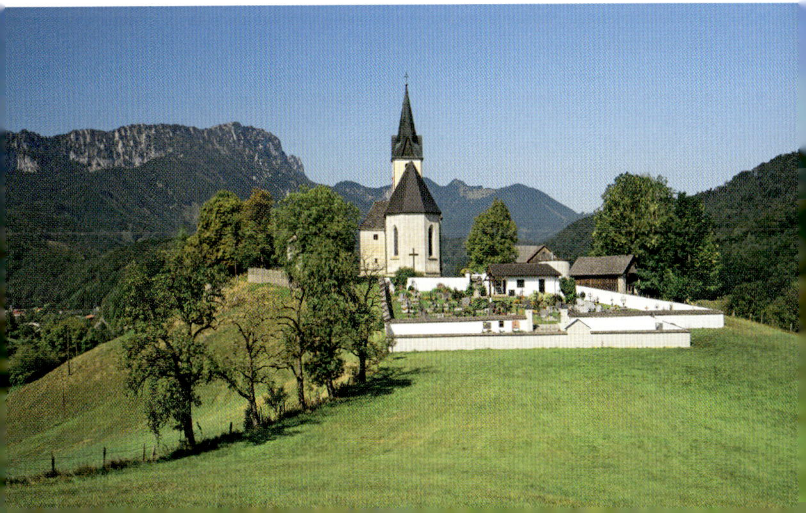

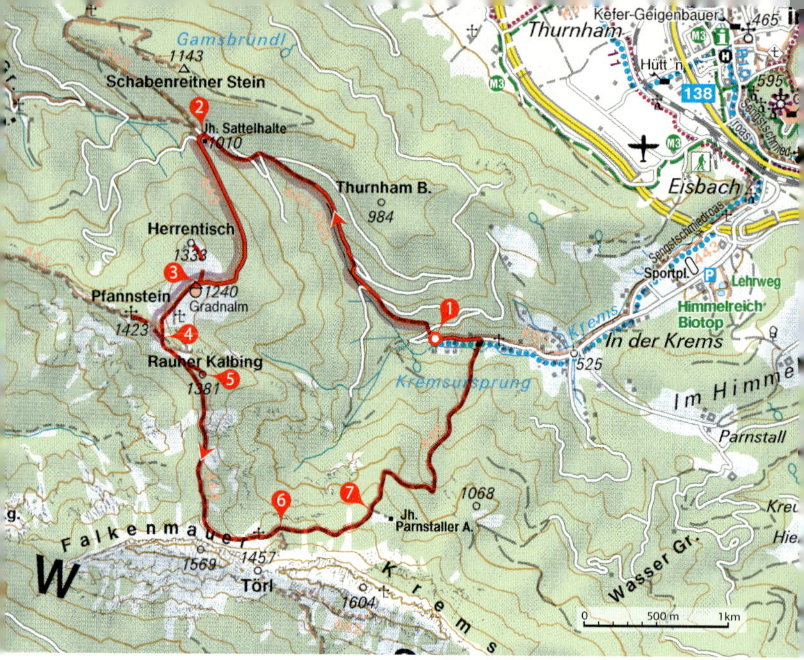

Etwa 100 m vor dem Parkplatz **Kremsursprung** ❶ (neben einer Karstquelle Zusammenfluss mehrerer Quellbäche) von der Fahrstraße rechts ab (gelbe Wegweiser) und auf einem Waldsteig nordwestwärts bergauf. Man kreuzt eine Forststraße, schwenkt schließlich auf sie ein und benützt sie links ein Stück bergan, mehrere Kurven auf dem alten Ziehweg abkürzend. In Nordwestrichtung gelangt man zum **Sattelhalt** ❷, 1010 m, auch »Ebensattel«. Dort links auf Forststraße sehr steil empor zur Wiesenfläche der **Gradnalm** ❸, 1240 m, mit Alm-Gastwirtschaft (lohnender Abstecher zum Aussichtspunkt Herrentisch, 1333 m, rechts oberhalb der Alm, 20 Min., kleines Kreuz).

In Südrichtung über den Almboden zu einem Rücken, 1330 m, mit **Verzweigung** ❹ (rechts auf Weg 441 in 20 Min. auf den aussichtsreichen Pfannstein, 1423 m, Gipfelkreuz). Weg Nr. 444 leitet geradeaus in eine kleine Wiesenmulde, 1310 m, unterm **Rauen Kalbling** ❺, 1381 m, den der markierte Weg rechts umgeht (links in wenigen Schritten auf den höchsten Punkt). Der bez. Weg folgt südwärts dem Verbindungskamm (Felspassagen!) unter die senkrechten Wände der Falkenmauer, wendet sich dort nach Osten und erreicht an deren Fuß, 1200 m, leicht steigend die **Rechtsabzweigung** ❻, 1265 m, von Weg Nr. 442 Richtung Törl-Kremsmauer.

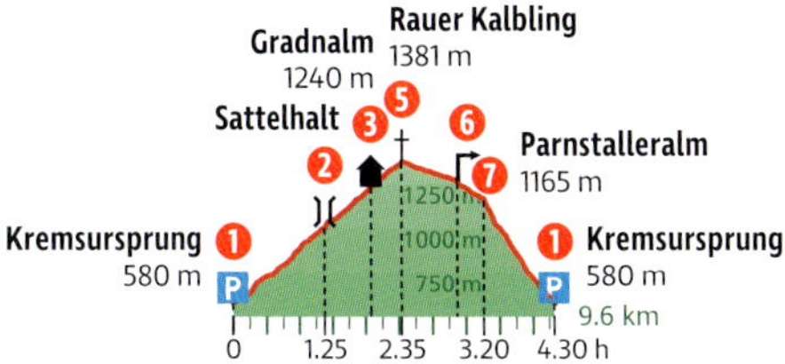

Der Abstieg erfolgt nun auf Weg Nr. 446 nach links. Diesen an den Waldhängen vorerst mäßig steil bergab, mit kleiner Gegensteigung bei einem Bachgraben, danach in Nordostrichtung zum Rand der Almfläche der einstigen **Parnstalleralm** 7, 1165 m (Jagdhütte), dann am Waldhang zur Linken eines Bachgrabens steil und nicht ungefährlich nach Norden hinab zum jungen Kremsfluss, 550 m. Von der Brücke sich links haltend auf der Fahrstraße 450 m flussaufwärts zum **Kremsursprung** 1.

Rauer Kalbling und Pfannstein von Norden (vom Herrentisch).

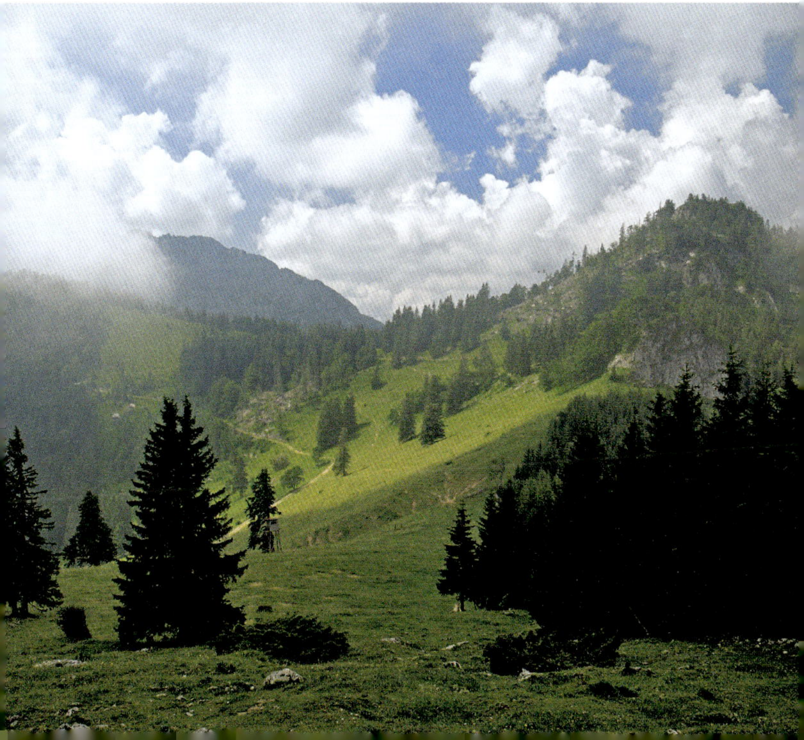

TOP

3

↗ 500 m | ↘ 500 m | 16.1 km

Von Klaus über Burg Altpernstein ins Kremstal

4.30 h

Wallfahrtsort, Steyrdurchbruch und Raubritterburg

Wenig anstrengend ist der Weg aus dem Steyrtal bei Klaus über die Wasserscheide ins Kremstal. Unterwegs warten viele Sehenswürdigkeiten: der barocke Pfarrhof und Kirche von Klaus, die mächtige Staumauer des Klauser Stausees, die Wallfahrtskirche Frauenstein, die Felsschlucht des Steyrdurchbruchs mit altem Kraftwerk und alter Schmalspurbahn-Brücke, die mittelalterliche Burg Altpernstein mit Verlies, Rittersaal und Gartenterrasse (herrliche Aussicht!), die Burg-Taverne und am Zielort Micheldorf das Sensenschmiede-Museum.

Ein Industriedenkmal von europäischem Rang ist das Jugendstilkraftwerk Steyrdurchbruch oberhalb der Schluchtstrecke des Steyrflusses.

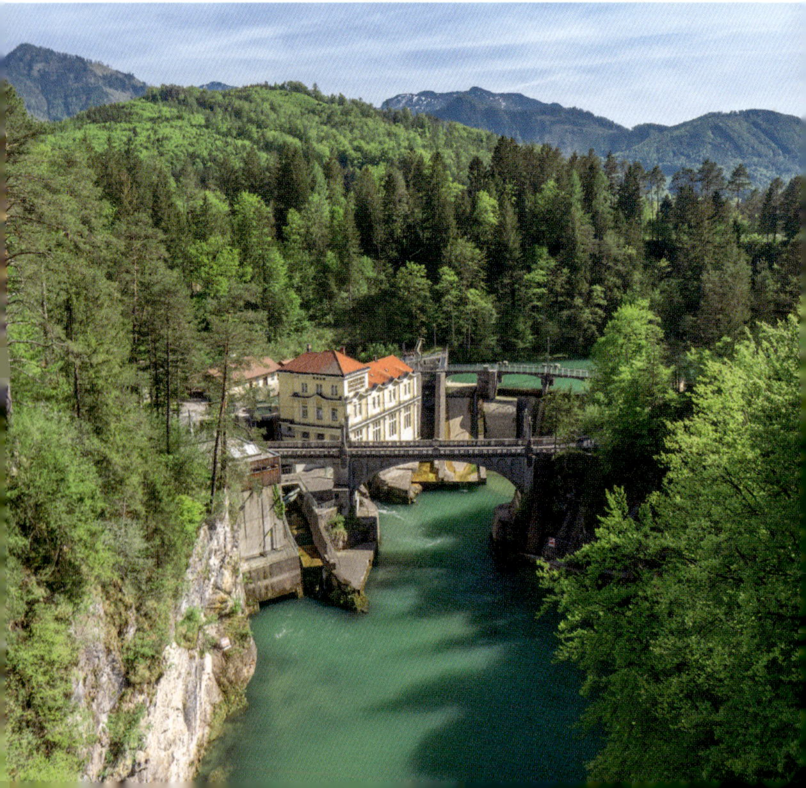

Ausgangspunkt: Klaus, Ortszentrum, 461 m, an der Pyhrnbahn (Parkmöglichkeit am Bahnhof oder am Kirchplatz). Station an der Bahnstrecke Linz – Selzthal (Pyhrnbahn) sowie Haltestelle an der Buslinie 430 Kirchdorf – Windischgarsten.
Endpunkt: Micheldorf, Ortszentrum, 465 m. Rückfahrt zum Ausgangspunkt per Pyhrnbahn oder Buslinie 430.
Anforderungen: Einfache Wanderung auf Fahr- und Fußwegen. Durchgehend markiert oder beschildert, vor allem im Frühjahr und Herbst zu empfehlen.
Hinweis: Bei Schwellbetrieb im Kraftwerk ist die Klauser Steyrbrücke unterhalb der Staumauer unpassierbar; man muss dann den Weg über die Staumauer und auf der Straße nach Frauenstein bis zur Abzweigung der Kraftwerk-Straße wählen.
Einkehr: Ghf. Federlehner in Frauenstein (20 B., geöffnet Mi. bis So., Tel. +43 7585 512, federlehner.at), Buffet am Parkplatz Steyrdurchbruch, Burg-Taverne in Altpernstein (geöffnet 1. Mai bis 31. Okt. So. und an Feiertagen 11–16 Uhr), Ghf. Georgenberg (keine Nächtigung, im August zwei Wochen geschlossen, Di. und Mi. Ruhetag, Tel. +43 7582 64030), Gastbetriebe in Micheldorf und Klaus.
Varianten: 1. Über Georgenberg: Vom Bildbaum links auf Weg K92 bergab durch Wald, über die parallele Forststraße, nach kurzem Anstieg auf schönem Pfad teils steil bergab. Man kreuzt eine weitere Forststraße, halb links durch den Wald, zuletzt mit Rechtsbogen über eine Wiese zu einem Sattel unter dem Georgenberg (Bildstock; 530 m, rechts unbez. 500-m-Abstecher zum »Heiligen Bründl«). Auf dem vom Tal kommenden Sträßchen gerade bergauf, nach einer Kehre und letzter Rechtskurve zum kleinen Bergkirchlein (595 m, Ghf. Georgenberg), 40 Min. vom Bildbaum. Vom Georgenberg kurz auf der Straße zurück, von der Kirche kommend rechts den Kreuzweg K92 steil hinab nach Micheldorf, 15 Min. vom Georgenberg.
2. Von Burg Altpernstein auf den Felsgipfel des Hirschwaldsteins (Weg Nr. 23, 1095 m, viel besuchter Aussichtsberg), 45 Min. Anstieg.
Tipp: Von Micheldorf aus lassen sich die Wege nach Altpernstein und zum Georgenberg zu einer kurzen Runde kombinieren: Anstieg von Micheldorf (K92) über Georgenberg-Sattel bis zum Prälatenweg (K92, 1.15 Std.), von dort leicht steigend auf K92/15 nach Altpernstein (30 Min.) und Abstieg nach Micheldorf auf K91/21 (1 Std.).
Hinweise: Führungen durch das Sensenschmiede-Museum in Micheldorf gibt es von Mai bis Okt. (Voranmeldungen: Tel. +43 699 17169200).
Am Friedhof von Frauenstein befindet sich die letzte Ruhestätte des bekannten TV-Showmasters Hans-Joachim Kulenkampff.
Auf Burg Altpernstein werden im Sommer Führungen (Sa. und So. um 15 Uhr) angeboten: Außerdem kann im Hotel Garni Burg Altpernstein (35 B., Anfrage unter Tel. +43 732 60160070, burgaltpernstein.at) auch übernachtet werden. Burg Altpernstein kann auf einem interessanten Klettersteig (Schwierigkeit C/D) umrundet werden. Dies ist allerdings nur Geübten mit entsprechender Ausrüstung anzuraten. Die Begehung der privaten Anlage erfolgt gegen eine Gebühr und muss zuvor angemeldet werden; weitere Informationen: burgaltpernstein.at.

Vom Ortszentrum in **Klaus** ❶ jenseits der Bahnhof-Zufahrt auf schmaler Asphaltstraße steil hinab zur Brücke über die Steyr, 420 m, unterhalb der Kraftwerk-Staumauer. Jenseits links aufwärts, bis beim ersten Haus, also noch vor Erreichen der Straße nach Frauenstein, links Weg Nr. 404/409 abzweigt. Am rechten Steyrufer entlang unter der Autobahn durch zum

Graben des Effertsbachs. Nach seiner Überquerung im Auwald weiter, bei einer Wegteilung schräg rechts hinauf zur Zufahrt nach Eck. Auf ihr zur Straße nach Klaus, jenseits auf einem Fußweg hinauf zur Wallfahrtskirche **Frauenstein** ❷, 503 m.

Auf Weg Nr. 404/409 gerade über Wiesen hinab zur Asphaltstraße entlang der Steyr, der man 1,5 km nach rechts zu den Häusern von Göritz folgt. Dort verlässt man Weg Nr. 404 links auf der schmalen asphaltierten Zufahrt zum **Kraftwerk Steyrdurchbruch** ❸, wo der Fluss überquert wird (410 m,

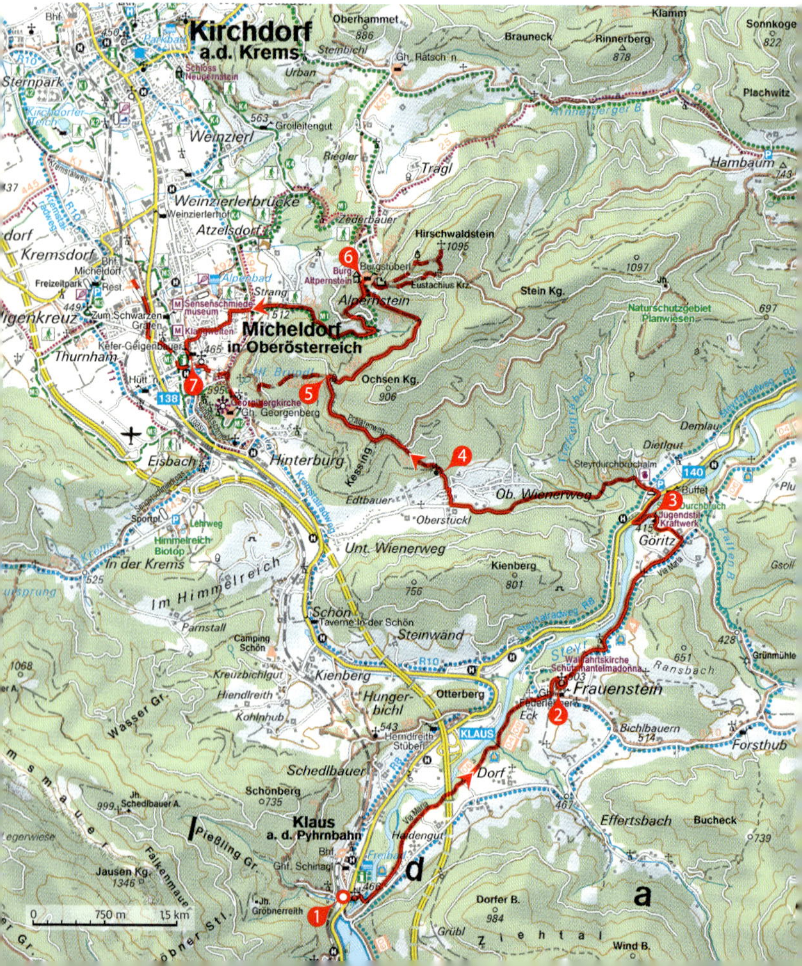

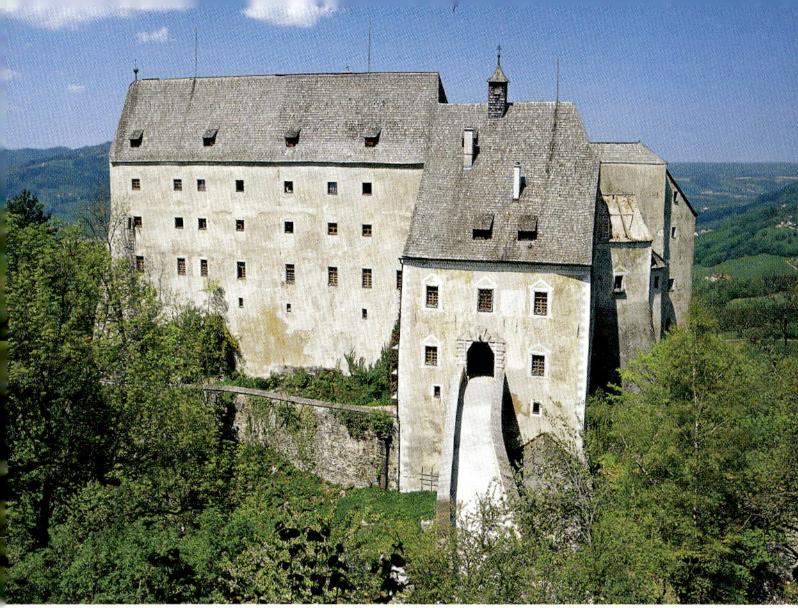

Burg Altpernstein an den Abhängen des Hirschwaldsteins, hoch über dem Kremstal.

»Römerweg«). Jenseits einen Pfad (anfangs Stufen) über den Hang hinauf zur alten Straße. Auf ihr kurz rechts, dann links über Stufen empor zum Gehsteig der neuen Brücke (B140, Querung des einmündenden Tiefengrabens). Am Ostende der Brücke (rechts Aussichtsterrasse) über Stufen rechts rückläufig hinab zu einem Durchlass, auf der anderen Straßenseite über Holzstufen hinauf zur Trasse der aufgelassenen Steyrtal-Schmalspurbahn (links Bahn-Bogenbrücke von 1908).

Hier weist eine Wegtafel nach Altpernstein (Weg Nr. 15). Kurz auf einer Zufahrt bzw. Forststraße, danach links auf schönem Waldweg in Westrichtung am Hang des Tiefengrabens, einige Gräben und den Bach querend, später am Bach entlang durch ein flaches Waldtal, zuletzt auf einer Zufahrt zum Oberstückl, 560 m, in den Wienerweg. Hier rechts kurz auf der

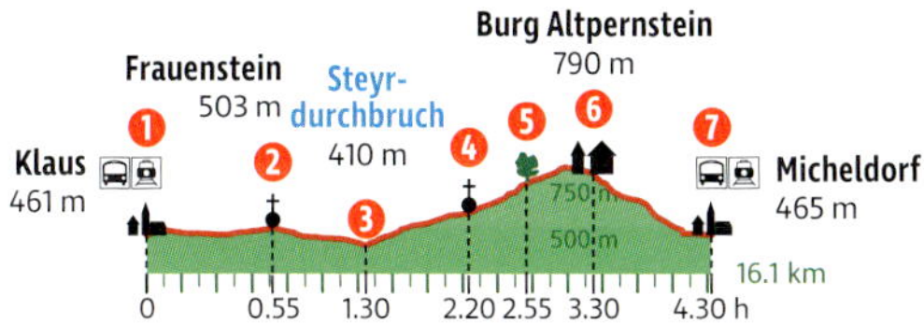

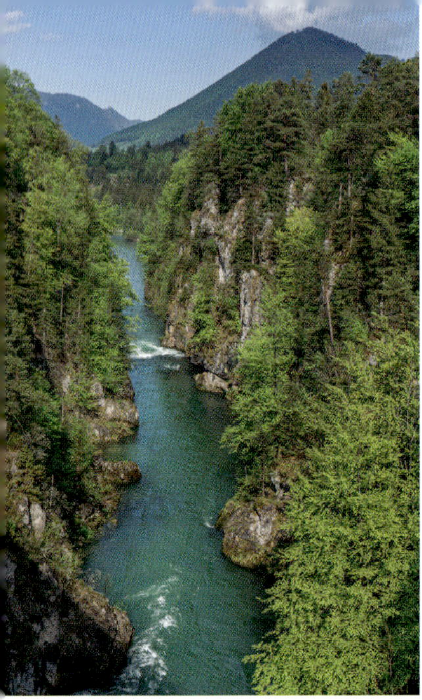

Die imposante Felsschlucht des Steyr-durchbruchs zwischen Klaus und Molln.

bergan führenden Wienerweg-Straße, fünf Minuten später bei einer Rechtskurve links auf einer Zufahrt (Sackgasse) hinauf zur 1989 erbauten **Marienkapelle** ❹, 582 m, am Waldrand. Rechts von ihr beginnt der Prälatenweg (Nr. 15). Er verlässt die hier beginnende Forststraße gleich nach dem Eintritt in den Wald rechts. Auf dem alten Steig, mehrere Forststraßen querend, zuletzt rechts auf schmalem Pfad parallel zu einer Forststraße im Wald unterm Ochsenkogel bergauf, dann über eine Kuppe, 775 m, hinweg zur Verzweigung nahe einer Forstweg-Gabelung mit **Bildbaum** ❺, 740 m (Pröllerbild, links verkürzte Abstiegsvariante über Georgenberg nach Micheldorf).

Richtung Altpernstein geht es auf Weg Nr. 15/K92 in Nordostrichtung weiter, auf einem Forstweg durch Wald bergauf zu neuer Forststraße, diese querend auf dem alten Weg bergan, links erneut hinab zur Straße und diese rechts zur Tafel »Landschaftsschutzgebiet«. Auf Wiesenweg rechts von der Straße ab und, an der Abzweigung zum Hirschwaldstein (rechts) vorbei, hinab zur **Burg Altpernstein** ❻, 790 m.

Bei der Burg führt Weg 21/K91 links hinab zum Parkplatz der Zufahrtsstraße und benützt sie bis zur ersten scharfen Linkskurve. Hier zweigt der Steig rechts ab, leitet steil bergab und erreicht links abbiegend erneut die Straße, die traversiert wird. Jenseits auf asphaltierter Zufahrt (Sackgasse) bergab bis zum Straßenende beim Haus Atzelsdorf 52 (Bachbauer, 675 m), dann halb links auf einem Karrenweg hinunter in einen Bachgraben. Auf steinigem Waldweg geht es am Bach entlang und, diesen zweimal querend, durch den teils schluchtartigen Kalten Graben (links Felsgebilde) zu einer Hauszufahrt, dann hinaus auf die asphaltierte Grabenstraße, der man bergab folgt. Ab hier führen geradeaus bez. Wege zum Parkplatz Hallenbad (von hier auf Weg K93 in 10 Min. zum Bahnhof). Oder man schwenkt auf dem querenden Mitterweg nach links und gelangt so, zuletzt in einem Rechtsbogen, in das Ortszentrum von **Micheldorf** ❼ (Bahn- und Bushaltestelle).

↗ 450 m | ↘ 450 m | 10.2 km

TOP 4

3.30 h

Rinnerberger Klamm und Wasserfall

Schöne Familientour rund um den Leonsteiner Sonnkogel

Das noch völlig erhaltene Ensemble der Sensenschmiede Schmiedleithen, eine Klamm mit Planschtümpeln und einen spektakulären, 20 Meter hohen Wasserfall – all das bietet diese Runde um den 822 Meter hohen Leonsteiner Hausberg. Obendrein kann man den hübschen Ort Leonstein mit seiner sehenswerten Pfarrkirche besichtigen. Dank einiger interessanter Passagen ist diese Wanderung auch für Kinder bei entsprechender Beaufsichtigung ein eindrucksvolles Erlebnis, besonders im Frühling und Herbst.

Ausgangspunkt: Priethal, 405 m, Parkplatz (kostenfrei) an der B140 nördlich von Schloss Leonstein mit Infotafeln und Bushalt der Linie 433 (Steyr – Molln – Kirchdorf). Anfahrt per Pyhrnbahn (Linz – Selzthal) bis Kirchdorf an der Krems bzw. Klaus an der Pyhrnbahn, von dort per Bus zur Haltestelle »Schloss Leonstein«.
Anforderungen: Einfache, mittellange Rundwanderung auf gut markierten und beschilderten Fahr- und Fußwegen. Trittsicherheit nötig.

Einkehr: Unterwegs keine. Mehrere Gaststätten im Ort Leonstein.
Hinweis: Das Freilichtmuseum Schmiedleithen gilt als das einzige noch vollständig erhaltene Hammerherren-Ensemble der Eisenwurzen, bestehend aus Herrenhäusern, Werksgebäuden, Stallungen und Gesindehäusern (z. T. noch bewohnt). Führungen, ganzjährige Ausstellungen, Veranstaltungen: Verein d'Hammerschmied in Leonstein, Tel. +43 650 2206094, schmiedleithen.at.

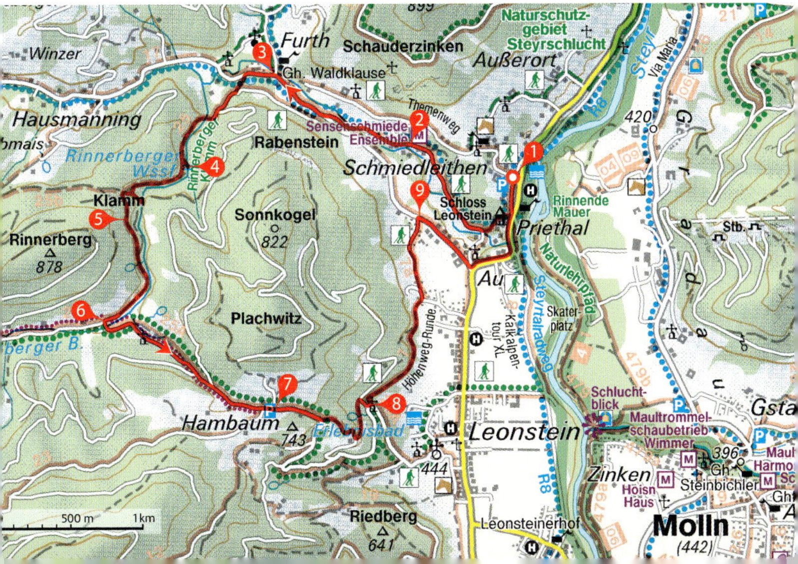

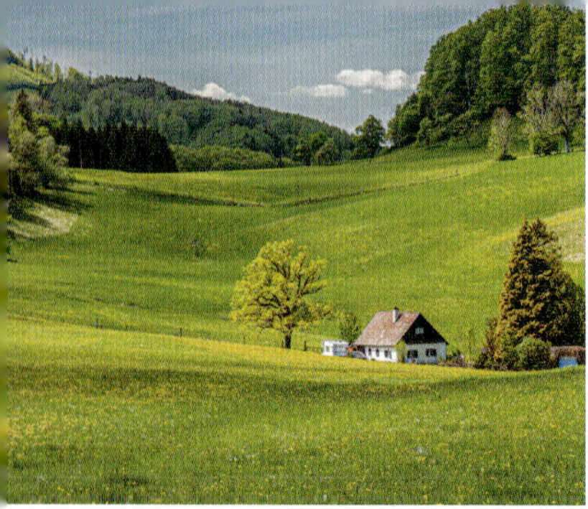

»Im schönsten Wiesengrunde ...« – verträumter Erdenfleck am Hambaumsattel.

Vom Parkplatz nördlich von Schloss Leonstein in **Priethal** ❶ zum Wegbeginn der »Hambaum-Runde« an der Südseite des Schlosses. Auf asphaltiertem Fahrweg steil nach Süden hinab zur Bäckerei-Konditorei Osterberger im Graben des Klingenbachs. Nach links, dann gleich wieder nach rechts über den Klingenbach und die schmale Straße (Weg Nr. 25) durch den Wiesengraben talein zum Ensemble des einstigen **Sensenschmiedewerks Schmiedleithen** ❷, 408 m. Durch das Werkgelände, dann die Schotterstraße links vom Klingenbach aufwärts zur asphaltierten Heindlmühlstraße. Auf ihr rechts haltend in die Siedlung Furth und dort zur **Straßengabelung** ❸. Die Heindlmühlstraße geradeaus aufwärts in den Wald und dort gleich zu einer Verzweigung. Links ab und auf dem Fahrweg Nr. 25 kurz nach Süden aufwärts zu querender Forststraße und diese gerade fort zu Linkskehre. Den breiten Fußweg geradeaus in die wildromantische Rinnerberger Schlucht und dort über den Bach (Metallsteg). Jenseits über einen gerölligen Steilhang in Kehren hoch, danach stets rechts oberhalb des rauschenden Bachs aufwärts zu einer Verzweigung und dort den Stichweg kurz nach links hinab zum **Rinnerberger Wasserfall** ❹, 550 m.

Zurück zum Hauptweg und diesen, oberhalb des Wasserfalls vorbei, dann über eine mit Geländer versehene Metallstiege zu einem Absatz mit Bank empor. Jenseits ein Stück bergab, danach beinahe eben am Bachufer entlang, schließlich auf Holzstufenweg steil empor zu einer Wegteilung. Kurz nach links hinab zum Eingang in die ungangbare Rinnerberger Klamm. Wieder zurück zum Hauptweg und diesen, oberhalb der Klamm vorbei, über Holzstufen in steilen Kehren hoch zu einer Halbhöhle mit Querweg, dem man nach links folgt. In schöner Wanderung, am Unterstand der **Bärenhöhle** ❺, 675 m (Bank), vorbei, quer durch eine steile, felsig bewaldeten Flanke, danach an den Waldhängen in Südrichtung abwärts zu einer Quelle (Trinkwasser) und zu einem Naturfahrweg und diesen rechts haltend zu

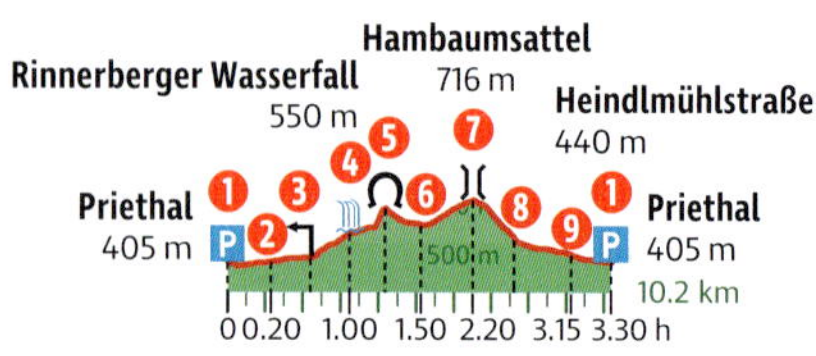

den sanften Wiesenböden (Viehweide) im oberen Rinnerberger Graben. Durch diesen sanft nach Südwesten aufwärts, zuletzt über einen Zaun (Überstieg) zu querender **Asphaltstraße** 6. Auf ihr (Weg Nr. 25) links haltend zunächst über den Rinnerberger Bach, dann einen Graben nach Südosten empor zur Wiesenhochfläche Hambaum. An der Rechtsabzweigung von Weg Nr. 23 in Richtung Hirschwaldstein–Altpernstein vorbei, weiter bergauf in den **Hambaumsattel** 7, 716 m (Bank, Marienbild), zwischen Plachwitz und Steinkogel.
Jenseits die Hambaumstraße durch Wiesen nach Osten hinab zu energischer Rechtskurve. Knapp davor links ab (Tafel, Markierung an der Leitschiene) und auf Fußweg durch Wald steil nach Osten hinunter zu einem Fahrweg. Diesen kurz nach rechts bergab, gleich nach einem Haus jedoch links ab (Tafel, Zaun-Durchstieg, roter Pfeil am Baum) steil nach links (Norden) hinunter und durch ein Gatter wieder in den Wald. Dort in Kehren bergab wieder zur Hambaumstraße, die an einer **Kehre** 8 (Bildstock, Tafeln, Bänke) erreicht wird. Direkt an der Kehre zweigt links der Leonsteiner Höhenweg (Nr. 7) ab. Auf diesem zunächst im Wald steiler bergab, danach in langer schöner Hangquerung nach Norden zur Verzweigung bei einigen Häusern. Links den Naturfahrweg Nr. 7a in Nordrichtung zur **Heindlmühlstraße** 9, 440 m. Auf ihr rechts haltend hinab zur Steyrtalstraße (B140) und diese (Fuß-Rad-Weg neben Autostraße) links haltend über die Klingenbachbrücke zum Parkplatz in **Priethal** 1.

Der Rinnerberger Wasserfall.

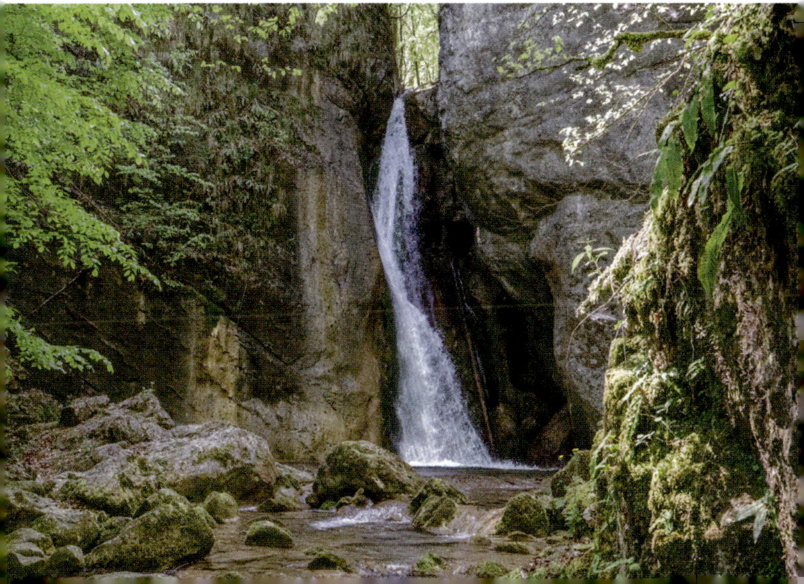

↗ 200 m | ↘ 200 m | 7.7 km

5 Steyrschlucht und Rinnende Mauer

3.00 h

Auf abenteuerlichen Pfaden durch den Konglomerat-Canyon bei Molln

Die Steyr bildet bei Molln eine lange Schlucht im Konglomeratgestein mit senkrechten Wänden. An ihrem Ende tritt auf 50 Meter Länge aus einer porösen begrünten Felswand Sickerwasser aus, die »Rinnende Mauer«, eine sogenannte Kalktuffquelle, bei der das hinter der Konglomeratwand aufgestaute Grund- und Hangwasser in Form von Sprühregen zutage tritt. Als Standort seltener Pflanzen sowie Wohn- und Nistplatz geschützter Tiere wurde das Gebiet als Naturdenkmal unter besonderen Schutz gestellt. Es kommen Hochgebirgspflanzen wie Behaarte Alpenrose, Zwergalpenrose, Petergstamm, Jägerblut oder Weißer Germer vor, »Alpenschwemmlinge« aus den Quellgebieten der Steyr. Die Begehung der teilweise exponierten romantischen Schluchtwege erfordert bergsteigerische Übung, Achtsamkeit und etwas Ausdauer.

Ausgangspunkt: Molln, 412 m, Parkplatz Stefaniebrücke am westlichen Ortsrand von Molln (Haltestelle der Buslinie 433 Steyr – Molln – Kirchdorf, Parkplätze im Ortsgebiet). An der Mündung des Bodinggrabens in das Steyrtal gelegene Gemeinde am Rand des Nationalparks Kalkalpen mit sehenswertem Nationalparkzentrum.

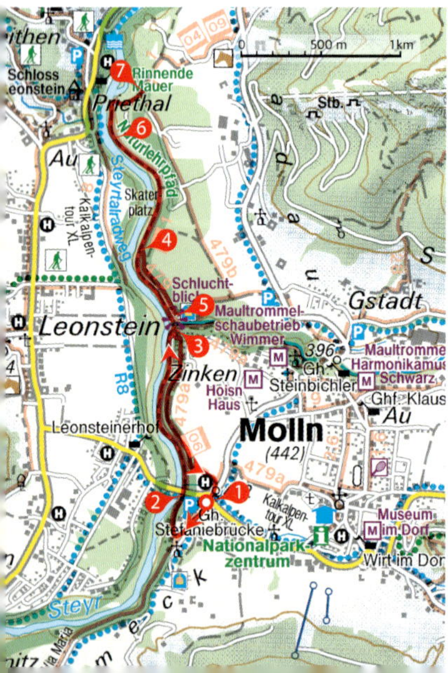

Anforderungen: Anspruchsvolle Wanderung auf gut beschilderten, aber schmalen, teilweise exponierten Steigen. Begehung wegen der zahlreichen frei liegenden Baumwurzeln etwas beschwerlich. Trittsicherheit, Schwindelfreiheit und Ausdauer nötig. Nach längeren Regenfällen abzuraten!

Einkehr: Unterwegs keine. Pizzeria Restaurant Dolce Vita an der Stefaniebrücke in Molln (keine Nächtigung, ganzj. geöffnet, Mi. Ruhetag, Tel. +43 7584 41255).

Hinweis: Am Schluchtblick und allen Aussichtspunkten der oberen Schluchtkante besondere Vorsicht mit Kindern!

Vom Parkplatz Stefaniebrücke in **Molln** ❶ (Infotafeln) die Straße mit Weg Nr. 406, 409, 479A und 479B in Richtung Zinkensteg/Rinnende Mauer 150 m eben nach Süden (flussaufwärts) zu einer Verzweigung. Halb rechts auf schmaler Asphaltstraße steiler bergab zu einem

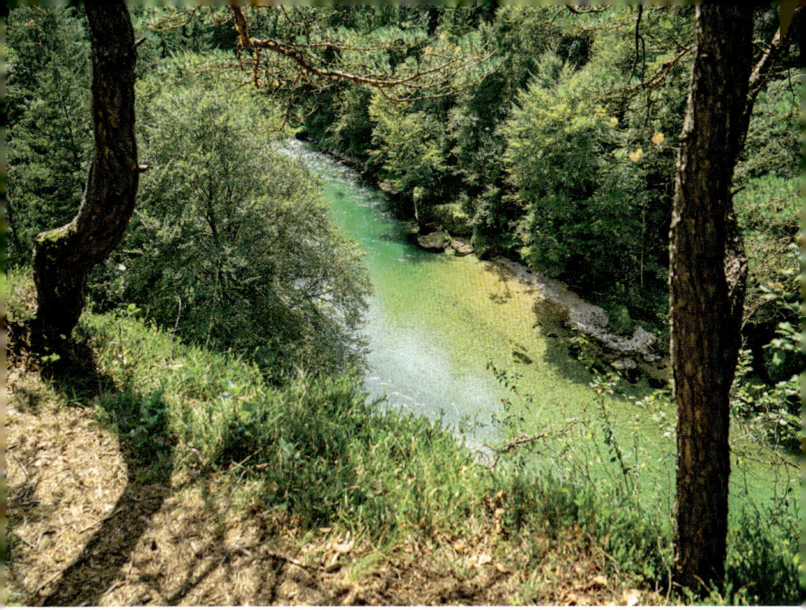

Tiefblick aus luftiger Höhe (»Schluchtblick«) zur Steyr.

Haus, danach auf einem Naturfahrweg im Rechtsbogen hinab zur Steyr und dort zum Ende des Fahrwegs unmittelbar unterhalb der **Stefaniebrücke** 2. Geradeaus auf nun bezeichnetem Steig am rechten Ufer der smaragdgrünen Steyr an steilen Waldhängen entlang auf und ab nach Norden zur Rechtseinmündung der Krummen Steyrling und dort zu dreifacher **Verzweigung** 3 vor der Brücke »Zinkensteg« über die Steyrling. Über den Holzsteg und jenseits weiterhin am rechten Steyrufer an steilen Waldhängen und unter vorkragenden Konglomeratwänden entlang, zuletzt steiler bergauf zum Querweg an der oberen **Schluchtkante** 4, Tafeln.
Scharf rechts ab und auf Fußweg Nr. 479B am Abgrundrand entlang eben nach Süden zum **Schluchtblick** 5 direkt über dem Vereinigungspunkt von Steyr und Krummer Steyrling (Bank). Achtung, hier nicht weiter dem Weg zum Parkplatz Gradau folgen, sondern auf demselben Weg wieder retour zur Wegverzweigung an der oberen **Schluchtkante** 4.

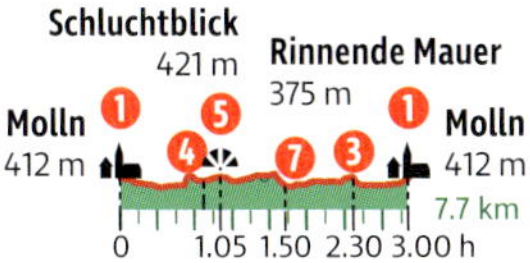

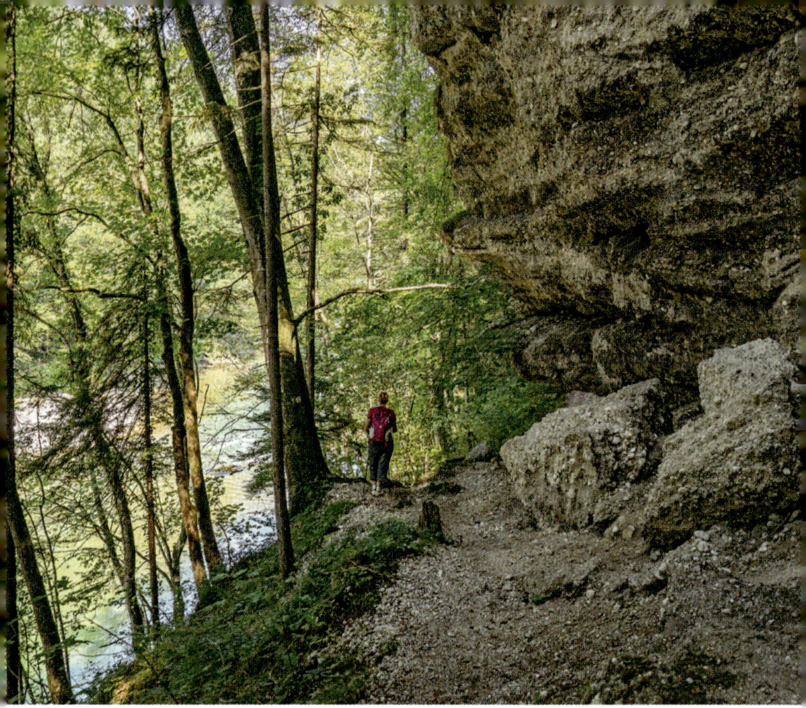

Unter vorkragenden Konglomeratwänden geht es durch die romantische Steyrschlucht.

Dort geradeaus auf dem stark erodierten Waldweg Nr. 479 und 479B, an Aussichtspunkten und einem rechts gelegenen Schotterwerk vorbei, großteils eben nach Norden zu einer alten aufgelassenen Seilbahnstation und gleich danach zu einer **Verzweigung** ❻. Halb links ab und auf bez. Fußweg durch Wald steil nach Norden hinab zum Steyrufer. Dort sich rechts haltend, am Fluss entlang, zu der im unteren Teil vor Nässe triefenden grünen Felswand der **Rinnenden Mauer** ❼.
Rückweg: Auf bekanntem Weg (ohne Abstecher zum Schluchtblick) retour zur dreifachen **Verzweigung** ❸ nach dem »Zinkensteg«. Nun auf Weg Nr. 479A durch Wald in einigen engen Serpentinen, zuletzt über eine kurze Betonstiege steil nach Süden hinauf zur Siedlung Zinken an der Schlucht-Oberkante. Auf Naturfahrweg rechts an den Häusern vorbei, danach stets nahe der Abbruchkante im Wald eben weiter zu großer Wiese schon am Rand des Ortsgebiets von Molln. Am rechten Wiesenrand eben fort und, die Straße Molln–Leonstein traversierend, zurück zum Parkplatz Stefaniebrücke in **Molln** ❶.

6.30 h

Grünburger Hütte, Hochbuchberg, 1273 m, und Gaisberg

6

Eine Höhenrunde über dem Steyrtal

Von allen Seiten auf gut markierten Wegen erreichbar, bildet die Grünburger Hütte ein beliebtes, viel besuchtes Ausflugsziel. Die hier beschriebene Tour führt nicht nur auf den Hausberg der Hütte, den Hochbuchberg, sondern schließt auch die östliche Begrenzung des Mollner Talkessels mit ein.

Ausgangspunkt: Parkplatz Rieserberg, 710 m. Zufahrt mit Pkw von Obergrünburg die Nebenstraße am Ostufer der Steyr Richtung Molln. Nach 2 km zweigt in Steyrleiten links ein Güterweg ab, der am Hof Ebner vorbei zum beschilderten Parkplatz (nach einer Kehre) emporführt. In Obergrünburg Bushalt der Linie 433 Steyr – Obergrünburg – Leonstein – Kirchdorf, von dort 5 km (1.30 Std.) zu Fuß zum Parkplatz.
Anforderungen: Einfache Rundwanderung auf teils steilen Fahr- und Fußwegen, im Abstieg (Gratüberschreitung) passagenweise ausgesetzt. Schwindelfreiheit und Trittsicherheit nötig!
Einkehr: Mehrere Gastbetriebe in Grünburg und Steinbach an der Steyr. Grünburger Hütte (30 L., ganzj. bewirtschaftet, durchgehend vom 1. Mai bis 31. Okt., sonst an Wochenenden. Tel. +43 7257 21008 und +43 660 5715238; gruenburgerhuette.or.at).
Variante: Wer sich die Überschreitung Gaisberg – Dürres Eck nicht zutraut, zweigt kurz nach der Grünburger Hütte auf Weg Nr. 404/409 rechts ab und gelangt in einer Stunde hinab zur Wegkreuzung im Dorngraben (auch mit Kindern empfehlenswert).

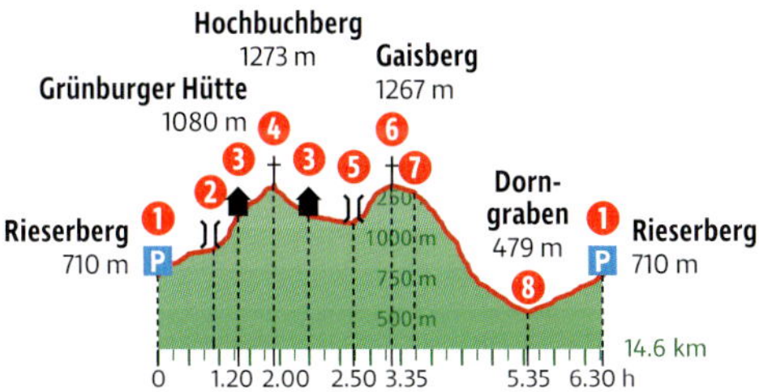

Vom Parkplatz **Rieserberg** ❶ Weg Nr. 480 folgend durch Wiesen zum südöstlichen Waldrand (Stadel) und weiter auf einem Ziehweg links vom Rieserberg durch Wald hinauf zum Wetterkreuz (Lichtung, 830 m). Hier geht es geradeaus südwärts, eine Forststraße querend, weiter, dann links in östlicher Richtung durch Wald, vorbei an einem Transformator, in einen **Sattel** ❷, 875 m (Waldlichtung mit Heustadel, Linksabzweigung in Richtung Seebachgut-Rodatal). Am Rand des Wiesenflecks halten wir uns rechts nach Süden, dann durch Wald auf steilem Weg in Serpentinen hinauf und, an einer weiteren Linksabzweigung ins Rodatal vorbei, zu der auf einer

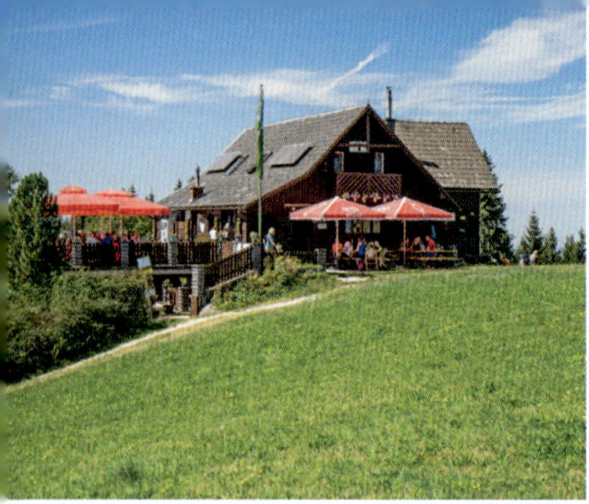

Die Grünburger Hütte auf einer Wiesenschulter nordwestlich unterm Hochbuchberg.

freien Wiesenschulter aussichtsreich gelegenen **Grünburger Hütte** 3, 1080 m.

Zum Hausberg der Hütte wandern wir auf Weg Nr. 480 ostwärts durch ein Waldstück und über Weideflächen bergan, bis nach etwa 500 m rechts ein bez. Weg abzweigt, der in Südostrichtung zum Gipfel des **Hochbuchbergs** 4, 1273 m (großes Kreuz), führt.

Auf demselben Weg zurück zur **Grünburger Hütte** 3 und dort auf einer Almstraße (Weg Nr. 483), an der Brettmaisalm vorbei, nach Südosten hinab in den Sattel des **Pfaffenbodens** 5, 1032 m, wo sich mehrere Forststraßen kreuzen. Die exakt nach Westen führende Straße wird bald nach links verlassen. Auf bez. Weg in einer Kehre zum oberen Rand eines Steinbruchs, an ihm entlang ansteigend südwärts zu dem von Osten (Mandlmais) kommenden Weg, 1145 m, in den man rechts einschwenkt. Durch Wald gelangen wir über den teils felsigen Kamm hinauf zum **Gaisberg** 6, 1267 m. Auf der schma-

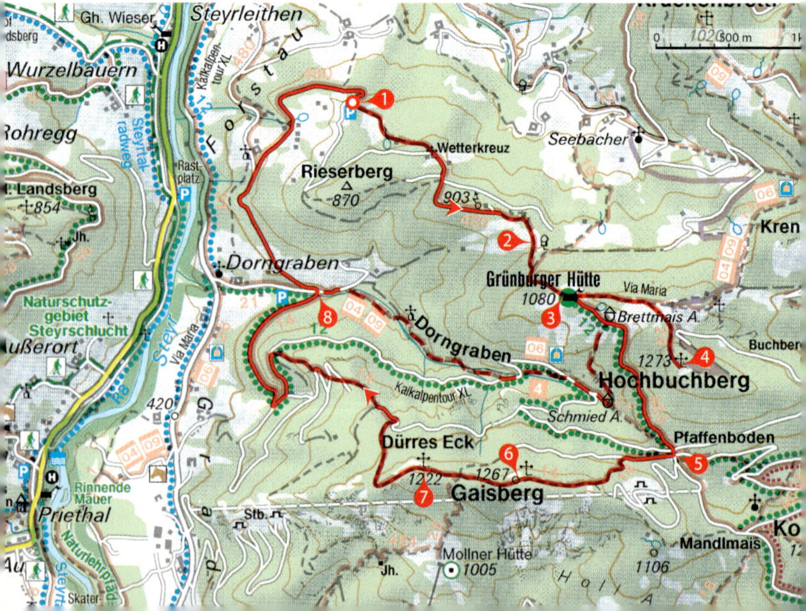

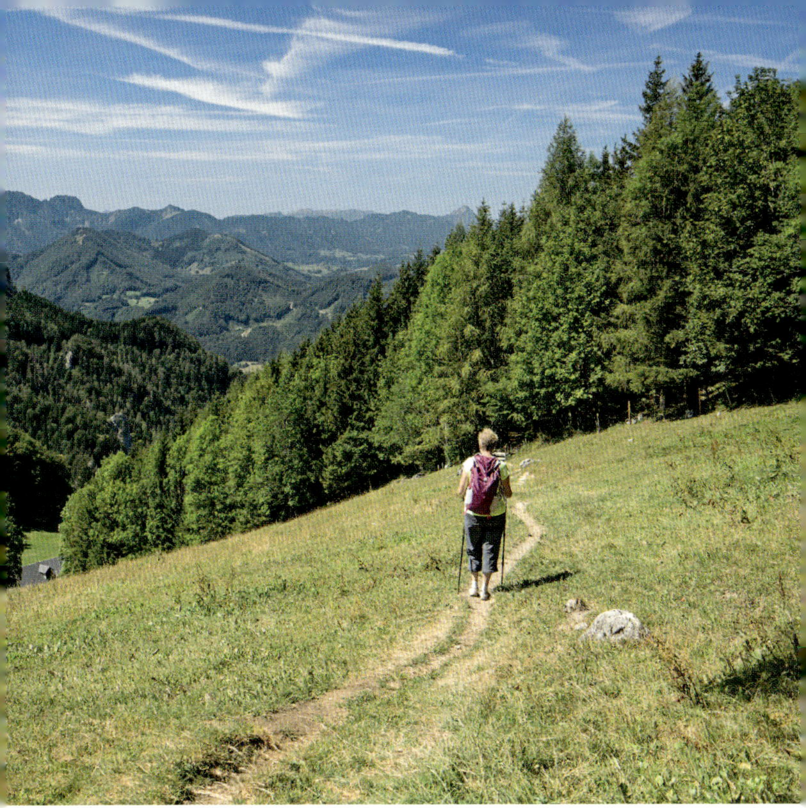

Im Abstieg vom Hochbuchberg zur Grünburger Hütte.

len Gratschneide leitet der Pfad durch Wald hinab in eine Einsattelung, 1170 m (Linksabzweigung nach Molln), danach über Felsstufen empor zum **Dürren Eck** 7, 1222 m. Den Kamm in Westrichtung weiter bergab, bis sich der Weg an einer Felswand nach rechts (Norden) wendet. Hinab zu einer Forststraße, 935 m, und auf ihr kurz nach links, bis sie endet. Den Waldpfad geradeaus steil bergab zur nächsten Forststraße, 635 m. Auf ihr zunächst links, dann nach weiter Rechtskehre hinab in den **Dorngraben** 8, der bei P. 479 erreicht wird. Zurück zum Parkplatz quert man den Graben und setzt die Wanderung jenseits auf dem Sträßchen in nordöstlicher Richtung fort, bis man nach gut 1 km die bekannte Zufahrtsstraße an einer Kehre erreicht. Den rechten Straßenast geradeaus aufwärts, später in Ostrichtung retour zum Parkplatz **Rieserberg** 1.

↗ 240 m | ↘ 240 m | 6.7 km

7 Herndleck, 1026 m

2.15 h

Kurze Rundwanderung um und über einen »Aussichtsbalkon« bei Ternberg

Eine schmale, kurvenreiche Asphaltstraße bringt den Wanderer von Ternberg bis auf fast 800 Meter Seehöhe, was den Anstieg auf das 1026 Meter hohe Herndleck wesentlich verkürzt. Zuoberst wird eigentlich kein »Gipfel«, sondern eine Wiesenfläche am bewaldeten Südabhang erreicht, ohne markante Erhebung, ohne Kennzeichnung. Als Lohn der geringen Anstiegsmühe wartet eine überraschend umfassende Rundsicht, die nach Norden bis ins Mühl- und Waldviertel reicht.

Ausgangspunkt: Parkplatz, 792 m, unter dem Brandkogel. Auffahrt von Ternberg, 341 m (Halt an der Bahnlinie 131/Ennstalbahn Steyr – Kleinreifling, Haltestelle an der Buslinie 440 und 442 Steyr – Reichramin – Weyer), mit Pkw durch die Fasangasse/Güterweg Bäckengraben, Bachbrücke und Bahnübersetzung, dann auf dem kurvenreichen Güterweg Herndleck; 4,5 km von Ternberg (zu Fuß 1.30 Std.).
Anforderungen: Einfache, kurze Wanderung mit geringem Höhenunterschied. Auch für Familien und Senioren geeignet.
Einkehr: Unterwegs keine. Mehrere Gastbetriebe in Ternberg.
Variante: Auf das Kruckenbrettl, 1020 m: Vom Sattel vor dem Kruckenbrettl kann der Gipfel auf Weg Nr. 409 lohnend bestiegen werden. 30 Min.

Vom **Parkplatz** ❶ die Straße in Südrichtung aufwärts zu einer Gabelung, 835 m. Nicht weiter zum zweiten Parkplatz (Skilift-Talstation), sondern sich rechts haltend (Fahrverbot!) mit Weg Nr. 404/E87 bald stärker steigend in Südwestrichtung auf einen Waldschopf mit mächtigen Buchen, danach auf einem schmalen Wiesenpfad steil hinauf zum Waldrand (rechts). An ihm entlang im Zickzack über eine steile Wiese hinauf zur Lift-Bergstation mit der Hütte eines Skiklubs. Zum höchsten Punkt des **Herndlecks** ❷, 1026 m (Paraglider-Startplatz), steigt man links oberhalb des Liftmasts neben einem Zaun den bewaldeten Südhang aufwärts.

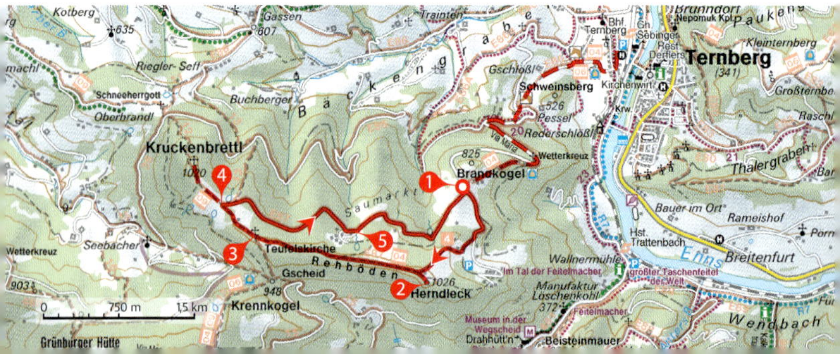

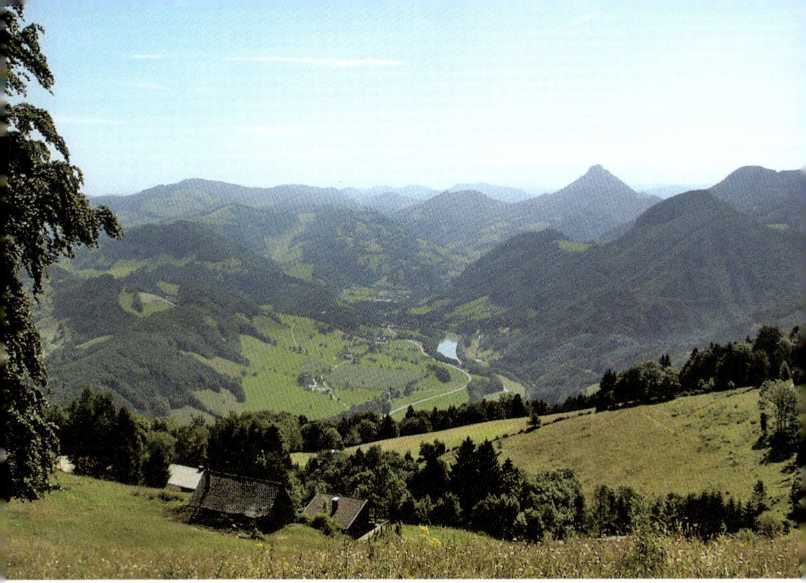

Tiefblick vom Herndleck in das Ennstal mit der Pyramide des Schiefersteins (Tour 10) in der Ferne.

Der Weiterweg leitet von der erwähnten Klubhütte bei einem Zaundurchlass gerade in den Wald (Weg Nr. 404). Dort auf Weg Nr. 404 über den Waldkamm der Rehböden westwärts leicht bergab zu einer Bergwiese, danach eben oder leicht steigend (höchster Punkt: 1050 m), schließlich rechts vom Kamm auf schönem Waldweg bergab zu einer Weidefläche (Zaundurchlass). Weg Nr. 404 zweigt hier **links ab** ❸ zum Messerer Gscheid (Übergang zur Grünburger Hütte).

Geradeaus auf steinigem Pfad durch einen Waldstreifen hinab zu Wiesenböden (Zaundurchlass) und weiter in den **Sattel** ❹, 970 m, vor dem Kruckenbrettl. Hier auf dem breiten Almweg E87 nach rechts (Osten) durch schattigen Wald sanft bergab. Nach gut 1 km macht der Weg einen scharfen Knick nach rechts und biegt dann wieder links zur steilen **Bergwiese Saumarkt** ❺, 900 m, die auf prächtigem Panoramaweg fast eben gequert wird. Dahinter geht es in einer Rechtsbiegung wieder in den Bergwald. Durch ihn leitet der breite Weg zuletzt nach links (Nordosten) hinab zur Wiese und **Parkplatz** ❶ unter dem Brandkogel.

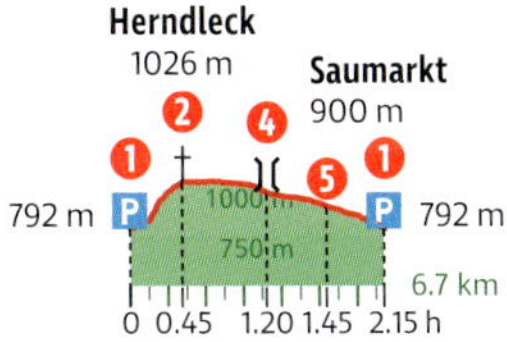

TOP

8

Schoberstein, 1285 m

↗ 640 m | ↘ 640 m | 9.1 km

4.00 h

Auf den Hausberg des Feitlmacher-Dorfs Trattenbach

Der Gipfelzug des Schobersteins besteht aus fünf Felszacken, die auf unserer Überschreitung nach und nach berührt werden: Der östlichste trägt ein Gipfelkreuz, der höchste ist mit dem Zeichen der Naturfreunde geschmückt. Ihm zu Füßen lädt das Schobersteinhaus zur Rast ein. Über eine sechste, westliche Graterhebung führt der Abstiegsweg zurück zum Ausgangspunkt, dem wunderschön gelegenen, aktuell leider geschlossenen Alpengasthof Klausriegler, wo man sich hoch über Trattenbach und unter der formschönen Kreuzmauer (beliebtes Klettergebiet) von den »Strapazen« erholen und die anmutig kupierte Landschaft im Umkreis bewundern kann.
Trattenbach ist als Messerschmiede-Ort weitum bekannt. Die Messer, Feitl oder Zaukerl genannt, wurden einstmals in die ganze Welt geliefert. Mit seinen Eisenhämmern, Museen und einem Kinder-Wasserspielpark bietet der Ort etliche Attraktionen.

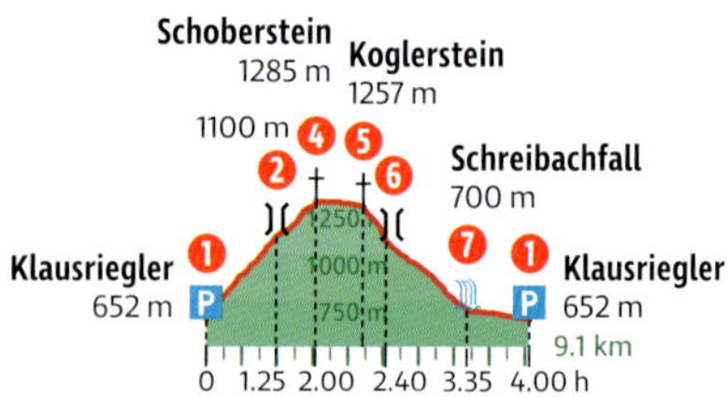

Ausgangspunkt: Parkplatz Klausriegler, 652 m. Zufahrt mit Pkw von Trattenbach im Ennstal, 334 m (Halt an der Bahnlinie 131 / Ennstalbahn Steyr – Kleinreifling), 4 km.
Anforderungen: Einfache Rundwanderung auf zum Teil steilen markierten Fahr- und Fußwegen.
Einkehr: Mehrere Gastbetriebe und Museumsbüffet in Trattenbach.
Der Alpengasthof Klausriegler ist bis auf Weiteres geschlossen! Schobersteinhaus (40 L., ganzj. Mi. bis So. geöffnet, Tel. +43 664 4171320, schobersteinhaus).
Tipp: Lohnender Besuch des Museumsdorfes Trattenbach, einer der berühmten Eisenhämmer sowie der »Wasserspiellandschaft«. Ein Spaß für Jung und Alt: Experimentieren, Bauen und Spielen mit Wasserrädern, Flutern, Wehren, Pumpen, direkt neben der Jausenstation »Drah-Hütt'n« gelegen (sites.google.com/view/feitelmacher).
Varianten: 1. Der Parkplatz Klausriegler kann von Trattenbach auf dem bez. Weg Nr. 481 in 1.30 Std. auch zu Fuß erreicht werden.
2. Vom Sattel Mandlmais kann auf bez. Wegen in 40 Min. über den Pfaffenboden zur Grünburger Hütte gewandert werden.

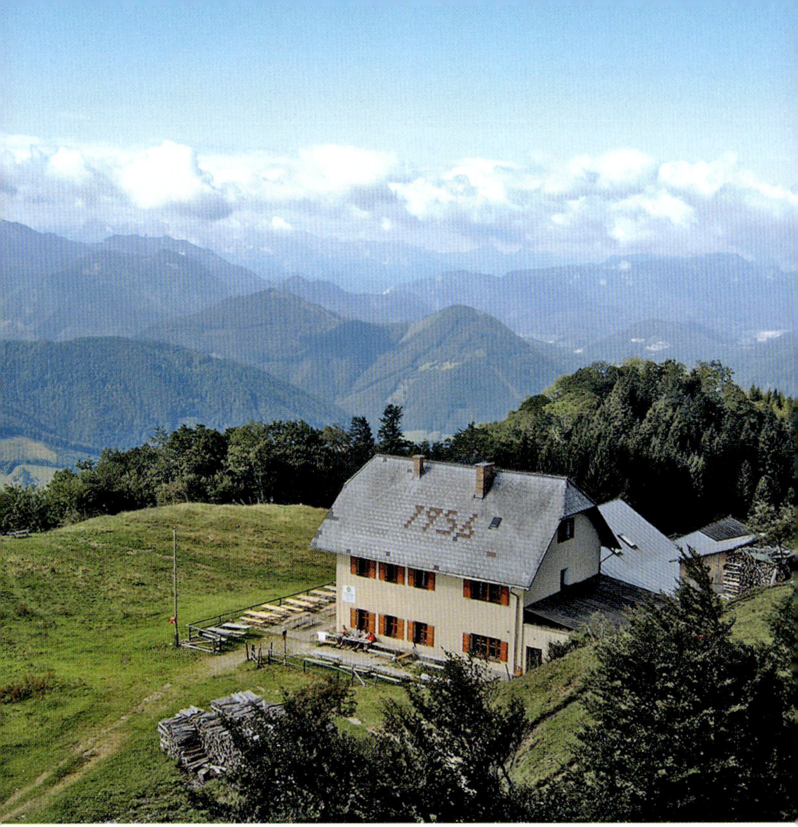

Tiefblick vom Schoberstein zur gleichnamigen Hütte.

Vom Parkplatz **Klausriegler** ❶ auf dem Wiesenweg Nr. 481 nach Südwesten aufwärts in den Wald und dort in zwei Kehren zu einer Lichtung mit querender Forststraße (910 m, Rastplatz) empor. Durch Wald weiter bergauf in den **Pfaffenmauer-Sattel** ❷, 1100 m, zwischen Pfaffenmauer und Schoberstein. Über den baumfreien Höhenrücken sich rechts haltend (westwärts) weiter bergauf zum **Schobersteinhaus** ❸, 1260 m.
Unmittelbar vor ihm bringt uns ein Steig rechts (nordwestwärts) in 5 Minuten zum Gipfelkreuz am Ostzacken bzw. in Nordrichtung zum Naturfreunde-Zeichen auf dem höchsten Punkt des **Schoberstein** ❹, 1285 m. Prachtvolle Schau ins Ennstal und auf die Voralpen vom Ötscher bis zum Traunstein.

Vom **Schobersteinhaus** ❸ auf Weg Nr. 483 über den geneigten Almboden an den schütter bewachsenen Westkamm und über diesen in eine breite Einsattelung (1185 m; Linksabzweigung nach Breitenau) und jenseits am Grat hinauf auf den **Koglerstein** ❺, 1257 m. Von ihm zieht ein schmaler Steig steil bergab in den Sattel der **Mandlmais** ❻, 1070 m, und dort zur Forststraßengabelung.
Wir folgen kurz der nach rechts (Nordosten) abzweigenden Forststraße, verlassen sie aber bald auf Weg Nr. 483a nach links abwärts, wandern vorbei an einer Kapelle, erreichen auf schmälerem Waldweg den jungen Trattenbach und jenseits eine weitere Forststraße (970 m, Linksabzweigung zur Grünburger Hütte). Auf ihr (Weg Nr. 21) in östlicher Richtung am Bach entlang, dann über einen Seitenbach, der mit dem **Schreibachfall** ❼ in den Trattenbach mündet. An der Straßenverzweigung danach (geradeaus führt Weg Nr. 21 nach Trattenbach-Ort) wählen wir, das Tal verlassend, den rechten, ebenen Ast, der (Weg Nr. E77) uns mit kleinen Gegensteigungen durch Wald und über Lichtungen, das Tal des Klausbachs, 650 m, querend, zum Parkplatz **Klausriegler** ❶ bringt.

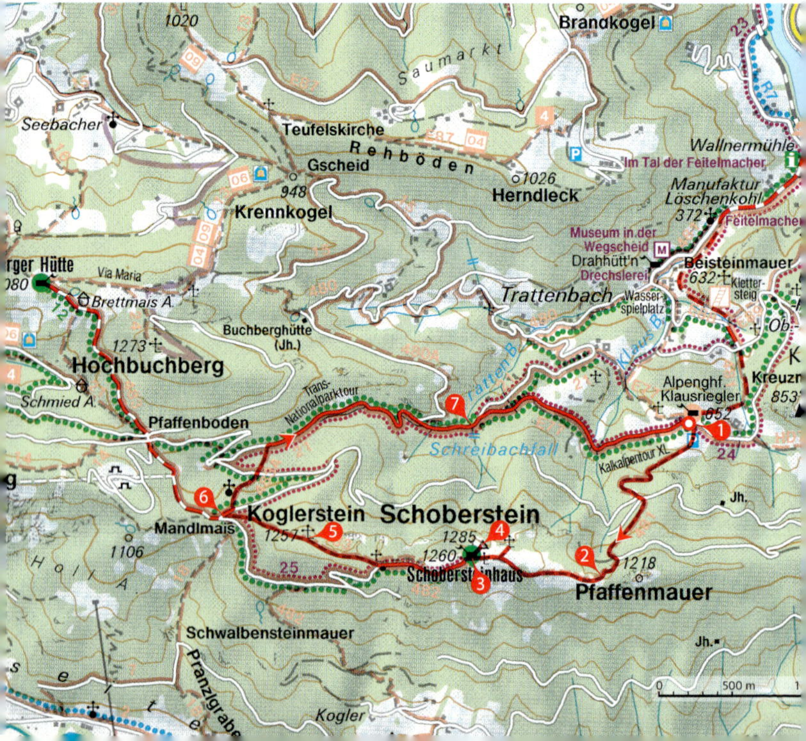

↗ 820 m | ↘ 830 m | 16.0 km

6.00 h

Hohe Dirn, 1134 m

9

Ein bekanntes Gipfelziel des Unteren Ennstales

Der alte Nagelschmiedemarkt Losenstein ist Ausgangspunkt für die Besteigung der Hohen Dirn, ein herrlicher Panoramaberg mit abwechslungsreichem Anstieg und einladender Alpenvereinshütte (die übrigens höher liegt als das Gipfelkreuz der Hohen Dirn!). Als winterlicher Skiberg ist die Hohe Dirn ganzjährig von Losenstein über eine Mautstraße erreichbar, die 30 Minuten unterhalb der AV-Hütte endet. Das im Abstieg nach Trattenbach berührte Nixloch ist eine besonders für Kinder interessante Höhle, deren Besuch allerdings nur mit Taschenlampe zu empfehlen ist.

Ausgangspunkt: Losenstein, Bahnhof, 348 m (Parkplatz in der Bahnhofstraße). Öffentlich erreichbar mit der Ennstalbahn Linie 131 bis Losenstein.
Endpunkt: Bahnhaltestelle Trattenbach, 334 m. Rückkehr zum Ausgangspunkt mit der Ennstalbahn Linie 131 im Stundenintervall.
Anforderungen: Lange und etwas anspruchsvolle Wanderung auf bez. Fahr- und Fußwegen, im Klausgraben (Absturzgefahr!) zum Teil mit Geländerseilen versehener Steig. Trittsicherheit und Schwindelfreiheit nötig. Bei Nässe abzuraten! Für die Besichtigung des Nixlochs ist eine Stirn- oder Taschenlampe zu empfehlen.
Einkehr: Mehrere Gastbetriebe in Losenstein, Anton-Schosser-Hütte (24 L., ganzj. geöffnet, Mo. Ruhetag, ausgenommen Feiertage, Tel. +43 7255 20620 und +43 660 3003600, schosserhuette.at); Gasthof und Museumsbüffet in Trattenbach.
Variante: Ab Wendbach kann man entlang der Enns (ostwärts) zu Fuß auf kaum befahrener 5 km langer Asphaltstraße in 50 Min. zum Bahnhof Losenstein zurückwandern.
Hinweise: Nach starken Regenfällen oder Unwettern kann der Steig im Klausgraben wegen weggerissener Brücken ungangbar sein (vor Antritt der Tour in Losenstein erkundigen!). Dann muss eine andere Aufstiegsroute gewählt werden (z. B. auf der Zufahrtsstraße bis P. 458, von dort rechts auf dem Güterweg Hintsteingraben zur Hauptroute (etwa gleich lang, fast 3 km Asphalt).
Tipp: Lohnender Besuch des Museumsdorfes Trattenbach, einem der berühmten Eisenhämmer sowie der »Wasserspiellandschaft«. Ein Spaß für Jung und Alt: Experimentieren, Bauen und Spielen mit Wasserrädern, Flutern, Wehren, Pumpen, direkt neben der Jst. »Drah-Hütt'n« (sites.google.com/view/feitelmacher).

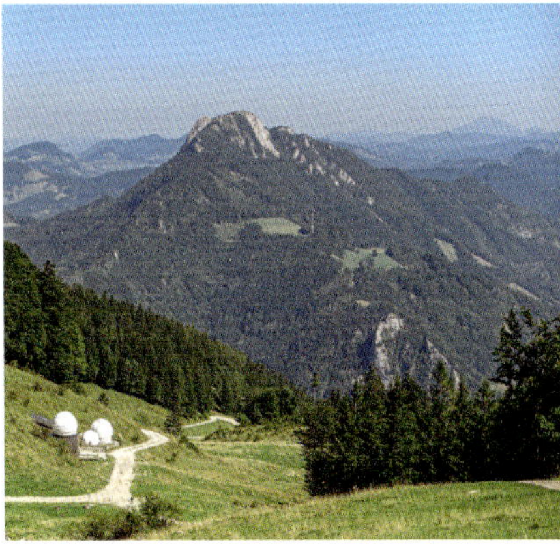

Blick von der Anton-Schosser-Hütte nach Osten über das Ennstal hinweg gegen den Schieferstein.

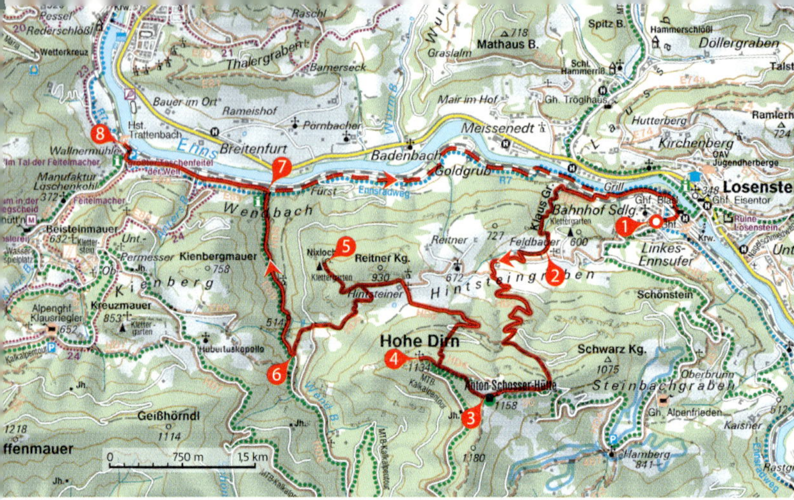

Vom Bahnhof in **Losenstein** ❶ wandern wir zuerst auf schmaler Straße entlang der Enns flussabwärts, beim Haus Grill links auf einer Brücke über die Bahn und auf Weg Nr. 31 empor in den Klausgraben. Zu Beginn auf schmalem, ausgesetztem Pfad (Geländerseil), dann den Bach mehrmals auf Brücken oder über Steine im Bachbett überschreitend zu einer Wiese. Über diese, unterm Feldbauer (links) vorbei, weiter den asphaltierten Güterweg **Hintsteingraben** ❷, 540 m, nach Westen aufwärts. Nach einem Bauernhof links ab und auf einer Forststraße in Serpentinen bergwärts. Nach einer kleinen Wiese biegt der Weg links um, ein steiler Steig führt bergan, an einer Stelle wieder mit Seilen gesichert. Kurz danach wird ein Waldrand erreicht. Über eine Almwiese und einen Zufahrtsweg gelangt man sich rechts haltend zur **Anton-Schosser-Hütte** ❸, 1158 m. Von der Hütte geht es auf einem Fußweg nordwestwärts leicht bergab zum Dirnsteinboden (Verzweigung) und weiter zum Gipfelkreuz der **Hohen Dirn** ❹, 1134 m, mit herrlichem Tiefblick ins Ennstal und in das Alpenvorland.

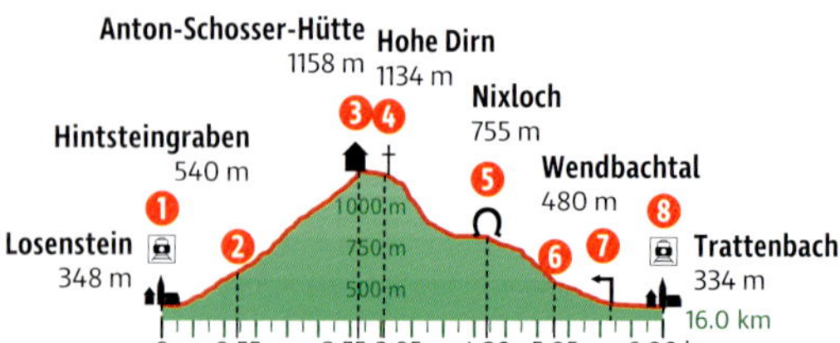

Kurz zurück zum Dirnsteinboden, dort links ab und auf Fußweg Nr. 31/ HD 6 den steilen Waldhang nach Norden hinunter zum Bauernhof Hintsteiner, 780 m (Parkplatz unter dem Reitnerkogel), wo man links, westwärts in Richtung Trattenbach weiterwandert und bald eine Verzweigung erreicht. Rechts ab und auf bez. Schotterweg nordwestwärts leicht bergab, bei einer Linkskurve (Pfeil) rechts kurz steil bergauf und in einer Hangquerung zum **Nixloch** 5, 755 m (Gehzeit 20 Min. hin und zurück). Die Höhle kann mit Taschen- oder Stirnlampe erkundet werden, nach 30 m versperren jedoch drei große Tropfsteinsäulen den Weiterweg. An den Felswänden im Umkreis der Höhle gibt es einen Klettergarten.
Ab der Abzweigung zum Nixloch folgt man einem Waldfahrweg in Kehren nach Südwesten abwärts. An einer Wiese hält man sich rechts abwärts zum Waldrand. Nach einem Durchgang (Viehzaun) nicht über das Bächlein rechts, sondern links zu einem Forstweg, der aber schon nach 50 m rechts verlassen wird. Auf einem Waldweg hinab in das **Wendbachtal** 6, 480 m. Nun geht es rechts auf einer Forststraße am Wendbach entlang talaus in den Ort **Wendbach** 7, 350 m (siehe Variante für Rückweg!). Dort links auf schmaler Asphaltstraße an der gestauten Enns und der Bahnlinie entlang 1,5 km nach Westen zur Haltestelle in **Trattenbach** 8.

Die Anton-Schosser-Hütte auf der Hohen Dirn.

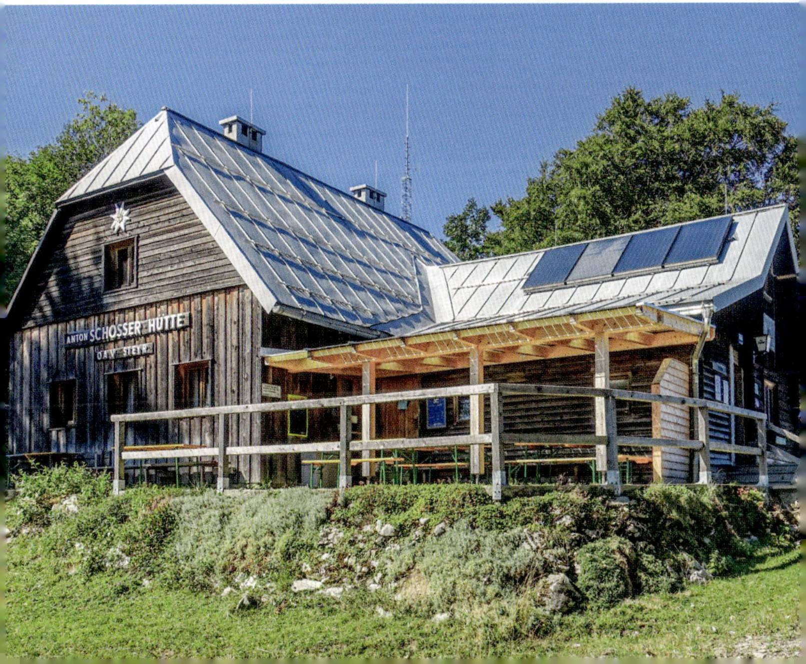

↗ 660 m | ↘ 660 m | 7.6 km

10 Schieferstein, 1206 m

3.45 h

Großartiger Aussichtsberg über Losenstein und dem Ennstal

Der hübsche Nagelschmiedeort Losenstein wird nicht nur von einer der größten Burgruinen des Landes überragt, sondern auch vom steilflankigen Felsberg Schieferstein, der trotz seiner bescheidenen Höhe als einer der attraktivsten »Zapfen« des Unteren Ennstals gilt. Der kürzeste Weg führt von Reichraming über die Jausenstation Prenn bzw. zum Habichlerhof und von dort in 1.30 Std. zum Gipfel. Als lohnendste Tour gilt jedoch die Runde vom Hack mit Anstieg über den Westrücken. Dort kann man am »Steinernen Jäger« auch seine Schwindelfreiheit testen. Vom Gipfel schweift der Blick über Ybbstaler Alpen, Gesäuse, Hintergebirge, Sengsengebirge, Totes Gebirge und über das Alpenvorland hinweg bis zum Mühlviertel.

Ausgangspunkt: Parkplatz unterhalb des Hofes Hack, 550 m, entlang des Güterwegs Schieferstein. Mit der Ennstalbahn Linie 131 bis Losenstein-Bf. Danach zu Fuß oder mit Pkw bis zur Abzweigung der schmalen Zufahrt (Schiefersteinweg) am südlichen Ortsende von Losenstein. Links von der Ennstal-Bundesstraße (B115) ab und ostwärts in Kehren auf eine Wiesenschulter am unteren Westrücken des Schieferstein-Massivs empor. Dort zur Rechtsabzweigung Richtung Hof Hack und zum Schieferstein-Parkplatz, 3 km von Losenstein.

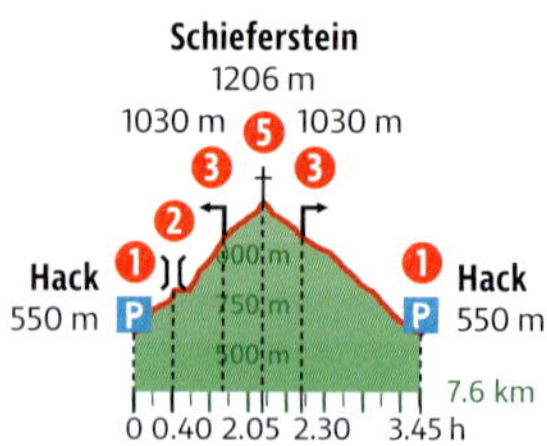

Anforderungen: Anspruchsvolle Tour mit leichten Kletterstellen im Gipfelbereich. Nur für schwindelfreie, trittsichere Geher bei trockenem Wetter!

Einkehrmöglichkeiten: In Losenstein mehrere Gastbetriebe. Unterwegs keine Einkehr!

Variante: Von der Scharte am Westrücken, 1140 m, kann der Felsturm Steinerner Jäger auf gesichertem Steig (Stahlseil) von Trittsicheren in wenigen Minuten bestiegen werden: Vom Anstiegsweg links ab und auf Steigspuren über Schrofen und eine geneigte Platte auf einen Felskopf empor, jenseits über eine Zwei-Meter-Wand (Haltebügel) hinab zur Steigtrasse. Auf ihr oberhalb der Wandabbrüche (Vorsicht!) an der Westseite bergan, zuletzt über Schrofen empor zum höchsten Punkt, 1185 m, mit Gipfelkreuz. Schwierigkeitsgrad I, ausgesetzt!

Vom Parkplatz hinauf zum **Bauernhof Hack** ❶, unmittelbar vor diesem auf bez. Weg (E71) scharf nach links und über eine Wiese nach Südosten aufwärts, dann rechts in den Wald und unter Felswänden empor an den Nordwestrücken der Hackermauer. Links um sie herum in die Südseite und an den Waldhängen zu einer Verzweigung (Abstecher: geradeaus auf Steig in

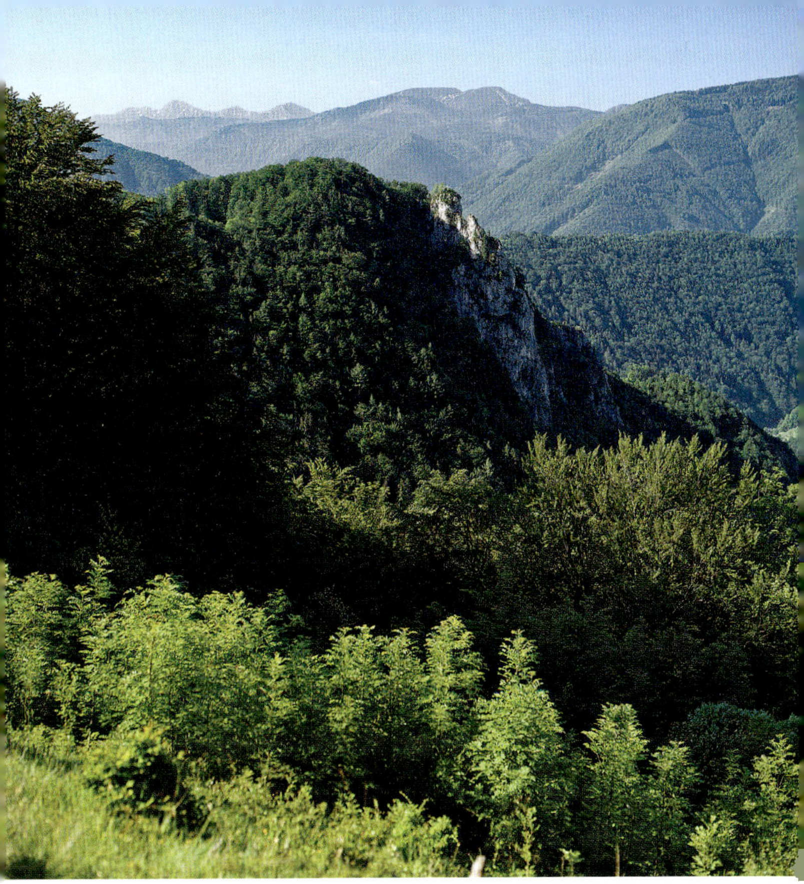

Im Anstieg auf den Schieferstein. Blick nach Süden gegen die Höhen des Reichraminger Hintergebirges.

wenigen Minuten auf den Pfennigstein, 759 m, 60 m hoch, Klettergarten). Links über eine steile Wiese, dann im Wald nordostwärts steil hinauf in einen **Sattel** ❷ am Westrücken (Abstecher links auf unbez. Steig über einen luftigen Felsgrat auf den Gipfel der Hackermauer, 760 m).

Wir aber folgen dem bez. Hauptweg rechts über den bewaldeten Westkamm stetig bergan unter einen gratartigen Aufschwung: Über Felsstufen nach rechts, dort unter der lang gestreckten Gratwand steil bergauf und wieder zurück an den Waldrücken. Über ihn, Felsaufschwünge rechts um-

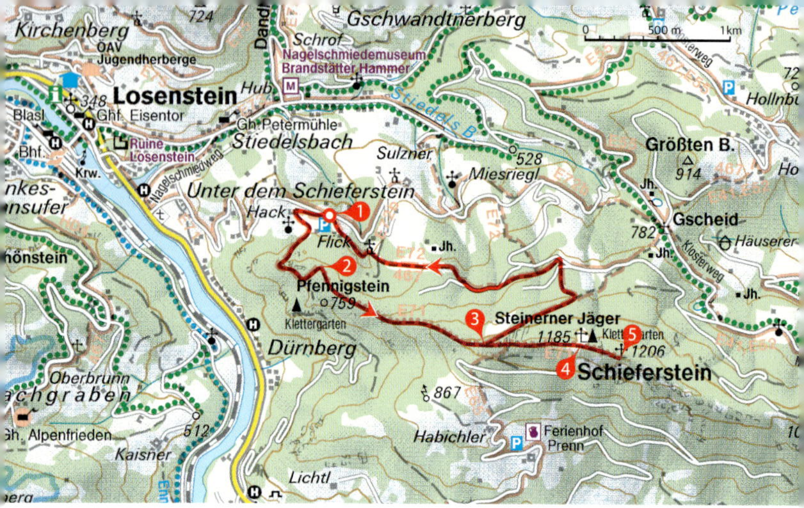

gehend, zur Schulter vor dem zweiten Felsaufschwung. Nun geht es in der linken Gratseite (Steig) bergan, dann über eine 3-Meter-Wand (Eisenleiter) in gemäßigtes Terrain. Am steilen Waldrücken ansteigend, treffen wir auf den links **einmündenden Weg** ❸, 1030 m (Abstiegsroute), wo wir geradeaus weitergehen. Vorbei an der Rechtseinmündung, 1050 m, des Weges von Reichraming geht es über gestuften Fels hinauf in die **Scharte** ❹, 1140 m, zwischen Schieferstein-Westrücken und dem nördlich vorgelagerten Felsturm Steinerner Jäger (siehe Variante!). Zum Hauptgipfel führt der bez. Steig in der linken Gratflanke weiter, später steil nach rechts empor zur spärlich bewaldeten, felsigen Grathöhe und über sie ohne Schwierigkeit (etwas exponiert, Vorsicht auf Abbrüche rechts!), zuletzt über den baumfreien Kamm, hinauf zum höchsten Punkt des **Schieferstein** ❺, 1206 m, mit umfassender Rundsicht.

Zurück zu der Stelle, wo der rot bez. Weg den Westrücken nach **rechts** ❸ verlässt. Auf diesem in die bewaldete Nordflanke des Berges hinein und dort zur nächsten Verzweigung, 895 m. Hier nach links (Norden) abwärts, dann nach rechts (rückläufig) bis vor einen Bauernhof. Unmittelbar bei diesem scharf nach links auf eine Forststraße, 815 m. Auf der Straße sich links haltend (westwärts) zu einer Gabelung, 800 m. Geradeaus (westwärts) weiter, vorerst im Wald, dann am Waldrand und kurz nach einem Bildstock steil nach rechts hinab zum Güterweg Schieferstein, 560 m. Auf diesem 300 m nach links empor zur Abzweigung der Zufahrt zum **Bauernhof Hack** ❶ und zum Parkplatz.

Ein kühner Gratzacken: der »Steinerne Jäger« am Westrücken des Schiefersteins.

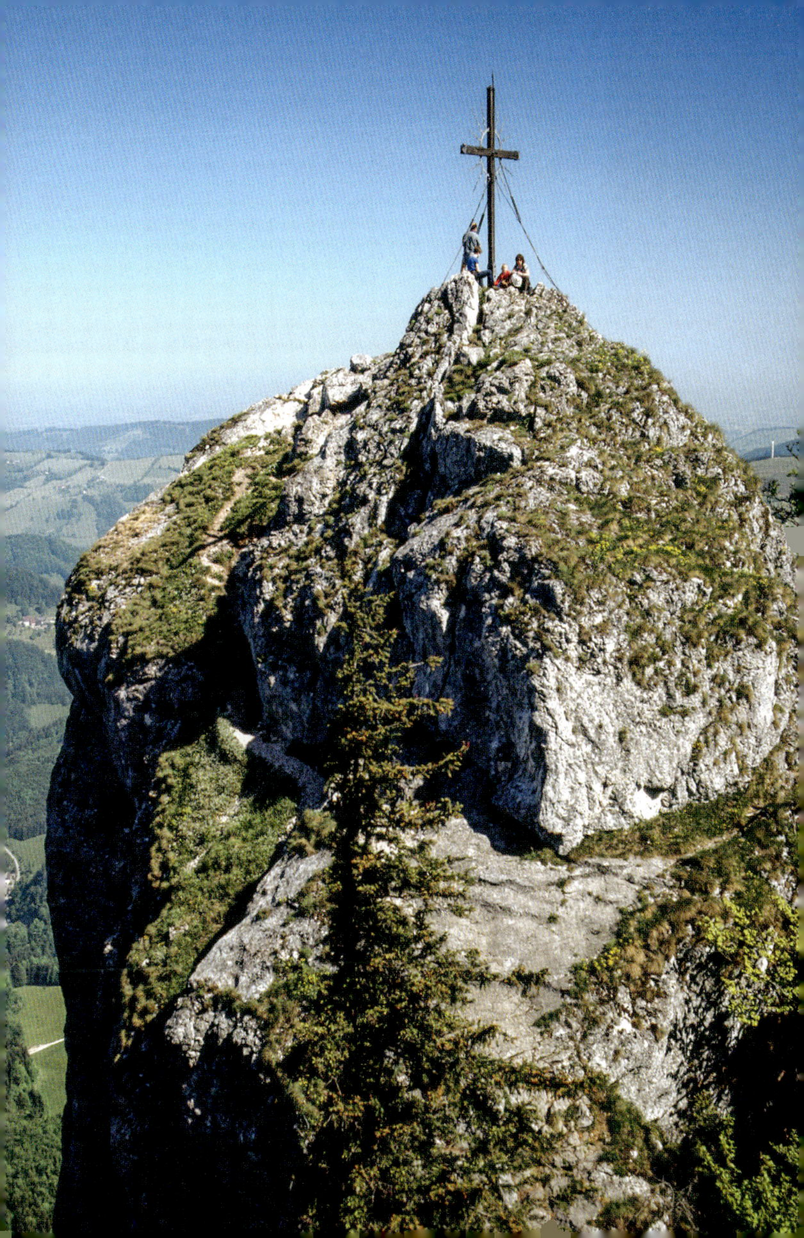

↗ 680 m | ↘ 680 m | 16.2 km

11 Damberg, 807 m, und Schwarzberg, 838 m

5.30 h

Auf dem »Großen Hufeisen« über den Hausberg von Steyr

Das »Große Hufeisen« ist kein Reitweg, sondern eine Wanderrunde in der Flyschzone südlich von Steyr über einsame, almartige Weiden und stille Waldkuppen, die im blumenreichen Frühjahr und im farbenfrohen Herbst ihre besonderen Reize zur Schau stellen. Die Warte am Damberg, dem Hausberg der Eisenstadt, erschließt ein tolles Gebirgspanorama und macht den Berg zu einem weitum bekannten, beliebten Wanderziel. Die zwar etwas lange, aber unschwierige Tour garantiert einen erholsamen Wandertag in weitgehend intakter Natur, fern von Hektik und Lärm der nahen Industriestadt.

Ausgangspunkt: Parkplatz beim Ghf. Weidmann in Unterdambach, 362 m. Anreise mit Pkw auf der B115, die Enns entlang zur Mündung des Dambachgrabens und durch diesen nach Unterdambach, 8 km von Steyr. Per Bus: Von Steyr mit der Linie 443 zur Haltestelle Sand-Sportplatz an der Mündung des Dachbachgrabens in das Ennstal. Von dort 3 km zu Fuß (45 Min. Gehzeit) nach Unterdambach.

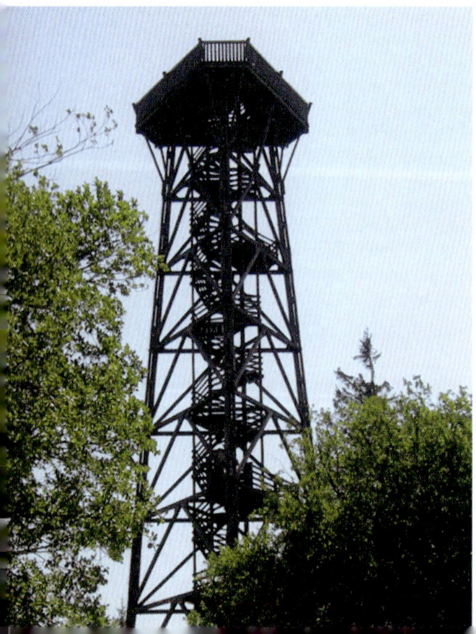

Anforderungen: Unschwierige, aber relativ lange Wanderung auf durchgehend markierten Fuß- und Fahrwegen.
Einkehr: Unterwegs keine. Ghf. Weidmann in Unterdambach (keine Nächtigung, ganzj. geöffnet, Mi. und Do. Ruhetag; Tel. +43 7252 52037, weidmann.at).
Varianten: Vor Erreichen der Dambergwarte führt ein bez. Weg über die Laurenzikapelle nordseitig hinab zum Ghf. Schoiber, 650 m (16 B, ganzj. geöffnet, Mo. Ruhetag, Tel. +43 7252 53240, schoiber.at) und von dort ein anderer Weg wieder zurück zur Warte (2 km länger, Abstieg 100 Hm, Anstieg 160 Hm, zusätzliche Gehzeit 1 Std.).

Vom Parkplatz beim Ghf. Weidmann in **Unterdambach** ❶ den Güterweg Heidenstraße in Kehren nach Norden bergauf, später, eine weite Kehre abkürzend, durch einen Buchenhain nach **Heiden** ❷, 560 m (Schranke), wo die Straße endet. Auf Fußweg über den Wiesenrücken gerade weiter an den Höhenrücken des Dambergs und dort zum querenden **Rennweg** ❸, 740 m. Den Kammweg

Die 1972 errichtete Aussichtswarte am Gipfel des Dambergs.

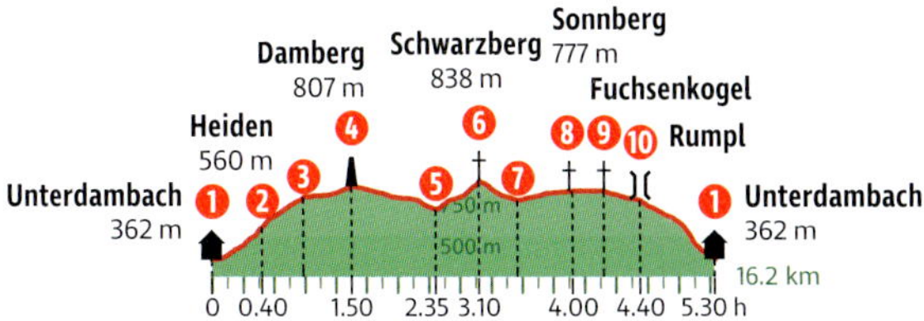

Nr. E97/12 sich rechts haltend in Nordostrichtung aufwärts zum Gipfel des **Dambergs** ❹, 807 m (36 m hohe Aussichtswarte, 360°-Panorama).

Den Kammweg in gleicher Richtung (vorerst nach Ost, dann nach Südost) weiter bergab zu einer Forststraße, die gleich wieder nach rechts verlassen wird. Mit Wendung nach Süd zieht der Weg über Weidegebiet und durch Buchenwald, unter dem Braschenberg (links) vorbei, zur **Hertlerwiese** ❺, 666 m. Von der Straßengabelung am Südende der Wiese folgen wir dem rechten Ast einer Forststraße (Weg Nr. 406) zu einer Verzweigung. Hier links auf Weg Nr. E98/14 im Wald nach Osten empor zur Gipfellichtung am **Schwarzberg** ❻, 838 m (kunstvolles Kreuz, Rastplatz). Auf Weg Nr. E97, an einer Jagdhütte vorbei, durch Wald nach Süden hinunter zur Forststraße (Weg Nr. 406) und auf ihr fast eben am Hang entlang zur **Stadelwiese** ❼, 720 m, wo die Straße endet. Rechts vom Weg Nr. 406 ab und, dem Wegweiser »Hufeisen über Sonnberg« (E97) folgend, am Waldhang des Willeitenbergs fast eben nach Südwesten an den Sonnberg-Höhenrücken, 755 m. Den Querweg Nr. 404 und E97 durch Wiesen nach rechts (Westen) empor zum Gipfel des **Sonnbergs** ❽, 777 m, danach über den **Fuchsenkogel** ❾, 778 m, in den Sattel **Rumpl** ❿, mit einer Forststraßen-Verzweigung. Unsere Route wendet sich hier nach rechts (!) und folgt dem Flößerweg E96 Richtung Dambachtal abwärts. Zuerst wird eine Forststraße, dann der Blabach gequert, bald leitet ein Waldweg westlich vom Blabergkogel relativ steil hinab in das Dambachtal und dort auf einer Straße nach links zum Ghf. Weidmann in **Unterdambach** ❶.

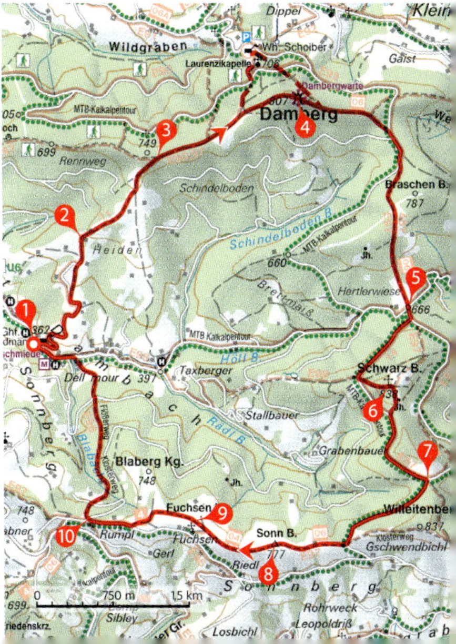

↗ 380 m | ↘ 380 m | 7.8 km

12 Plattenberg, 750 m

2.45 h

Auf einen exzellenten Panoramaberg mit Aussichtswarte

Aus dem Kleinramingtal führt ein netter Wanderweg durch den schattigen Stelzergraben auf den Luginsland des Plattenbergs, auf dem sich die viel besuchte Kaiserin-Elisabeth-Warte befindet. Von diesem unscheinbaren Hügel beim kleinen Ort Kürnberg überblickt man das Alpenvorland bis zum Mühl- und Waldviertel und die Alpenkette vom Traunstein über das Tote Gebirge, das Sengsengebirge, die Voralpe und den Dürrenstein bis zum Ötscher. Der Plattenberg ist ein besonders empfehlenswertes Ziel zur Zeit der Birnbaumblüte (meist von Mitte April bis Anfang Mai) im Mostviertel.

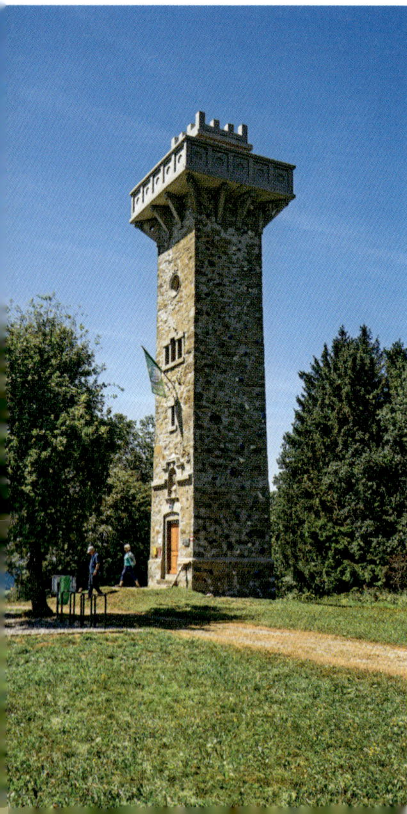

Ausgangspunkt: Stelzermühle, 440 m (Sägewerk), kleiner Parkplatz beim Kruzifix oberhalb der Mühle, 5 km südöstlich von Kleinraming an der Mündung des Stelzergrabens in das Kleinramingtal. Die Mühle ist von Steyr auch mit der Buslinie 441 (Steyr – Maria Neustift – Großraming; fünfter Bushalt nach der Mittelschule Kleinraming) zu erreichen.
Anforderungen: Einfache Wanderung auf markierten, ab Kürnberg asphaltierten Fahr- und Fußwegen.
Einkehr: Plattenwirt/Gasthaus Zur Kaiserin Elisabeth-Warte östlich unterhalb der Plattenberg-Warte (keine Nächtigung, ganzj. geöffnet, So. Ruhetag; nur noch individueller Gastbetrieb mit telefonischer Vorreservierung ab 15 Pers.; Tel. +43 7252 30204, plattenwirt.com).
Hinweis: Die Plattform der 18,5 m hohen, von März bis November zugänglichen Kaiserin-Elisabeth-Warte (um das Jahr 1900 errichtet; begehbar von Sonnenaufgang bis Sonnenuntergang) wird über eine Wendeltreppe (82 Stufen) im Inneren erreicht. Die Außenwände der Warte sind als künstliche Kletteranlage eingerichtet (12 präparierte Routen; keine Fixseile!).

Die Kaiserin-Elisabeth-Warte am Plattenberg bietet weitreichende Ausblicke.

Vom Parkplatz bei der **Stelzermühle** ❶ die schmale Asphaltstraße (Güterweg »Holzetlehen«), an einigen Häusern vorbei, durch den Stelzergraben aufwärts zu einer Linkskehre. Rechts ab und auf angegrüntem Naturfahrweg (Fahrverbot) im schattigen Wald links vom Bach, Verzweigungen ignorierend, sanft nach Norden aufwärts zum Wassertretbecken einer **Kneippanlage** ❷, 570 m (Tisch und Bänke).

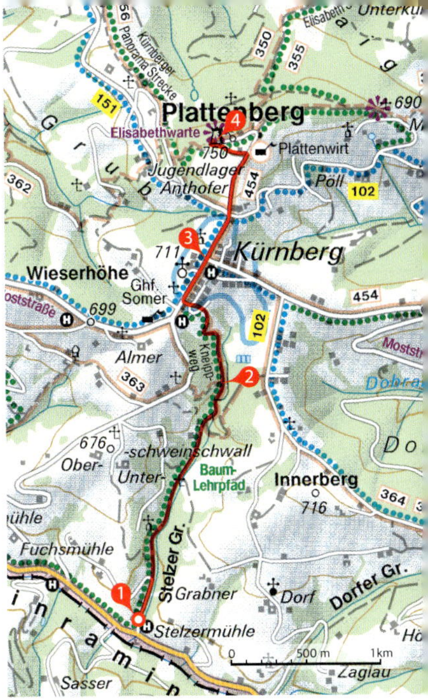

Auf dem Fahrweg (»Kneipp- und Vitalweg«) geradeaus weiter, ein kurzes Stück (zwei Brücken) rechts vom Bach, später steiler bergauf und im Linksbogen aus dem Wald. Über schöne Wiesen, an Obstbäumen vorbei, in zwei Schleifen und langer Geraden nach Nordwesten empor zu einer Straße am Ortsrand von Kürnberg. Diese sich links haltend, dann im Rechtsbogen hinauf zur querenden Autostraße Behamberg – Kürnberg. Auf ihr, am Niederösterreichischen Landeskindergarten vorbei, 200 m nach rechts aufwärts in das Ortszentrum von **Kürnberg** ❸, 711 m, (links ab zur sehenswerten Kirche) und dort über eine Anhöhe hinweg zu einer Straßengabelung. Die Asphaltstraße geradeaus (Richtung Weistrach) durch Wiesen und Felder sanft abwärts zur Verzweigung am Sattel, 690 m, vor dem Plattenberg. Geradeaus die asphaltierte Zufahrt nach Norden empor zur Verzweigung beim Plattenwirt. Links ab und auf schmaler Asphaltstraße (Fahrverbot) nach Westen aufwärts und nach rechts zur gemauerten **Kaiserin-Elisabeth-Warte** ❹ am Gipfel (Sender) des Plattenbergs, 750 m, mit Bänken, Panoramatisch und Infotafeln. Abstieg entlang der Anstiegsroute.

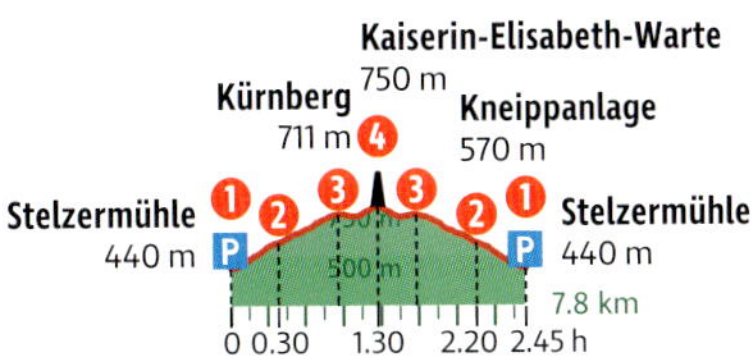

↗ 400 m | ↘ 740 m | 12.7 km

13 Spindeleben, 1066 m

4.15 h

Eine West-Ost-Überschreitung vom Neustifter Sattel nach Waidhofen an der Ybbs

Das ist eine aussichtsreiche Streckenwanderung mit Blicken weit hinaus ins Mostviertel, besonders attraktiv zur Zeit der Baumblüte. Nach zwei kürzeren Anstiegen geht es relativ lang und eher sanft bergab, was die Wanderung zu einer Familientour macht. Am Ende liegt die alte Eisenstadt Waidhofen mit guten Restaurants und gepflegten Cafés. Da sowohl die Anreise als auch die Rückkehr zum Ausgangspunkt mit öffentlichen Verkehrsmitteln nur eingeschränkt oder gar nicht möglich ist, wird empfohlen, private Taxidienste in Anspruch zu nehmen.

Ausgangspunkt: Neustifter Sattel, 706 m (beschränkte Parkmöglichkeit) zwischen Freithofberg und Spindeleben. Zufahrt mit Pkw von Waidhofen (10 km), Großraming (13 km) und Maria Neustift (7 km). Anreise per Frühbus Linie 631 von Waidhofen oder Maria Neustift nur werktags, bis Haltestelle Redtenbachtal-Reith, ab dort entlang der Straße in wenigen Gehminuten in den Neustifter Sattel.
Endpunkt: Waidhofen an der Ybbs, 362 m. Rückfahrt zum Ausgangspunkt am besten per Taxi. Bus 631 verkehrt nur werktags bzw. an Schultagen, der letzte fährt schon früh am Nachmittag! Taxidienste in Waidhofen und Umgebung: Taxi Latschbacher, Tel. +43 7442 52533 und +43 664 4401444; Taxi Eva Raab, Tel. +43 0676 6084090; Taxi Höllmüller, Tel. +43 676 6084090.
Anforderungen: Einfache Wanderung auf markierten Fahr- und Fußwegen.
Einkehr: Unterwegs keine. In Waidhofen zahlreiche Restaurants und Cafés.

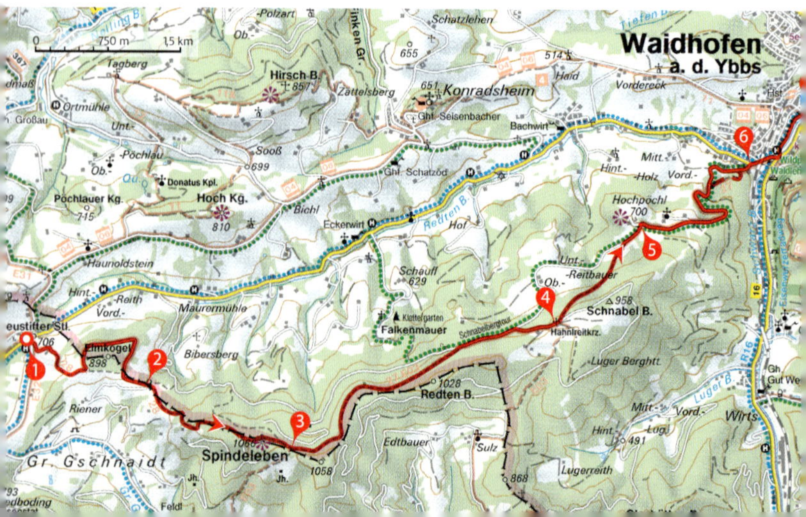

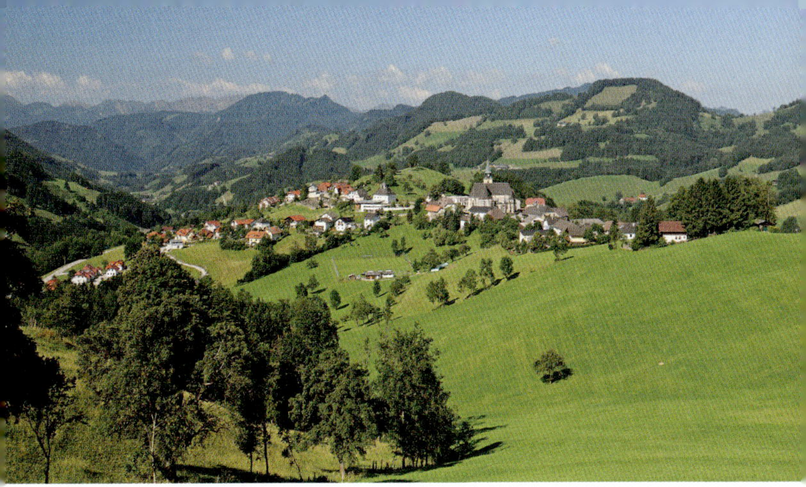

Maria Neustift ist Startplatz für die Spindeleben-Überschreitung.

Vom **Neustifter Sattel** ❶ auf dem Güterweg Ortner (Weg Nr. 28) südostwärts zu einem Haus, dann in Kehren den Spindeleben-Höhenrücken über Wiesen nach Osten aufwärts zum Waldrand (Überstieg). Nun quer durch die Südflanke des Elmkogels, dann leicht bergab in den Sattel **»Auf der Hiefl«** ❷, 770 m. Weiter über die Weide am Waldrand entlang, dann den Waldrücken aufwärts zu einer Verzweigung. Rechts vom Hauptweg ab und auf einem Stichweg 150 m nach Osten zum Gipfel der **Spindeleben** ❸, 1066 m, mit kleinem Kreuz. Oben erwartet uns eine schöne Aussicht (Orientierungstafeln).

Zurück zum Hauptweg und auf ihm nach rechts (Osten) zur Rechtseinmündung von Weg Nr. 27/E03. Diesen geradeaus am Spindeleben-Kamm leicht fallend weiter, wobei einige bewaldete Erhebungen sowie der Redtenberg links umgangen werden kann. Wir erreichen so eine Forststraße, der wir geradeaus weiter folgen. Bei einer Straßengabelung, 880 m, hält man sich rechts und erreicht mit kurzem Gegenanstieg das **Hahnlreithkreuz** ❹, 910 m, am Rand einer Lichtung vor dem Schnabelberg.

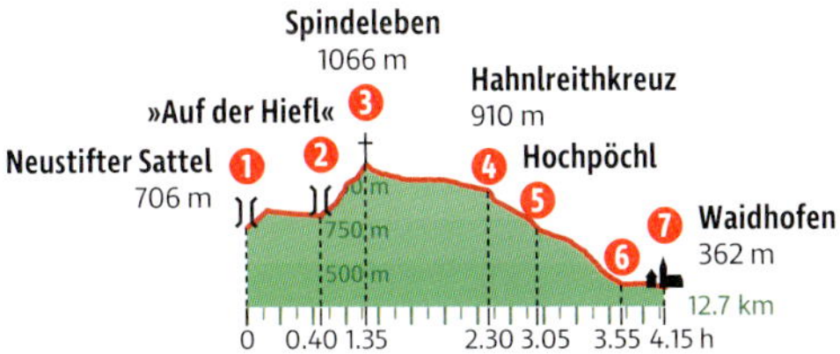

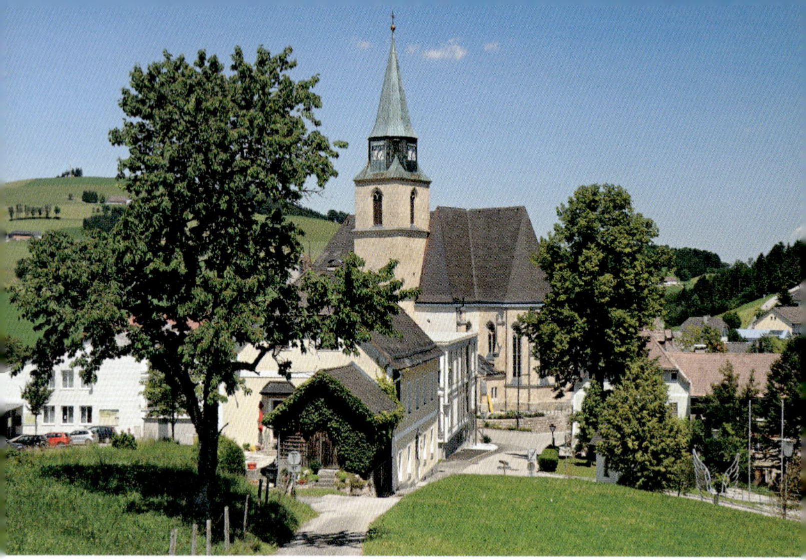

Die Wallfahrtskirche von Maria Neustift beherbergt die berühmte Gnadenstatue »Maria, Heil der Kranken« von 1450.

Bei einer Holzhütte links von der Forststraße ab und auf Fußweg nordseitig unterm Schnabelberg durch den Wald steiler bergab, anschließend über Wiesen wieder zur Forststraße und auf ihr nach 200 m zum **Hochpöchl** **5**, 700 m (Ausblick nach Norden). Danach geht es geradeaus auf der nun asphaltierten Straße durch Wald in Kehren nach Nordosten hinab in das Stadtgebiet von Waidhofen, das nahe dem Zusammenfluss von **Schwarzbach** und **Redtenbach** **6**, 385 m, erreicht wird. Nach rechts weiter und über ein Bahngleis (Linie Amstetten – Kleinreifling), danach links (nordwärts) Richtung Stadtzentrum zur Ybbstalbahn und zur B121, die traversiert wird. Rechts haltend gelangt man in die historische Altstadt von **Waidhofen an der Ybbs** **7**, 362 m.

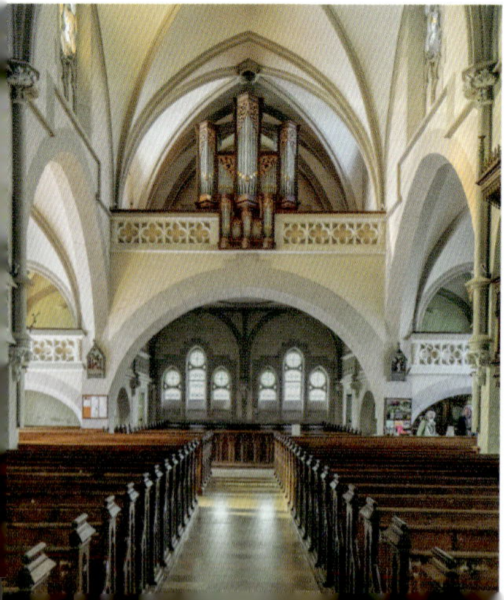

Wallfahrtskirche Maria Neustift: hinteres Kirchenschiff mit Empore und Orgel.

↗ 530 m | ↘ 530 m | 8.1 km

3.15 h

Lindaumauer, 1103 m

14

Kleine Tour zu einem Felsberg mit Höhle und tollem Panorama

Die Schieferstein-Gruppe im Bereich der Steyrer Voralpen zwischen Waidhofen und Steyr besitzt auf verhältnismäßig kleinem Raum eine stattliche Zahl lohnender Gipfelziele. Neben dem Schieferstein sind Damberg, Plattenberg, Spadenberg, Spindeleben und die hier beschriebene Lindaumauer (auch »Scheinoldstein«) zu nennen. Als Ausgangspunkt wählen wir den mit dem Auto erreichbaren Sattel »Auf der Platten«, der Wanderer im Frühjahr mit betörender Blumenpracht beglückt. Von dort erreicht man in einer guten Stunde den nach Süden in Felswänden, nach den übrigen Seiten in steilen Waldflanken abfallenden, kreuzgeschmückten Panoramagipfel.

Ausgangspunkt: Wiesensattel »Auf der Platten«, 762 m (begrenzte Parkmöglichkeit). Anfahrt mit Pkw 1,5 km auf der B121 Richtung Waidhofen an der Ybbs, dann auf links abzweigender Straße über Gasteig, Neudorf und Grünangerl hinauf in den Sattel, 7 km von Weyer.
Anforderungen: Kurze Rundwanderung auf großteils bez. Wegen und Forststraßen. Kaum Asphalt. Dennoch ist etwas Orientierungssinn nötig.
Einkehr: Jst. Hochramskogel (keine Nächtigung, geöffnet von Ostern bis 31. Okt., Tel. +43 7353 493, hochramskogel.sta.io/jausenstation).
Hinweis: Die sehenswerte Bärenhöhle ist über einen kurzen Stichweg zu erreichen. Besichtigung nur mit Taschenlampe!
Warnung: Vorsicht mit Kindern am Gipfel der Lindaumauer: Absturzgefahr!

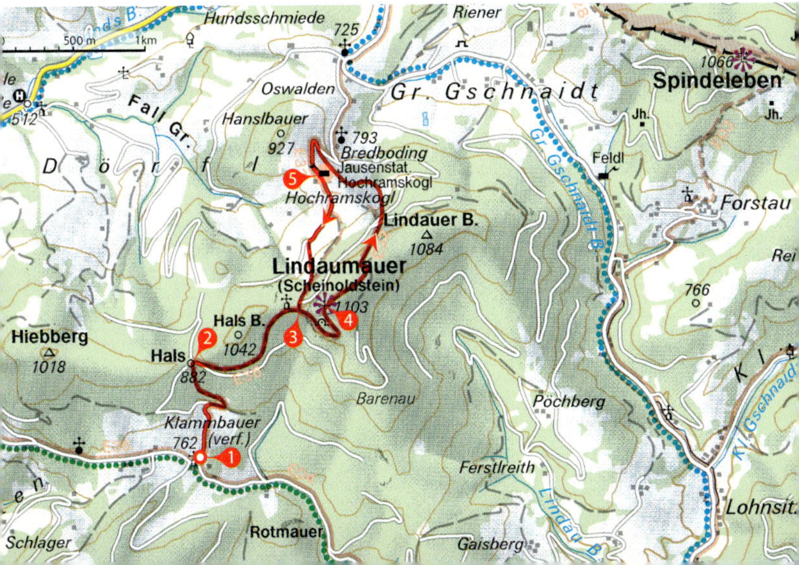

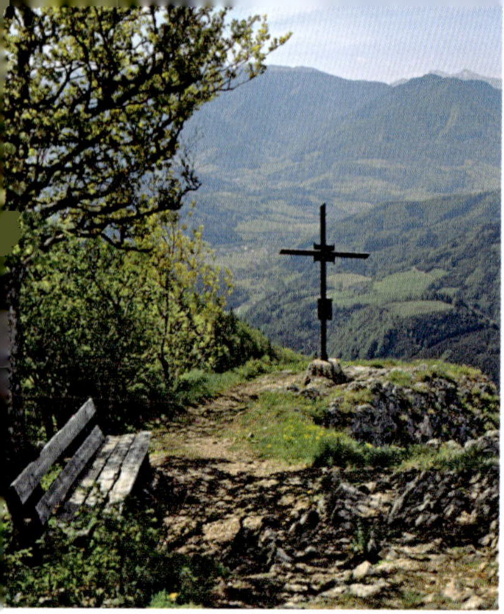

Bank und Gipfelkreuz auf der Lindaumauer.

Vom Sattel **»Auf der Platten«** ❶ die bez. Forststraße mit Weg Nr. E36 durch Wiesen nach Norden sanft bergauf zu einer Verzweigung am Waldrand (ehemaliger Hof Klammbauer, 790 m, verfallen). Am Waldrand 50 m nach rechts zu einer Verzweigung vor einer alten Sandgrube. Auf bez. Weg nach links in den Wald und dort in nördlicher Richtung empor in den **Halssattel** ❷, 882 m. Auf einer Forststraße geht es 30 m nach rechts zur Abzweigung eines bez. Fußwegs halb links. Dieser führt am Hang des Halsbergs parallel zur Straße erst ansteigend, dann fast eben in einen seichten Graben. Durch diesen steil nach links (Norden) aufwärts in den kleinen Waldsattel, 985 m, zwischen Halsberg und Lindaumauer und nach rechts zu einem markanten Felsblock an der Linkseinmündung von **Weg Nr. 29** ❸, 995 m. Den bewaldeten felsdurchsetzten Westrücken des Berges in Kehren hinauf, dann nach rechts in die Südflanke des Berges und dort unter den Gipfelwänden zur Linksabzweigung zur nahen Bärenhöhle. Über Felsstufen steil bergauf an den Südostrücken und diesen nach links empor zum scharfen Gipfelgrat der **Lindaumauer** ❹, 1103 m. Von der Bank haben wir eine schöne Rundsicht.

Der Abstieg nach Norden beginnt rechts der Gipfelbank. Nach dem höchsten Zacken geht es rechts in den Wald und dort auf gutem Steig an der nordseitigen Flanke entlang durch eine Mulde mit leichter Gegensteigung in den Waldsattel zwischen Lindaumauer und Lindauer Berg. Auf dem Waldweg weiter zu einer Lichtung, die gequert wird, danach im Wald steil nach Nordosten hinab zu einer Forststraße. Auf ihr kurz nach links zu einer Querstraße und diese sich rechts haltend abwärts, später aus dem Wald

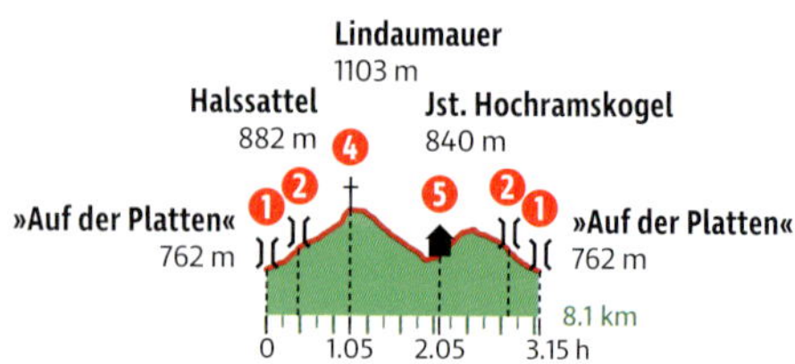

hinaus in die Wiesenmulde Bredboding mit Straßengabelung. Links den asphaltierten Güterweg in einer Linkskehre nach Süden hinauf zur **Jst. Hochramskogel** 5, 840 m (Biobauer).

Auf dem Fahrweg Nr. 29 über Wiesen nach Süden zu einer Verzweigung und sich links haltend empor zum Waldrand. An ihm entlang sanft nach Südwesten aufwärts, zuletzt durch Waldmulde steil nach Südwesten nach oben an den Westrücken der Lindaumauer, wo die südseitige Anstiegsroute bei dem bekannten markanten **Felsblock** 3 erreicht wird. Weiter auf dem Herweg über den **Halssattel** 2 zum Sattel »**Auf der Platten**« 1.

Die Lindaumauer von Süden, vom Sattel »Auf der Platten«.

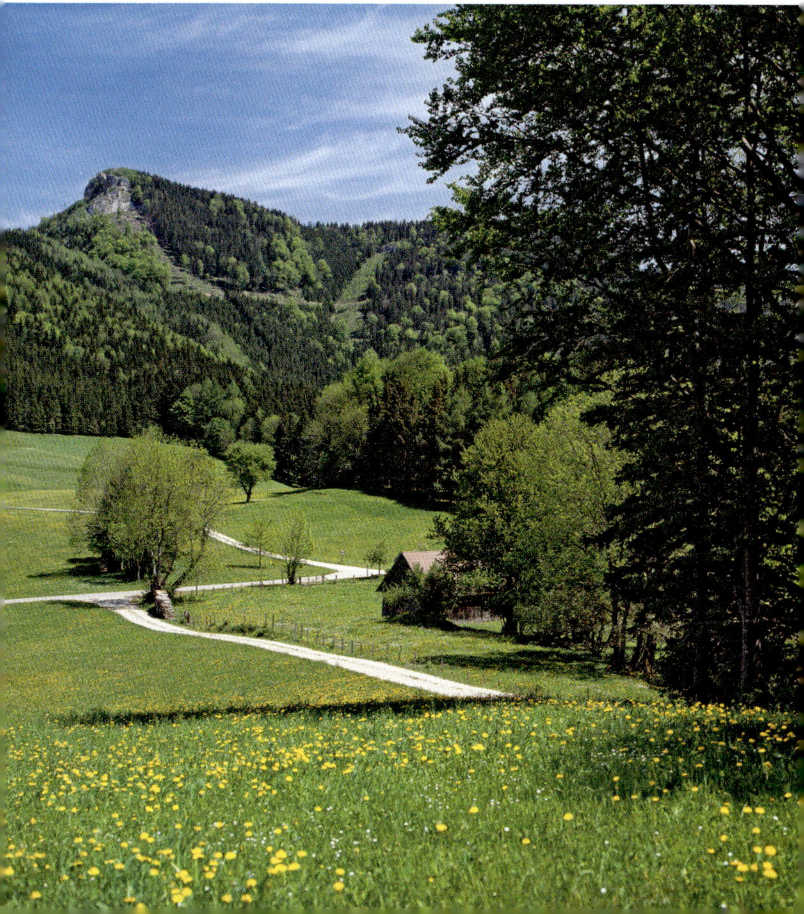

↗ 1230 m | ↘ 1180 m | 13.8 km

15 Kremsmauer, 1604 m

7.00 h

Nord-Süd-Überschreitung aus dem Kremstal ins Tal der Steyrling

Mit Kirchen- und Falkenmauer bildet die Kremsmauer den nördlichsten Felswall des Kremstales. Steile Felsflanken und schroffer, teils brüchiger Wetterstein-Kalkfels in der Gipfelregion kennzeichnen das Massiv, das trotz relativ geringer Höhe nicht zu unterschätzen ist. Die Überschreitung des kleinen Felsgebirges auf teilweise ausgesetzten, gesicherten Steigen gehört zu den interessantesten Bergtouren der Region, setzt aber bergsteigerische Erfahrung und gutes Wetter voraus.

Ausgangspunkt: Micheldorf-Hinterburg, Abzweigung, 473 m, der Straße zum Kremsursprung von der B138 im Ortsteil Hinterburg, am südlichen Ortsrand von Micheldorf (Parkplatz am Straßenrand oder jenseits der Bahnlinie). Bushalt »Micheldorf-Hinterburg« der Linie 433 Steyr – Molln – Kirchdorf.
Endpunkt: Steyrling, 520 m. Rückfahrt zum Ausgangspunkt per Buslinie 430 Windischgarsten – Kirchdorf (nur werktags!) oder mit dem Taxi: Willi's Taxi Daniel Gladik, Tel. +43 699 17343418, KRMSTL-Taxi, Tel. +43 660 2219000, Taxi Cab Orange, Tel. +43 7582 60137.

Anforderungen: Anspruchsvolle, lange Tour mit beachtlichem Höhenunterschied auf markierten, teils gesicherten Wegen. Am Gipfelgrat leichte freie Kletterstellen im Schwierigkeitsgrad I. Trittsicherheit, Schwindelfreiheit und sicheres Wetter Voraussetzung. Bei Nässe und Schnee gefährlich, nordseitig mitunter Schneereste bis in den Frühsommer hinein!
Einkehr: Gastbetriebe in Micheldorf und Steyrling. Unterwegs keine Einkehr!
Variante: Die vorliegende Tour kann mit Anstieg über die Gradnalm wesentlich erweitert werden.

Von **Micheldorf-Hinterburg** ❶ folgt man der schmalen Asphaltstraße mit Weg Nr. K93 links der jungen Krems nach Westen talein in den Ortsteil In der Krems und dort nach Traversierung des Bachs weiter zu einer **Wegteilung** ❷, 550 m (geradeaus die Variante über Kremsursprung und Gradnalm). Zur Kremsmauer links von der Straße ab und auf Weg Nr. 446 neuerlich über die Krems, danach südwestwärts entlang eines Bachgrabens, später rechts (westlich) von ihm steil durch Wald hinauf an den Rand der aufgelassenen **Parnstalleralm** ❸, 1160 m (links abseits Jagdhütte). Durch Wald in westlicher Richtung weiter zu einer Wegteilung, 1260 m. Links auf dem Weg Nr. 446 vorerst im steilen Wald, bald im felsigen Gelände durch die Kremsmauer-Nordflanke (z.T. Drahtseile; Vorsicht bei Schnee in den zu querenden Steilrinnen!) hinauf zum **Törl** ❹, 1457 m (Felsfenster), zwischen Krems- und Falkenmauer. Dahinter geht es, die Linksabzweigung des Westgrat-Klettersteigs ignorierend, unter dem Gipfelaufbau hinab zur nächsten **Verzweigung** ❺, 1360 m. Dort links ab und auf Weg Nr. 442, einer Waldrampe folgend, unter den felsigen Südabstürzen der Kremsmauer nach Osten aufwärts unter einen 4 m hohen plattigen Aufschwung.

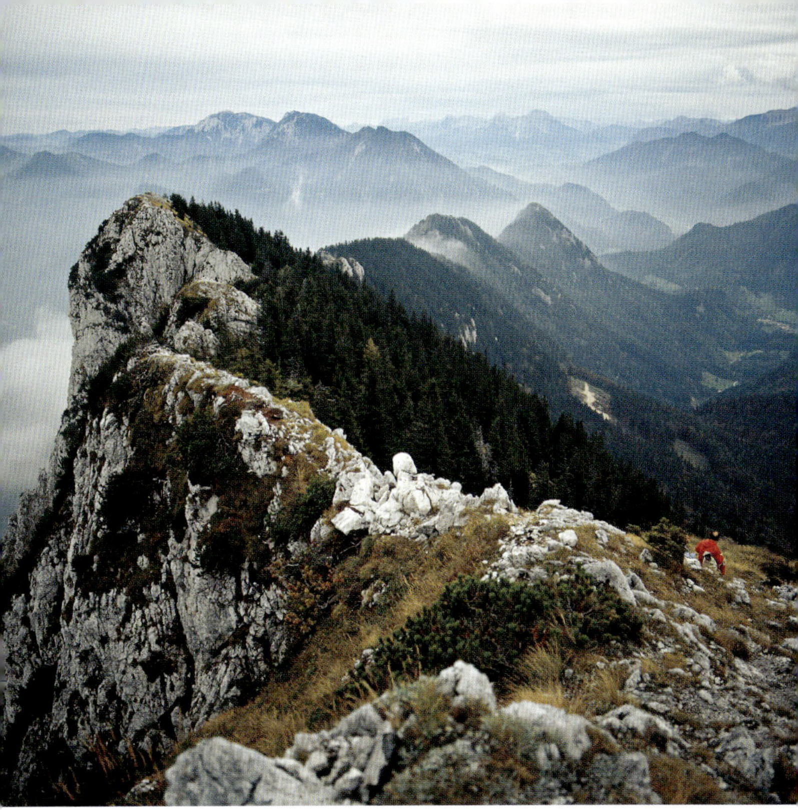

Am Westgipfel der Kremsmauer. Blick über den Ostgipfel und das Steyrtal hinweg gegen das Sengsengebirge.

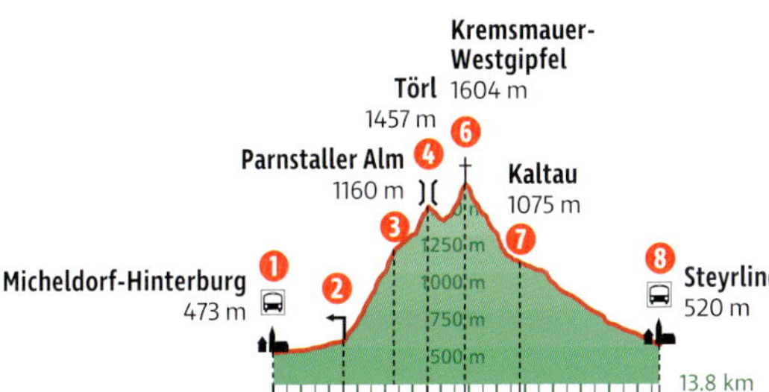

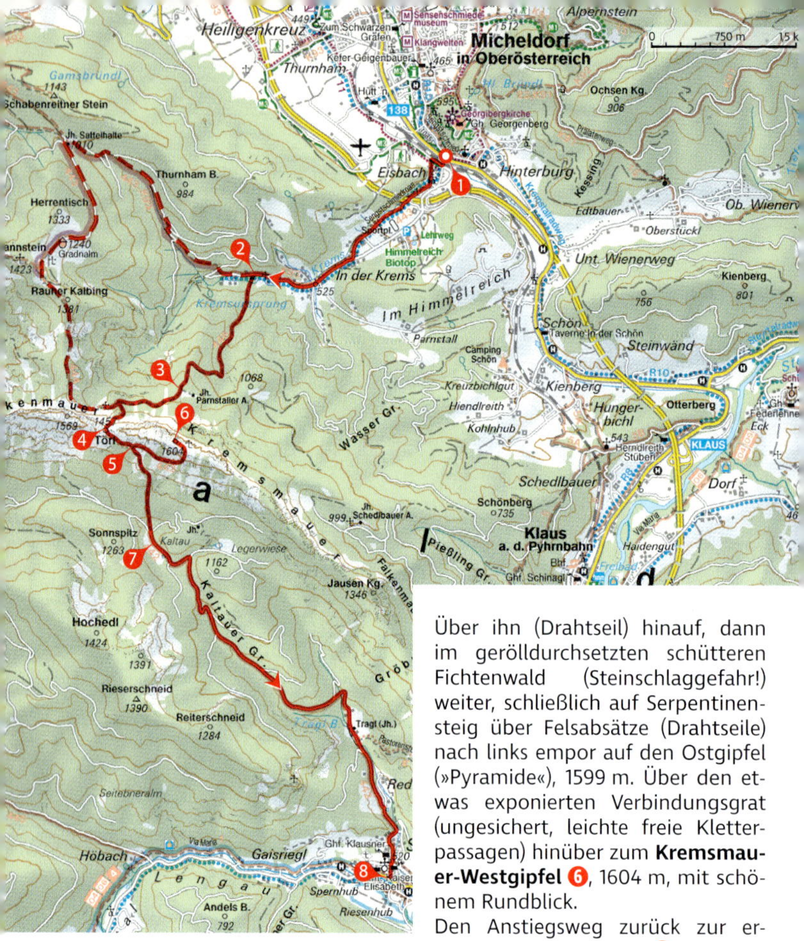

Über ihn (Drahtseil) hinauf, dann im gerölldurchsetzten schütteren Fichtenwald (Steinschlaggefahr!) weiter, schließlich auf Serpentinensteig über Felsabsätze (Drahtseile) nach links empor auf den Ostgipfel (»Pyramide«), 1599 m. Über den etwas exponierten Verbindungsgrat (ungesichert, leichte freie Kletterpassagen) hinüber zum **Kremsmauer-Westgipfel** 6, 1604 m, mit schönem Rundblick.

Den Anstiegsweg zurück zur erwähnten **Verzweigung** 5 und links den Hauptweg Nr. 442 im Wald steil nach Süden hinab zum Wiesenboden der **Kaltau** 7, 1075 m (ehemaliger Blei-Bergbau mit verfallenen Stollen). Ab hier folgt man der 3 km langen Forststraße (bei der ersten Straßengabelung links, bei der zweiten rechts) den bewaldeten Kaltauer Graben talaus, bis man an einer energischen Rechtskurve, 678 m, einen Bach traversiert und danach die Wiese beim Jagdhaus Tragl, 630 m, erreicht. Die Straße längs des Traglbachs, oberhalb der Höfe von Redtenbach vorbei, 2 km nach Süden abwärts nach **Steyrling** 8, 520 m.

↗ 1200 m | ↘ 1200 m | 17.2 km

6.30 h

Kasberg, 1747 m

16

Anstieg aus dem Steyrlingtal und über die Steyrer Hütte

Der Berg mit dem »duftenden Namen« ist als Schaukanzel vor den Nordabstürzen des Toten Gebirges ein überaus beliebtes Ziel und wird entsprechend rege besucht. Denn die Mautstraße aus dem Almtal zum Hochsteinhaus und der Zugang von dort über die bewirtschaftete Sepp-Huber-Hütte schaffen einen einfachen und schnellen Zugang in die Gipfelregion. Weit weniger frequentiert ist der Anstieg von Osten aus dem Steyrlingtal. Er ist zwar deutlich länger und überwindet einen größeren Höhenunterschied, aber die Route hat ihre besonderen Reize und führt wie die Erstere an einer bewirtschafteten Hütte vorbei.

Ausgangspunkt: Parkplatz Brunnental, 550 m (kostenfrei, begrenzter Parkraum), beim Forsthaus Hengsthof im inneren Steyrlingtal, 4 km von Steyrling, 7 km ab Bf. Steyrling. Zufahrt mit Pkw oder Wander- und Radtaxi der Priel-Pyhrn-Region: Windischgarsten: Taxi Eckerstorfer, Tel. +43 7562 5330, Roßleithen: Taxi Rebhandl, Tel. +43 664 9076020, Spital/Pyhrn: Taxi Karl Sonnleitner, Tel. +43 664 5222800, Klaus/Pyhrnbahn: Taxi Karl Sonnleitner, Tel. +43 664 5222800, Hinterstoder: Taxi Riedler Reisen, Tel. +43 7564 5159; zu Fuß 1 Std. ab Steyrling bzw. 1.45 Std. ab Bf. Steyrling der Pyhrnbahn Linz – Selzthal.
Anforderungen: Einfache, aber lange Wanderung auf gut bez. Fahr- und Fußwegen. Trittsicherheit nötig. Nur bei nebelfreiem Wetter!
Einkehr: Mehrere Gastbetriebe in Steyrling. Ahornalm-Hütte (Kirchdorfer Hütte für Selbstversorger; 35 L., nur mit eigenem Schlüssel zugänglich, Tel. +43 670 4040206, erreichbar wochentags ab 19 Uhr). Steyrerhütte (36 B., ganzj. von Mi. bis So. und an Feiertagen geöffnet, nur während der Jagdsperre vom 15. Sept. bis 10. Okt. geschlossen; Tel. +43 664 9670500, steyrerhuette.at).

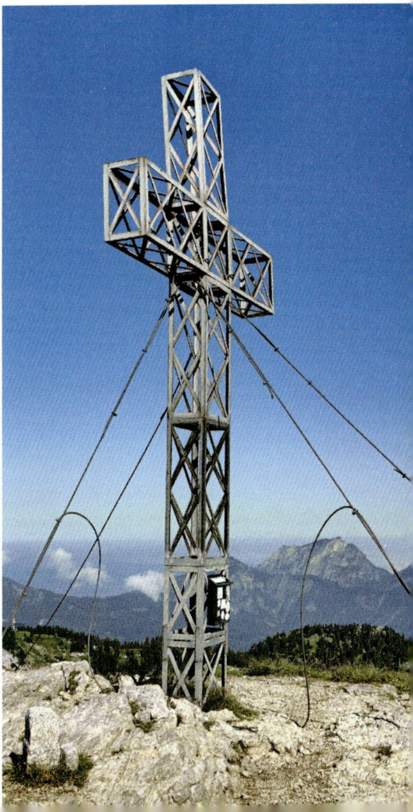

Das Gipfelkreuz am Kasberg.

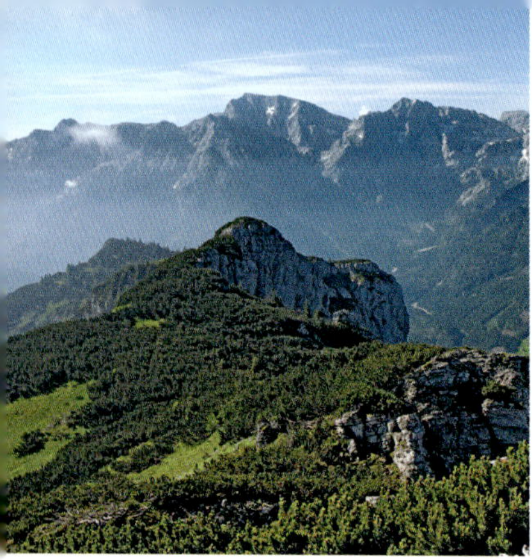

Die Nordseite des Toten Gebirges mit Großem Priel und Schermberg vom Gipfel des Kasbergs.

Vom Parkplatz **Brunnental** 1 die Forststraße mit Weg Nr. 433 über Wiesen nach Südwesten aufwärts zu einer Verzweigung am Eingang in den bewaldeten Katzengraben. Rechts ab und auf Fahrweg zur Rechten des meist trockenen Bachbetts den engen Waldgraben nach Westen aufwärts wieder zur Forststraße, die traversiert wird. Zunächst links, dann wieder rechts vom Bachbett weiter, zuletzt entlang der Straße zu einer Linkskehre und kurz nach Süden aufwärts zu Verzweigung. Rechts auf breitem Fußweg westwärts hinauf zu querender Forststraße am Waldrand, die traversiert wird. Geradeaus auf Fahrweg in langer Hangquerung wieder zur Straße und auf ihr zu einer Teilung (rechts zu der auf der Ahornalm gelegenen nahen Kirchdorfer Hütte). Die Straße 20 m gerade fort, dann links ab und auf Karrenweg zu der am Südabhang der Schwalbenmauer gelegenen **Steyrerhütte** 2, 1347 m (Brunnen).

Von der Hütte kurz hinauf zum querenden Fahrweg Nr. 433 und diesen im Wald nach links (Westen) aufwärts in die Wiesenmulde der ehemaligen Kasbergalm, 1400 m, im Kühkar. Am linken Muldenrand entlang, bis der Weg im Linksbogen Richtung Roßschopf ansteigt. Durch eine steile zum Teil felsige Runse südwestwärts hinauf in den **Wiesensattel** 3, 1615 m, nach dem Roßschopf. Nun rechts den breiten Südostrücken des Kasbergs

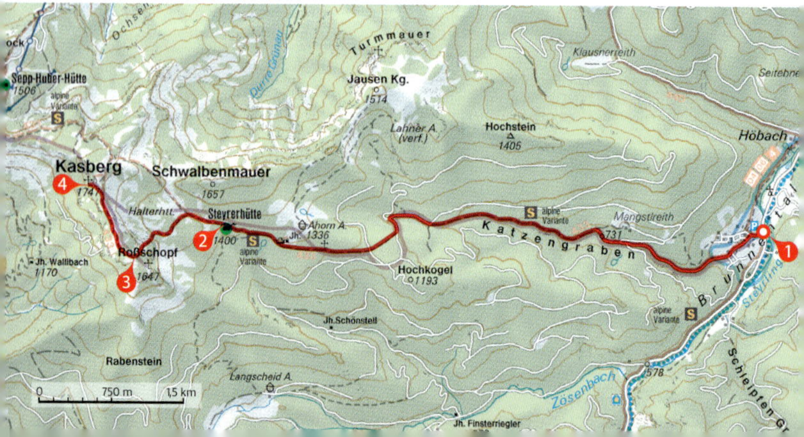

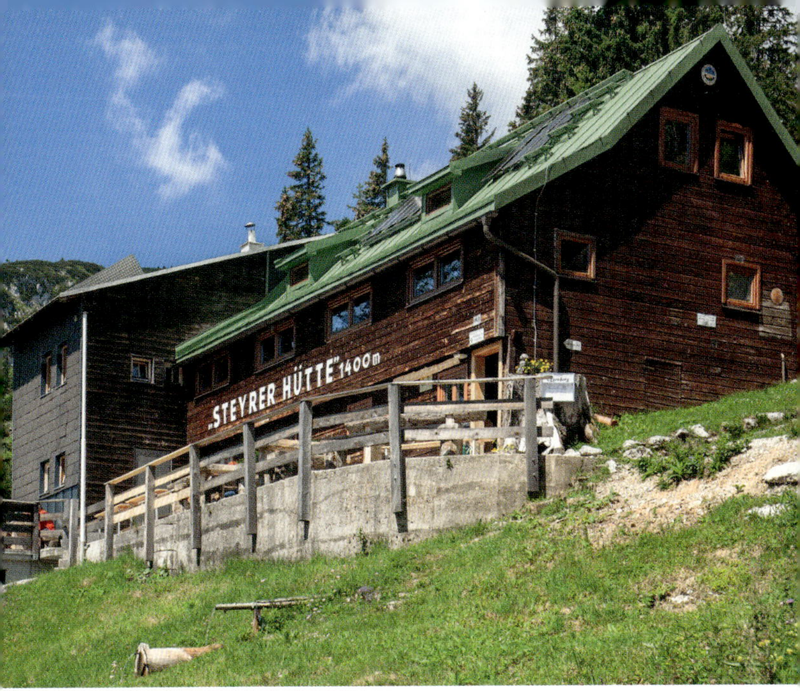

Die einladende Steyrerhütte an der Ostseite des Kasbergs.

auf eine Anhöhe, 1680 m, empor und nach Querung einer Schrofenzone zu einer Schulter (Verzweigung) am Kasberg-Plateau. Hier links auf Weg Nr. 431 und 433 nach Westen zum Gipfel des **Kasbergs** 4, 1747 m, mit Metallkreuz.
Abstieg entlang der Anstiegsroute.

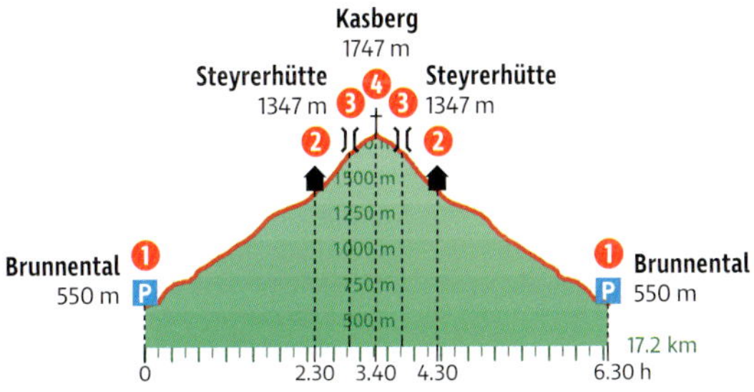

↗ 280 m | ↘ 230 m | 11.9 km

17 Stausee Klaus, Rettenbachschlucht und Teufelskirche

4.00 h

Auf dem Fischersteig entlang der Steyr von Klaus zum Bahnhof Hinterstoder

Der Stausee Klaus, ursprünglich von Umweltschützern heftig bekämpft (die tief eingeschnittene Konglomeratschlucht der Steyr galt als Naturjuwel), gehört heute zu den Attraktionen der Region. Auch frühere Gegner geben zu, dass der fjordartige See durchaus seine Reize hat, sich gut in die Landschaft einfügt und als Freizeitzentrum ein Tourismusmagnet geworden ist. An seinen Ufern wurde der Fischersteig angelegt, von dem in unserem Fall das Ostufer von Klaus zum Bahnhof Hinterstoder begangen und dabei die Mündungsschlucht des Vorderen Rettenbachs traversiert wird. Dabei lohnt ein Besuch der hier als Variante beschriebenen Teufelskirche, ein imposanter Felsendom mit Karstquelle.

Ausgangspunkt: Klaus, Bahnhof, 461 m (großer Parkplatz), an der Pyhrnbahn Linz – Selzthal.
Endpunkt: Bahnhof Hinterstoder in Dirnbach, 510 m. Rückkehr zum Ausgangspunkt per Bahn Richtung Linz. Verkehrt zwischen 5 und 22 Uhr (außer um 9, 11, 13, 15, 19 und 21 Uhr) tgl. zur vollen Stunde.
Anforderungen: Einfache Wanderung auf markierten, zum Teil schmalen ungesicherten Wegen. Trittsicherheit nötig. Nur bei trockenem Wetter!
Einkehr: Ghf. Schinagl in Klaus (keine Nächtigung, ganzj. geöffnet, Mo. und Di. Ruhetag), Ghf. Seeblick im Freizeitzentrum Klauser See (keine Nächtigung, geöffnet Mai – August durchgehend, Sept./ Okt. an Wochenenden, wochentags nur bei Schönwetter, stauseeklaus.com), Autobahnrast nahe dem Bf. Hinterstoder.
Hinweis: Im Freizeitzentrum Klaus Naturbadesee mit Gasthaus, Kajakschule, Tennisplätzen, Kinderspielplatz, Bungeejumping, großem Kinderspielplatz, Boots- und SUP-Verleih; schwimmende Almhütte.
Variante: Zur Teufelskirche: An der Verzweigung nach der Helmalm-Terrasse (2.45 Std. von Klaus) die Forststraße kurz nach links hoch zu einer Querstraße, die sich nach rechts dreifach verzweigt. Wir folgen der mittleren Forststraße (Weg Nr. 409 und 460) an der linken Seite des Vorderen Rettenbachtals durch Wald nach Südosten aufwärts, über die Pyhrnautobahn A9 hinweg zur Linksabzweigung von Weg Nr. 460. Auf der Straße (Weg Nr. 409) geradeaus zu den Wiesen rings um den Hof Spering, 533 m, und in Ostrichtung weiter zu einer Verzweigung (Rechtsabzweigung zum Bf. Hinterstoder), danach zu einem Parkplatz. Entlang der Forststraße durch das nun schluchtartig verengte Tal 500 m bergauf zur Rechtsabzweigung des Steigs zur Teufelskirche (Tafeln). Auf diesem kurz hinab zur Karstquelle und über bemooste Felsen unter das gewaltige Felstor der Teufelskirche, 580 m, das durchschritten werden kann, 3.30 Std. von Klaus.
Rückweg: Retour zur Verzweigung nach dem Parkplatz. Links haltend bald auf Asphaltstraße durch Wald nach Südwesten abwärts und über den Vorderen Rettenbach, 515 m, danach in Windungen aufwärts in den Wiesensattel zwischen Falkenstein und Rieser. Jenseits, am Hof Pernkopf (bleibt rechts) vorbei, hinab zur Straßenverzweigung am Fischersteig. Die Straße links haltend wie beschrieben zum Bf. Hinterstoder, 4.30 Std. ab Bf. Klaus.

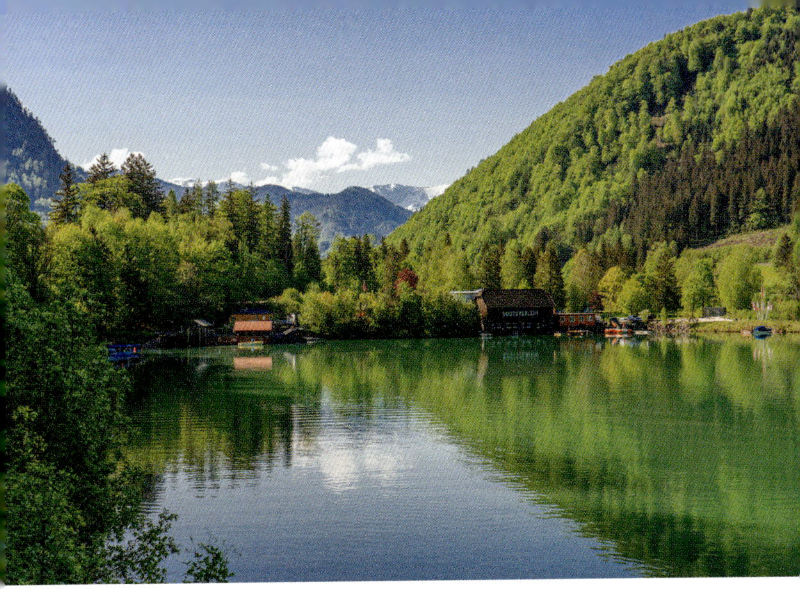

Am Beginn der Seeuferwanderung: das auf einer Halbinsel gelegene Freizeitzentrum Klauser See.

Vom Bahnhof in **Klaus** 1 die Ortsstraße nach Süden zur B138 und auf ihr kurz weiter zur Linksabzweigung der Straße nach Frauenstein. Auf ihr über die Staumauer des Klauser Sees zur Gabelung. Die Asphaltstraße rechts haltend, 500 m am Ostufer des Klauser Sees entlang, zum Freizeitzentrum Klauser See, 456 m, und dort, am Gasthaus Seeblick (bleibt rechts) vorbei, zum Straßenende bei einem **Tennisplatz** 2. Aufblick gegen das über dem Westufer des Sees aufragende mächtige Schloss Klaus!
Den blau bez. Fußweg (»Fischersteig«) am linken Rand des Platzes nach Süden in den Wald. Dort in schöner Wanderung zu querendem Fahrweg und diesen 50 m nach rechts zu einer Verzweigung. Links ab und auf Fußweg im Rechtsbogen um die Bucht des Pertlgrabens herum unter die Hangbrücke der Pyhrnautobahn. Weiter an steilen Waldhängen entlang, dann in einigen steilen Kehren empor zur großen **Wiesenterrasse beim Hof Traun-**

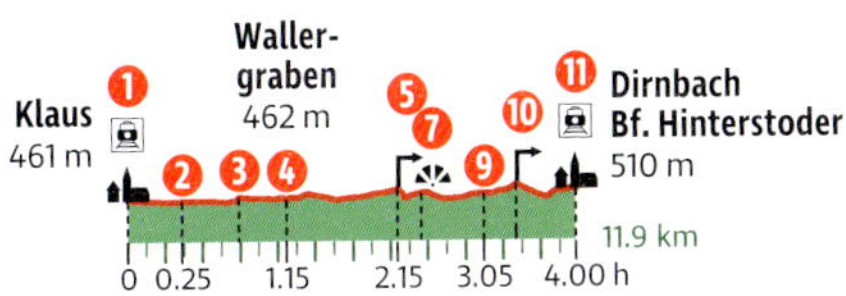

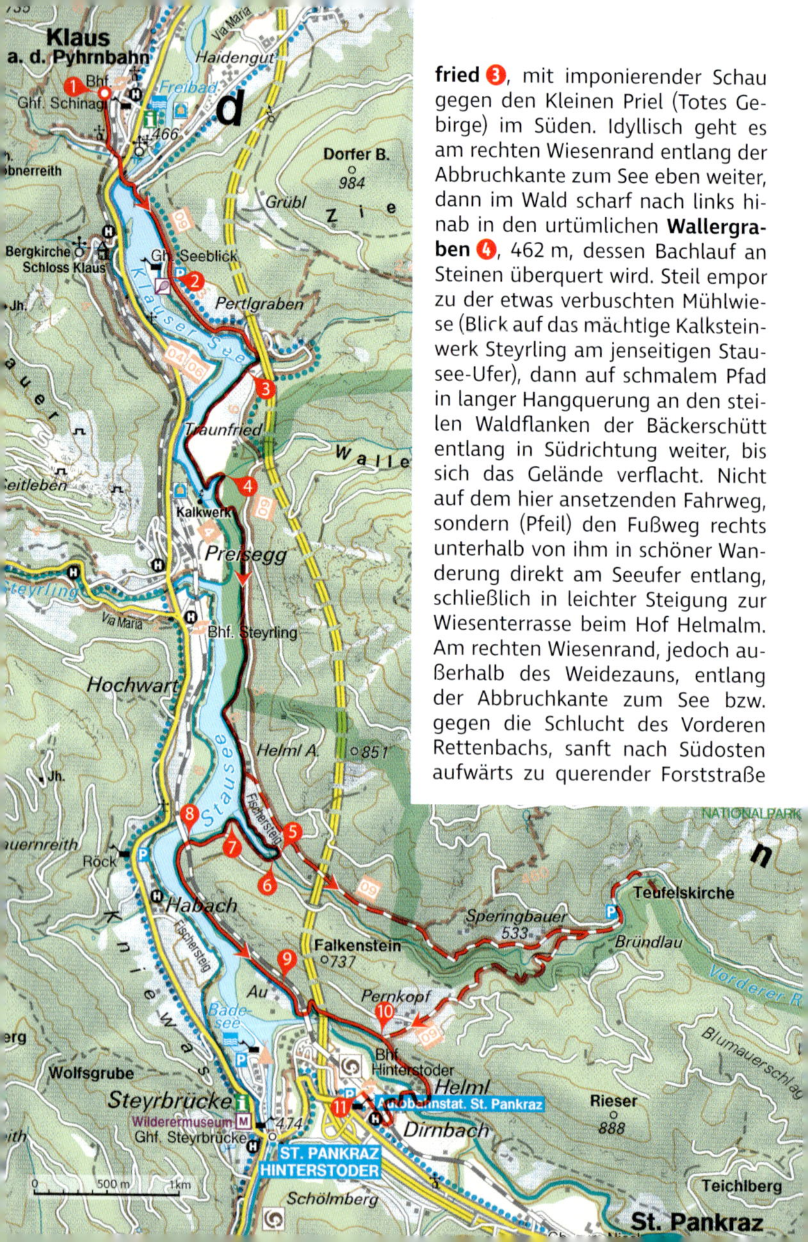

fried 3, mit imponierender Schau gegen den Kleinen Priel (Totes Gebirge) im Süden. Idyllisch geht es am rechten Wiesenrand entlang der Abbruchkante zum See eben weiter, dann im Wald scharf nach links hinab in den urtümlichen **Wallergraben** 4, 462 m, dessen Bachlauf an Steinen überquert wird. Steil empor zu der etwas verbuschten Mühlwiese (Blick auf das mächtige Kalksteinwerk Steyrling am jenseitigen Stausee-Ufer), dann auf schmalem Pfad in langer Hangquerung an den steilen Waldflanken der Bäckerschütt entlang in Südrichtung weiter, bis sich das Gelände verflacht. Nicht auf dem hier ansetzenden Fahrweg, sondern (Pfeil) den Fußweg rechts unterhalb von ihm in schöner Wanderung direkt am Seeufer entlang, schließlich in leichter Steigung zur Wiesenterrasse beim Hof Helmalm. Am rechten Wiesenrand, jedoch außerhalb des Weidezauns, entlang der Abbruchkante zum See bzw. gegen die Schlucht des Vorderen Rettenbachs, sanft nach Südosten aufwärts zu querender Forststraße

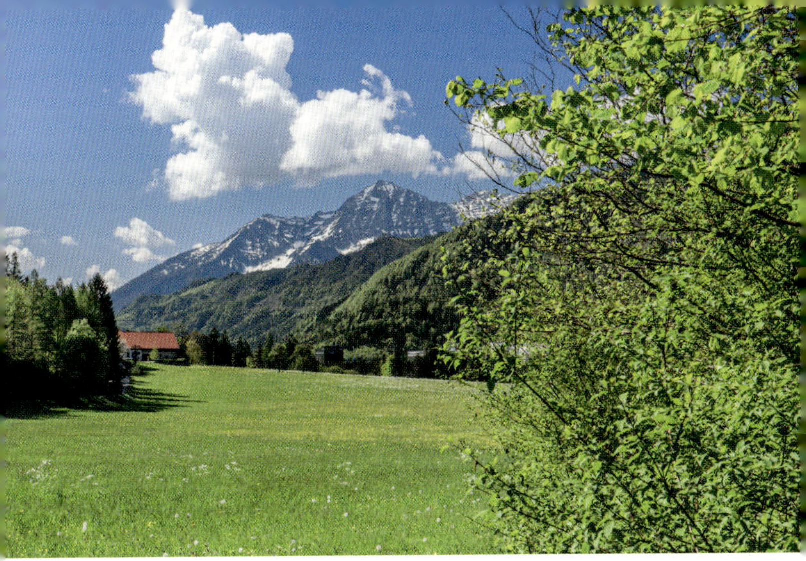

Auf der Wiesenterrasse beim Hof Traunfried mit Blick nach Süden gegen den Kleinen Priel.

(der die Variante zur Teufelskirche nach links folgt) und auf ihr 20 m nach rechts zu wichtiger **Verzweigung** ❺, 515 m (Bank, Tafeln). Rechts ab und auf schmalem Pfad im Zickzack hinab in die tief eingeschnittene Konglomeratschlucht des **Vorderen Rettenbachs** ❻, 466 m, der auf solidem Steg traversiert wird. Jenseits in Kehren steil empor auf eine bewaldete Terrasse, 490 m, mit breitem Querweg. Diesen, am Schluchtrand (Tiefblick!) entlang, eben nach rechts (Nordwesten) zum **Aussichtspunkt** ❼, 494 m, mit Bank direkt über der Rettenbach-Mündung in den Klauser See.

In Westrichtung geht es eben weiter zu einem Strommast, danach entlang eines Zauns (Drehtür) zu einer Asphaltstraße und auf ihr unter die beiden **Steyrflussbrücken** ❽ (Bahnbrücke aus Stahlbeton von 2015, die ältere von 1906 dient heute als Radweg). Auf der Asphaltstraße in energischer Linkskurve unter den Brücken durch, dann in Südostrichtung aufwärts zur ebenen Wiese beim **Hof Au** ❾, 490 m. Über die Wiese, dann nach links durch die Bahnunterführung und jenseits, über die Pyhrnautobahn A9 hinweg, an den Waldhängen steil nach Südosten aufwärts zu einer **Straßenverzweigung** ❿. Rechts haltend die Asphaltstraße an den Waldhängen nach Südosten abwärts, zuletzt in einer Rechtskehre zur Teichlbrücke und jenseits, an einem Wildschweingehege vorbei, nach Südwesten empor zu den Häusern von **Dirnbach**. Durch das Dorf im Linksbogen aufwärts, dann nach rechts durch die Bahnunterführung und jenseits 200 m auf und ab nach rechts zum **Bahnhof Hinterstoder** ⓫, 510 m.

↗ 360 m | ↘ 340 m | 20.6 km

18 Weißenbachklamm

6.00 h

Der Heindlbodensteig aus dem Steyrtal in die Bernerau

Der Durchbruch des Weißenbachs von der Paukenhasel zum Heindlboden gehört zu den weniger bekannten Naturschönheiten Oberösterreichs – eine gewaltige, vom Rauschen der Bäche erfüllte Talschlucht vor der Kulisse des Toten Gebirges. Bizarr verwitterte Dolomittürme, Legföhren, die sonst auf 2000 m, hier aber bereits in 650 Meter Seehöhe wachsen, und ständige Tiefblicke in die oft kaum zwei Meter breite Klamm begleiten uns auf dieser faszinierenden Wanderung, die im vorliegenden Fall in einem großen Bogen von der Steyrbrücke bei St. Pankraz über die Bernerau und Steyrling zurück in das Steyrtal durchgeführt wird. Für die Begehung des Schluchtwegs sind trotz der vorhandenen Sicherungen Trittfestigkeit und Schwindelfreiheit erforderlich. Auch sollte man nur bei stabilem, trockenem Wetter unterwegs sein.

Ausgangspunkt: Steyrbrücke, 474 m (Parkplatz westlich der Brücke beim ehem Ghf. Steyrbrücke, Bushalt »Kniewas Steyrbrücke« der Linie 431 Klaus – Hinterstoder), bei St. Pankraz, nahe dem Zusammenfluss von Steyr und Teichl, 8 km von Klaus, 13 km von Windischgarsten, 10 km von Hinterstoder. Vom Bahnhof Hinterstoder der Pyhrnbahn Linz – Selzthal auf Fußweg Nr. 430 1,5 km (20 Min. Gehzeit).
Endpunkt: Bahnhof Steyrling, 493 m, an der Pyhrnbahn und der B138 im Steyrtal. Rückfahrt mit Buslinine 431 direkt zum Ausgangspunkt.
Anforderungen: Lange Wanderung auf schmalen, teils gesicherten Steigen. Nur für trittsichere, schwindelfreie Geher bei trockenem Wetter.
Einkehr: Gastbetriebe in Steyrling (Ghf. Steyrbrücke geschlossen).
Variante: Folgt man in Bernerau der Forststraße (Weg Nr. 404 und 430) sich links haltend flussaufwärts (bei Gabelung rechts!), gelangt man zur Ringhütte, 717 m, und dort links abbiegend auf einem Waldweg in steilen Kehren empor in den Waldsattel »Ring«, 897 m. Jenseits hinab zum baumfreien Vorsprung »Herrentisch«, 872 m (Bänke), mit imponierender Schau auf die Umgebung des Almtalerhauses, zu den beiden Ödseen und auf das Tote Gebirge (Schermberg-Nordwand). Über eine steile, felsige Flanke in Kehren hinab, dann südwestwärts weniger steil durch Wald, an der Rechtsabzweigung des Wegs an den Ödseen vorbei, zuletzt auf Fahrweg zum Almtalerhaus, 714 m. Zusätzlicher Zeitaufwand (hin und retour): 3 Std.

Von der **Steyrbrücke** ❶ die Straße nach Hinterstoder nach 400 m zur Abzweigung einer Forststraße (Weg Nr. 430) halb rechts aufwärts. Auf der teilweise in den Fels gesprengten Straße oberhalb der Autostra-

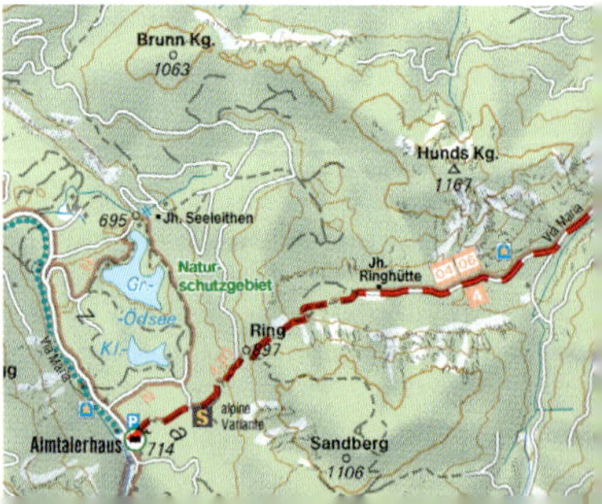

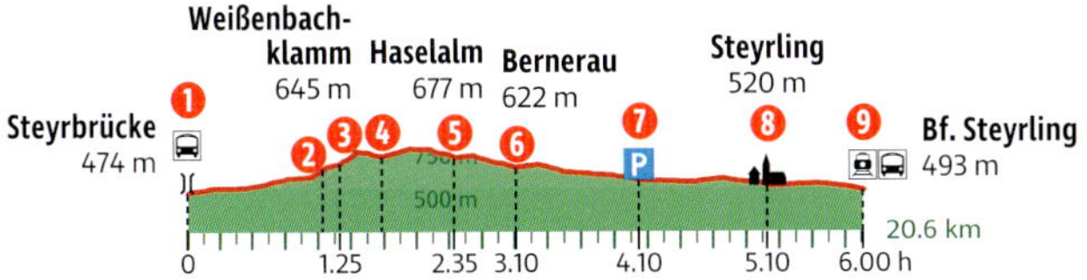

ße steil nach Süden aufwärts, dann nach rechts in die Schlucht und an ihrer rechten Seite einwärts in die Talsohle. Nun die Straße neben dem Weißenbach in Nordwestrichtung talein zum **Heindlboden** ❷, 615 m, wo von rechts der Klausgraben einmündet, in den die Straße geradeaus weiterführt. Hier links ab und auf dem bez. Fußweg zunächst über den Klausbach, dann westwärts über eine Wiese und durch Wald in die **Weißenbachklamm** ❸. An ihrer rechten Seite auf schmalem, zeitweise hoch über dem rauschenden Bach entlang führenden Felssteig (Holzstege, Leitern, z.T. auch Drahtseile oder Trittbügel), vorbei am Steigbuch, 660 m, im Auf und Ab teils hoch über dem Bach, teils im Schluchtgrund zur aufgelassenen **Alm Paukenhasel** ❹, 686 m, wo der Weißenbach von links einmündet, unser Weg Nr. 430 jedoch gerade ansteigend die Schlucht verlässt.

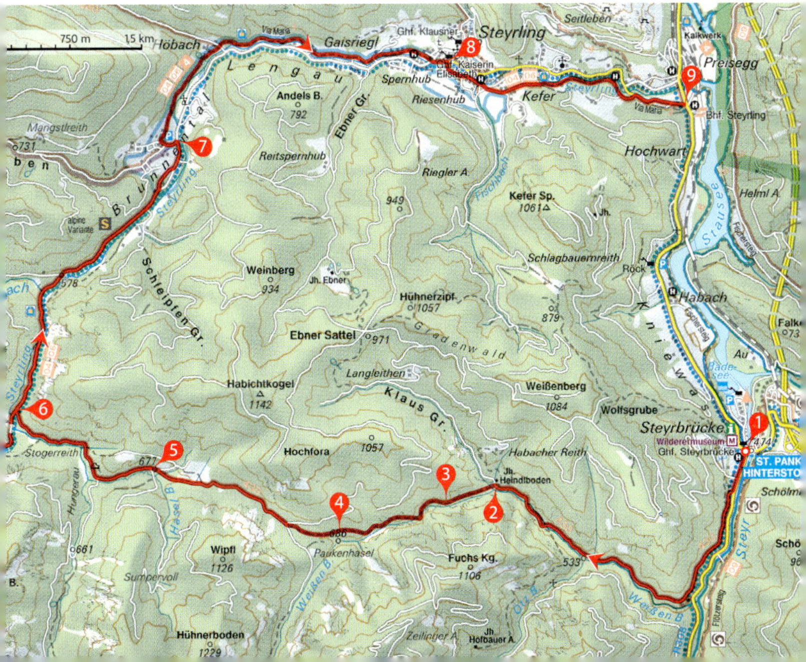

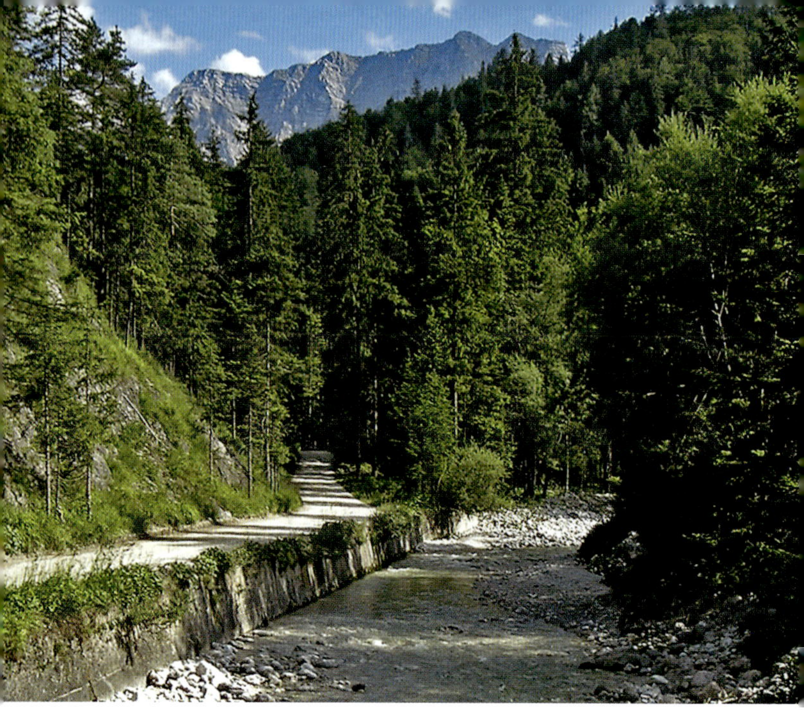

An der Nordseite des Toten Gebirges unterwegs vom Heindlboden in die Bernerau.

Vorerst auf schmalem Waldsteig, dann auf breiterem Güterweg nordwestwärts hinauf zu einem Waldsattel, 742 m, danach auf ebener Forststraße geradeaus weiter, wobei die Halde der Großen Schütt gequert wird. Dann erreichen wir den Wiesenboden der aufgelassenen, am gleichnamigen Bach gelegenen **Haselalm** 5, 677 m. Die Straße am rechten Ufer des mit Schutt angefüllten Bachbetts bringt uns, vorbei an der Hungerau-Klause (versandeter Stausee einer einstigen Holztriftanlage), hinab zur Fahrstraße in der **Bernerau** 6, 622 m, an der Steyrling und rechts haltend die Straße durch das Brunnental nach 3 km zum Parkplatz beim **Forsthaus Brunnental** 7. Nun entweder zu Fuß über den Ort **Steyrling** 8, 520 m, zum **Bahnhof Steyrling** 9, 493 m (Straße, zum Teil auch Fußweg Nr. 404, gesamt 7 km, 1.45 Std. Gehzeit), oder einfacher und bequemer per Wandertaxi (Taxi Rebhandl, Tel. +43 664 9076020; Taxi Sonnleitner, Tel. +43 664 5222800) zum Bahnhof oder auch gleich zum Ausgangspunkt. Ab Bahnhof Steyrling ist die Rückfahrt mit der Pyhrnbahn zum Bahnhof Hinterstoder oder per Buslinie 431 (mehrmals täglich) direkt zur **Steyrbrücke** möglich.

↗ 750 m | ↘ 750 m | 10.2 km

4.30 h

TOP

Stodertaler Dolomitensteig 19

Abenteuerliche Runde im Quellengebiet der Steyr

Im Hintergrund des Stodertales startet nahe dem Steyr-Ursprung ein interessanter Steig durch ein zerklüftetes Felsgebiet an den Abhängen des Warscheneck. Mit seinen Wänden, Türmen und Zacken erinnert der Bergwinkel an die Dolomiten, zudem werden wunderschöne Ausblicke auf die Bergriesen des Toten Gebirges (Spitzmauer, Großer Priel) geboten. Vom Gasthaus Baumschlagerreith nahe dem Steyr-Ursprung geht es über die aussichtsreich gelegene Hochsteinalm zur Poppenalm. Dazwischen liegt das kleine Abenteuer des Stodertaler Dolomitensteigs, dessen Begehung Trittsicherheit und Schwindelfreiheit voraussetzt.

Ausgangspunkt: Almgasthof Baumschlagerreith, 724 m (Parkplatz, Bushalt der Linie 432), im Hintergrund des Stodertals, am Ende der Autostraße von Hinterstoder, 8 km. Anreise mit Öffis: Entweder ab Bf. Hinterstoder der Pyhrnbahn mit Bus 431 nach Hinterstoder, danach per Bus 432 nach Baumschlagerreith oder von Windischgarsten mit Bus 434 nach Hinterstoder und dann mit Bus 432 bis zum Ausgangspunkt.
Anforderungen: Anspruchsvolle Tour auf bez. Jagdsteigen. Am Dolomitensteig teils exponierte, durch Drahtseile und Eisenklammern gesicherte Felspassagen. Trittsicherheit und Schwindelfreiheit nötig. Nur bei trockenem Wetter!
Einkehr: Unterwegs keine. Almgasthof Baumschlagerreith (keine Nächtigung, ganzj. geöffnet, von Mai bis Okt. 10–18 Uhr, sonst 10–17 Uhr, Di. Ruhetag, Tel. +43 676 7935807, baumschlagerreith.at).
Variante: Der Besuch der leicht erreichbaren Hochsteinalm und der Lögerhütte ist der herrlichen Landschaft wegen auch für sich allein lohnend. Gesamter Zeitaufwand 3.30 Std.
Hinweis: Der Dolomitensteig ist alljährlich aus Jagdgründen in der Zeit vom vom 15. Sept. bis 5./10. Okt. gesperrt!

Vom **Almgasthof Baumschlagerreith** ❶ auf einer Forststraße ostwärts durch Wiesen, vorbei an einem Rotwildgehege, an den Fuß des Hochsteins, dann im Wald bergwärts zu einer Rechtskehre. Hier links ab und über einen Rücken nach Südosten aufwärts, später nach links in den Hochsteingraben, den wir überqueren. Jenseits auf dem Querweg Nr. 19 kurz an der linken (östlichen) Grabenseite nach

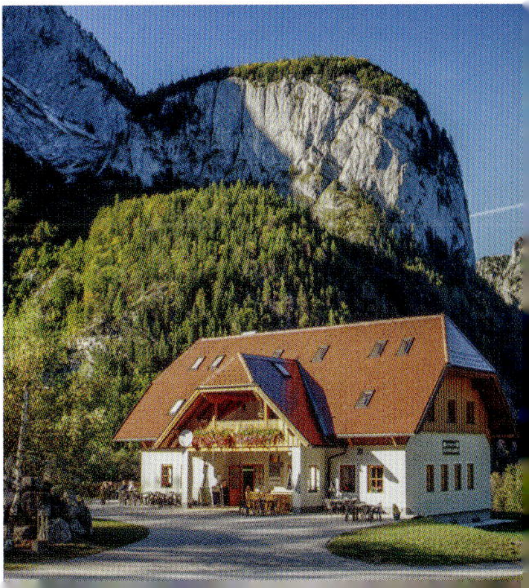

Der unter wuchtigen Felsbastionen gelegene Almgasthof Baumschlagerreith.

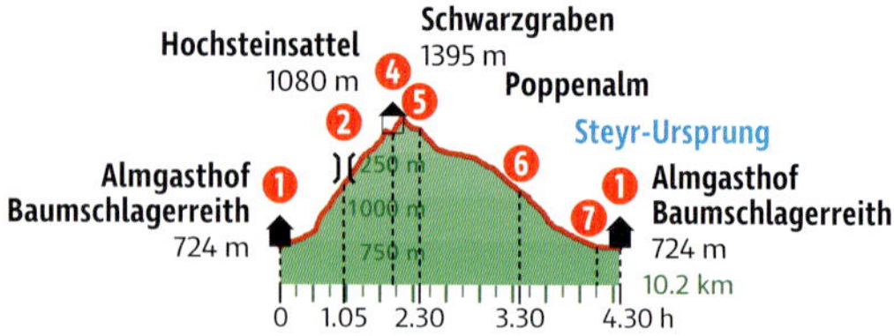

oben, bald darauf wird aber der Bach wieder nach rechts traversiert. Über steile Waldhänge in Kehren nach Südwesten hinauf, danach durch einen von Wänden flankierten Graben in den **Hochsteinsattel** ❷, 1080 m; Abstecher auf die vorgelagerten Felsen mit schöner Aussicht und Tiefblick ins Tal. Jenseits nach links in die Südseite des Hochsteinkammes. Dort unter den Felswänden durch Wald in Kehren nach Süden bergauf zur Wiesenschulter der **Hochsteinalm** ❸, 1296 m (zwei versperrte Almhütten). Über Almwiesen und durch lichten Lärchenwald zur etwas höher gelegenen, unbewirtschafteten **Lögerhütte** ❹, 1370 m, mit herrlicher Aussicht, wo der Dolomitensteig beginnt.

Auf dem bez. Steig ein Stück nach Süden hinauf zu einem Kruzifix, danach an Waldhängen und einer sehr steilen grasigen Flanke (Vorsicht!) entlang, dann an schrofig-gerölliger Flanke luftig weiter, zuletzt über eine Wand (sehr steil, Drahtseile) hinab in den **Schwarzgraben** ❺, 1395 m, mit Tümpeln und Wasserfällen (Gumpen-Kaskaden).

Jenseits an der steilen Felsflanke (Drahtseile) nach Nordwesten aufsteigen, meist im Wald, mehrere Rinnen querend und um Felsvorsprünge (Sicherungen) herum, hinab zu schlanker Felsnadel. In fortgesetzter Querung steiler Hänge weiter bergab und nach links in die Nordseite des Schwarzkogels. Dort durch Latschen nach Südwesten empor zu einer Schulter. An steilen

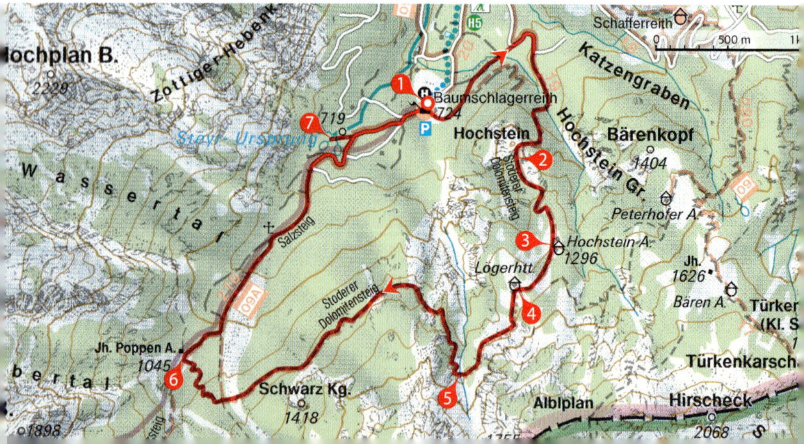

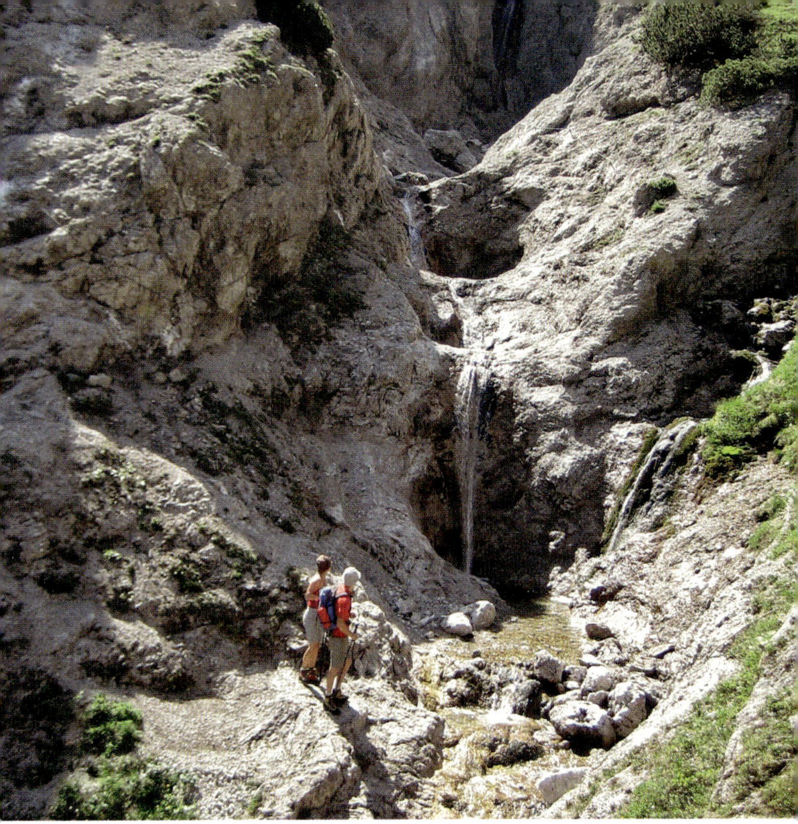

Die Querung des felsigen Schwarzgrabens gilt als »Schlüsselstelle« der Hinterstoder Dolomitentour.

Schutt- (»Schwarzkogelsand«) und Waldhängen zu einem Aussichtspunkt. Nach Querung einer Felswand (Vorsicht!) hinab zu riesiger Schutthalde (»Poppensand«), die traversiert wird, zuletzt durch Latschen hinunter in den Kessel der ehemaligen **Poppenalm** ❻, 1045 m (Jagdhaus), wo der vom Salzsteigjoch (Tauplitzgebiet) herabführenden Salzsteig erreicht wird. Wir folgen diesem (Forststraße mit Weg Nr. 209A und 216) durch Wald nach Nordosten abwärts zur Verzweigung und uns links haltend zur nächsten Teilung. Scharf links ab und auf breitem Fußweg nach Südwesten in einen Graben mit dem **Steyr-Ursprung** ❼, 719 m (sieben Quellen). Zurück zur Forststraße und auf dieser zum **Almgasthof Baumschlagerreith** ❶.

↗ 510 m | ↘ 510 m | 8.6 km

20 Schrocken, Kreuzspitze und Hochmölbing

4.45 h

Lohnende Drei-Gipfel-Überschreitung von der Hutterer Höss

Das durch eine zweiteilige Seilbahn erschlossene grüne Hochplateau der Hutterer Höss im Nordwesten des Warscheneck lohnt einen Besuch schon wegen der großartigen Schau auf die kühnen Felsrecken des Toten Gebirges im Umkreis des Stodertales. Zudem ermöglicht die Bahn ein rasches Eindringen in die zerklüftete Mondlandschaft der nordwestlichen Warscheneckgruppe, sodass einige Gipfelbesteigungen dort fast zu Halbtagstouren werden. Hier darf der gesicherte Gratweg auf den Schrocken und weiter über die Kreuzspitze auf den Hochmölbing geübten Bergwanderern ans Herz gelegt werden.

Ausgangspunkt: Talstation, 591 m, der zweiteiligen Höss-Kabinenbahn in Hinterstoder (Bushalt »Hinterstoder Freizeitpark«, Buslinien 431 von Hinterstoder Bahnhof und 434 aus Windischgarsten). Auffahrt mit der Höss-Kabinenbahn zu den Hutterer Böden (Bergstation, 1408 m, nördlich über der Hössbödenmulde). Weiter mit dem Sechsersessellift »Höss-Express« (Talstation in der Hössbödenmulde, 1380 m, 5 Min. ab Höss-Kabinenbahn-Bergstation) auf die Hutterer Höss, 1853 m.
Täglicher Betrieb der Höss-Kabinenbahn von 10./17. Juni bis 10./17. Sept. 9–17 Uhr, ab Okt. bis 16.30 Uhr. Der Höss-Express ist täglich von 9.15–16.30 Uhr in Betrieb, ab Oktober bis 16 Uhr. Vom 11./18. Mai bis 4./11. Juni sowie vom 16./23. Sept. bis 1./8. Okt. Wochenendbetrieb (Sa., So. und an Feiertagen), Tel. +43 7564 5275. Außerhalb der Betriebszeiten verkehrt ein Shuttlebus bis zu den Hutterer Böden (Anmeldung bis 1 Std. vor Fahrtbeginn, Riedler Reisen, Tel. +43 7564 5159).

Anforderungen: Anspruchsvolle Bergtour auf durchgehend bez., teils durch Drahtseile und Ketten gesicherten Steigen. Trittsicherheit und Schwindelfreiheit nötig. Klettersteigausrüstung empfehlenswert.

Einkehr: Bärenhütte Hinterstoder (keine Nächtigung, bei Betrieb der Höss-Kabinenbahn geöffnet, Tel. +43 7564 5275), Höss Salettl (keine Nächtigung, bei Betrieb der Hössbahn geöffnet, Tel. +43 7564 54771, hoess-salettl.at), Lögerhütte (Apartments, 15. Mai bis 1. Nov., 9–17 Uhr, Tel. +43 7564 5586, loegerhuette.at), Edtbauernalm (Apartments, täglich geöffnet, 10–16.30 Uhr, Tel. +43 664 1388794, edtbauernalm.at), Berggasthof Höss (40 B., keine Nächtigung, bei Betrieb des Höss-Express geöffnet, Tel. +43 7564 20188 und 676 7775324, hoessalm.at).

Hinweis: Vorsicht beim Abstieg am Schrockengrat! Vor Versuchen, einen anderen Abstiegsweg nach Norden zu suchen, wird gewarnt – man gelangt fast überall in unwegsames Gelände.

Von der **Talstation in Hinterstoder** ❶ geht es mit der Höss-Kabinenbahn hinauf zur **Bergstation Hutterer Höss** ❷. Dort auf Weg Nr. 37/217 südwärts, zuerst noch über Bergwiesen (erst eben, bald leicht steigend) zur Felsmulde des Schneeofens (Höhle links abseits), dann auf felsigem Steig teilweise durch Latschengassen steil hinauf zu den Felsblöcken der **Schafkögel** ❸, 1990 m (Rückblick zum Toten Gebirge). Es folgt ein kurzer Abstieg über schrofige Rasenflächen in eine Geländemulde am rechten Rand des oberen Rottals (Vorsicht, links Felsabbrüche!), wo der Gratanstieg beginnt. Weg Nr. 217 zieht gut gesichert in der rechten Gratseite oder direkt über den Grat zu einigen Grattürmen empor, die man zum Teil überklettert, zum Teil links umgeht. Von der Scharte nach den Türmen quert man links in die Flanke hinein, steigt gerade aufwärts und erreicht über Felsstufen und Bänder (Drahtseile, Ketten) das Gipfelkreuz des **Schrocken** ❹, 2281 m. Nicht nur die Gipfelschau nach Norden, auch der Tiefblick auf die Karrenböden im Süden ist ein Erlebnis!

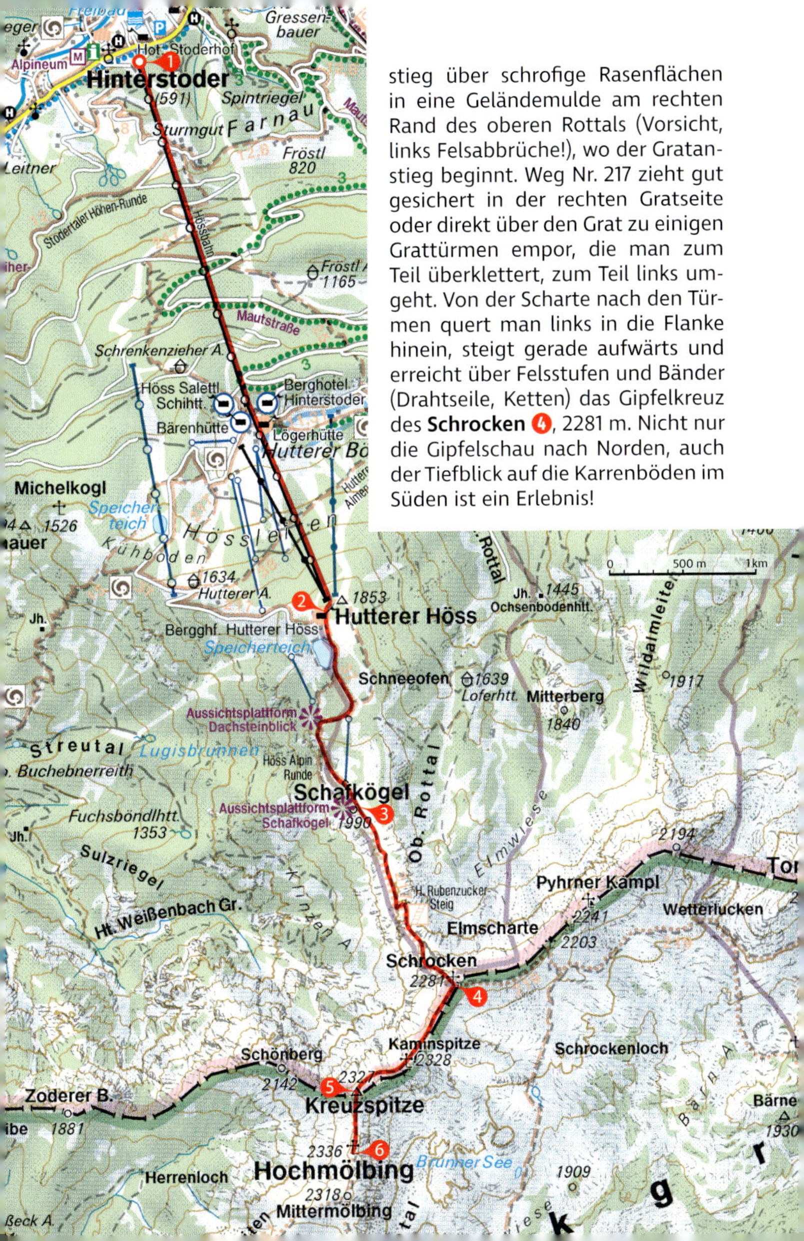

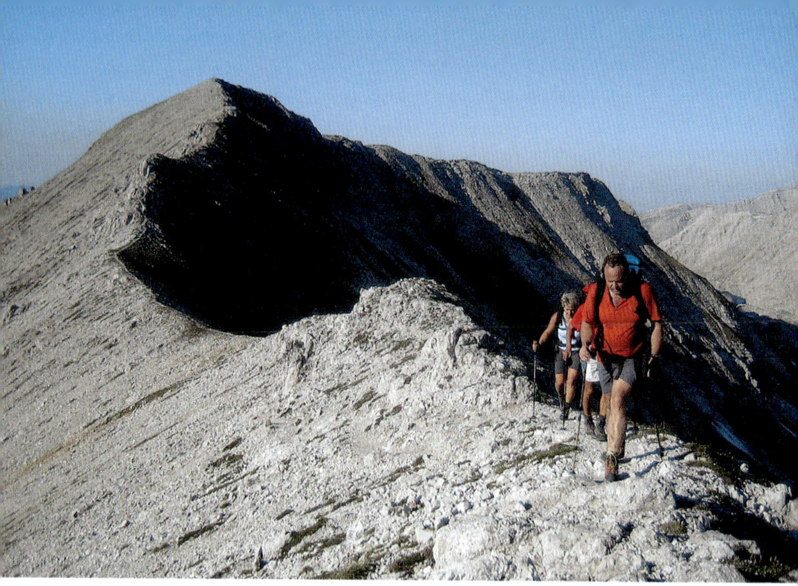

Der Gratübergang vom Schrocken über die Kreuzspitze zum Hochmölbing.

Auf Weg Nr. 219 am Kamm nach Südwesten hinab in einen Sattel, 2215 m, und hinauf zur **Kreuzspitze** ❺, 2327 m. Nicht am Hauptkamm westwärts Richtung Schönberg weiter, sondern auf Weg Nr. 219 den nach Süden abzweigenden Gratast hinab in einen Sattel, 2290 m, und jenseits empor zum Gipfel des **Hochmölbing** ❻, 2336 m.
Auf dem Anstiegsweg zurück zur **Hutterer Höss** ❷ und Talfahrt nach **Hinterstoder** ❶.

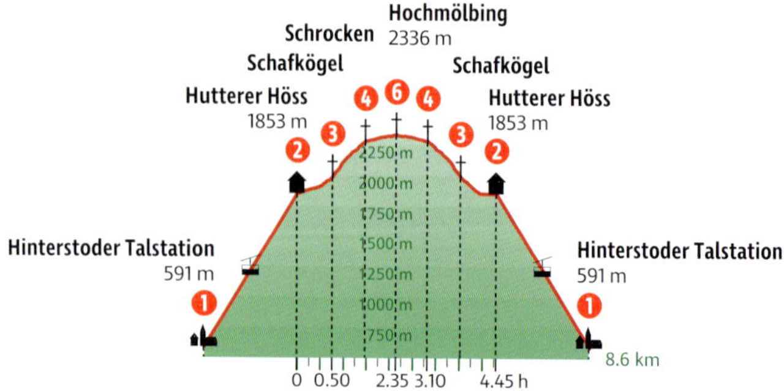

4.15 h

Von der Wurzeralm zur Dümlerhütte

Klassische Rundwanderung an der Ostseite der Warscheneckgruppe

Die per Standseilbahn von der Pyhrnpassstraße erreichbare Wurzeralm ist ein idealer Ausgangspunkt für Erkundungsfahrten in das Warscheneckgebiet. Will man zur Dümlerhütte, kann dies über die Stubwiesalm und den »Hals« (Sattel) geschehen, wobei der Rückweg über den Rote-Wand-Sattel und den Brunnsteiner See eine interessante Runde ergibt, die ohne Weiteres auch mit gehtüchtigen Kindern zu empfehlen ist.

Ausgangspunkt: Talstation, 807 m, der Wurzeralmbahn (Großparkplatz, Bushalt »Pyhrnpass Wurzeralmseilbahn« Buslinie 436 bzw. 911 von Windischgarsten), an der Pyhrnpassstraße nahe dem Nordeingang des Bosruck-Autobahntunnels, 5 km von Spital am Pyhrn, 12 km von Windischgarsten. Auffahrt zur Seilbahn-Bergstation, 1427 m, am Sattel zwischen Wurzerkampl und Schwarzeck. Täglicher Seilbahnbetrieb vom 20./27. Mai bis 1./8. Okt. 8.30–12.20 Uhr und 13–16.30 Uhr, 14 Tage davor und danach Wochenendbetrieb; Abfahrt ab 9 Uhr alle 20 Min. an Wochenenden und Feiertagen bis 17 Uhr, Tel. +43 7564 5275, hiwu.at).
Anforderungen: Unschwierige Wanderung auf bez. Wegen. Trittsicherheit nötig.
Einkehr: Bergrestaurant Wurzeralm (keine Nächtigung, bei Betrieb der Standseilbahn geöffnet, Tel. +43 7564 5275705, facebook.com/bergrestaurant.wurzeralm), Linzer Haus (52 B., 22 L., von Anfang Mai bis Mitte Okt. geöffnet, danach bis 31. Okt. an Wochenenden, Tel. +43 7563 237, +43 664 9172965, linzerhaus.com), Wiederlechnerhütte (keine Nächtigung, mit der Standseilbahn geöffnet, Tel. +43 650 9822405), Sonnalm (Apartments, mit der Standseilbahn geöffnet, Tel. +43 699 17106019, wurzeralm-hotels.at), Dümlerhütte (30 B., 27 L.; geöffnet 21./28. Mai bis 26. Okt., Tel. +43 7562 8603 und +43 664 1168407, duemlerhuette.at).
Tipp: Der gut ausgebaute Rundweg vom Linzer Haus zum Brunnsteiner See, danach durch das Moorgebiet »In der Filzen« (Wurzer Erlebnisweg) und über Filzmoosalm zurück kann auch mit Kindern empfohlen werden. Gesamter Zeitaufwand 1.30 Std.

Mit der **Wurzeralmbahn** geht es von der **Talstation** ❶ hinauf zur **Bergstation** ❷. Dort auf Weg 201 (Wegweiser 01) über einen steilen Wiesenhang hinab zum Linzer Haus, 1371 m. Rechts führt Fußweg Nr. 218 am Rand des Moorbodens zum Teichleinfall, einem »Ponor« (Schluckloch), in dem der Teichlbach verschwindet und erst im Tal als Karstquelle wieder zum Vorschein kommt. Wir folgen einer Almstraße links eben weiter zur **Filzmoosalm** ❸, 1373 m, am Fuß der Stubwieswipfel-Südwestwand. Dann weist Weg Nr. 218, eine Kurve der Straße abkürzend, nach rechts, bald (nach einem Bächlein) wieder auf sie zurück; noch ein kurzes Stück geradeaus in nördlicher Richtung, dann auf einem Almweg durch schütteren Bergwald bergan, bis zur **Rechtsabzweigung** ❹ von Weg Nr. 15 auf den Stubwieswipfel vor der Stubwiesalm. Hier auf Weg Nr. 218 schräg links nordwestwärts stei-

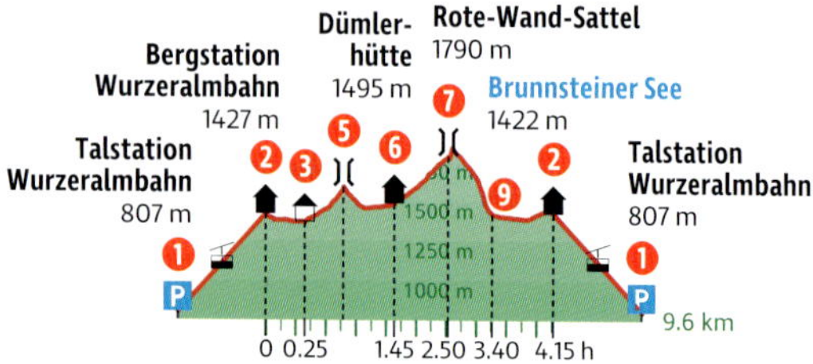

ler ansteigend hinauf zum **Hals** 5, 1597 m (Sattel zwischen Mitterberg und Halskogel), und jenseits nach Nordwesten hinab in den Mausbachgraben, 1425 m, und durch ihn nordwärts zur nördlich fast eben zum Gelände der aufgelassenen Lackalm, später durch den Zickgraben im schütteren Lärchenwald leicht steigend, zuletzt kurz einen Hügel hinauf zur **Dümlerhütte** 6

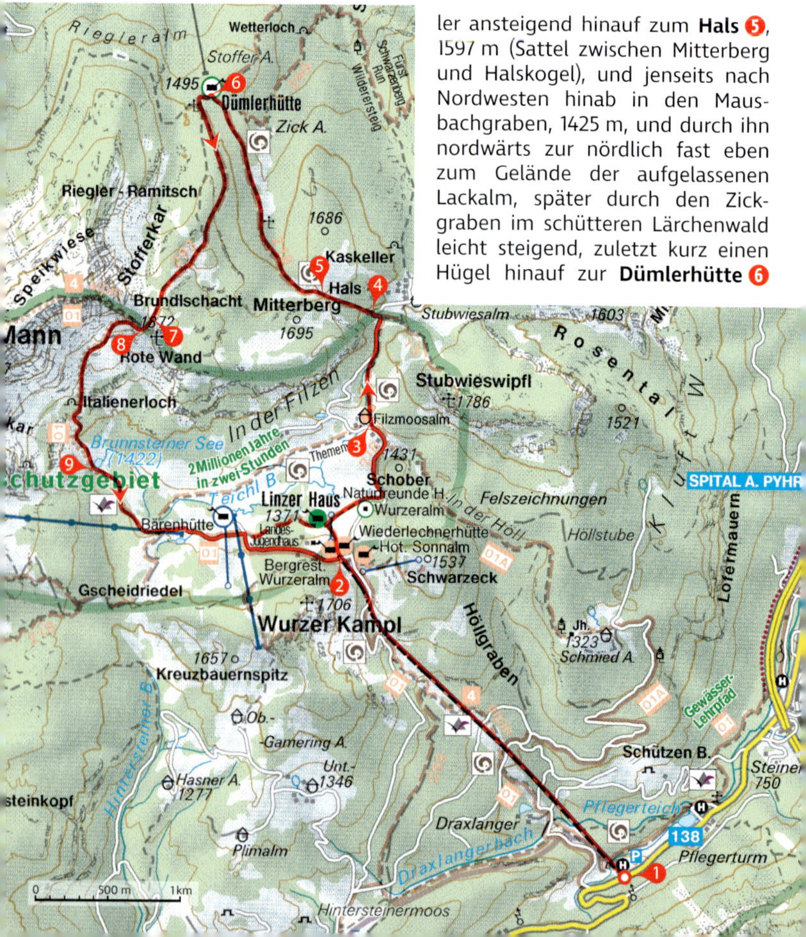

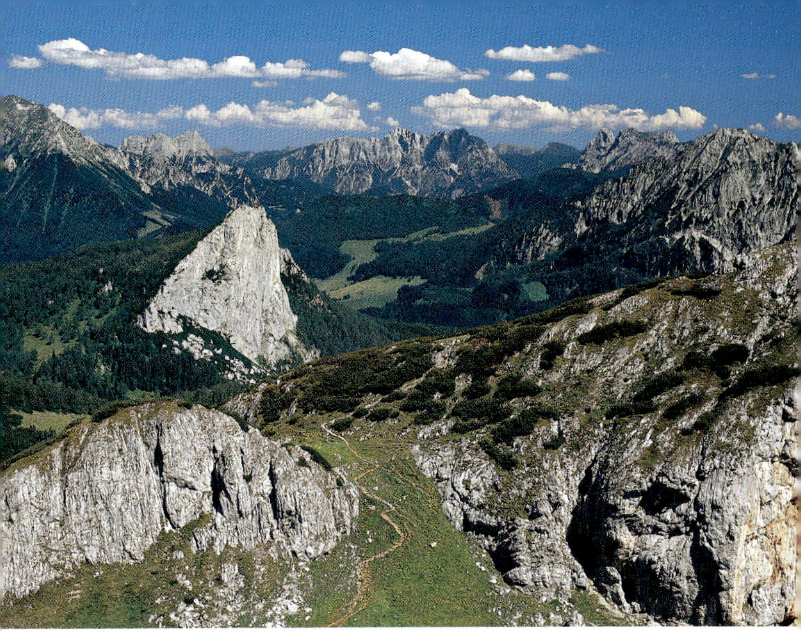

Blick von der Schulter beim Rote-Wand-Sattel über den Felszacken des Stubwieswipfels (Tour 22) hinweg nach Osten auf den Großen Pyhrgas und die Gesäuseberge.

der ÖAV-Sektion Touristenklub Linz auf der Stofferalm 1495 m. Von der Verzweigung unterhalb der Hütte auf Weg Nr. 293 in einigen Kehren durch Lärchenwald, dann durch Latschen und über felsdurchsetzte Wiesen hinauf zum Lanafeld im Stofferkar und weiter zum **Rote-Wand-Sattel** 7, 1790 m (links in wenigen Minuten durch Latschengelände unschwierig auf die Rote Wand).

Den markierten Weg in schrofigem Gelände noch einige Meter nach rechts (!) empor zu einer grasbewachsenen **Schulter** 8, 1845 m, mit Verzweigung (geradeaus weiter auf das Warscheneck). Links (!) auf Weg Nr. 201 vorerst sanft über Schrofen, dann in steilen Kehren den latschenbewachsenen Schrofenhang der Seeleiten (Schächte, Höhlen) zum **Brunnsteiner See** 9, 1422 m (Quellsee der Teichl).

Hier auf Weg Nr. 201 geradeaus in Richtung Südost über den Teichlboden (gut ausgebauter Themenweg »Wurzer Erlebnisweg«) weiter, später an den Talstationen von Frauenkar-Sessellift und Hahnlgraben-Skilift vorbei, dann auf Fahrweg ostwärts (Linksabzweigung der kurzen Alternative über das Linzer Haus), empor zurück zur **Wurzeralmbahn-Bergstation** 2 und Fahrt zur **Talstation** 1.

↗ 470 m | ↘ 470 m | 6.1 km

22 Stubwieswipfel, 1786 m

3.00 h

Trutziger Felsgipfel mit überraschend leichtem Anstieg über die Maschekseite

Die Standseilbahn auf die Wurzeralm ermöglicht ein rasches Eindringen in die Hochregion der Warscheneckgruppe. Die dort zur Schau gestellte pralle Südwestwand des Stubwieswipfel mag viele von einer Besteigung des Berges abhalten. Über die nicht einsehbare Nordwestflanke angegangen, ist diese allerdings kaum ein Problem und lohnt die Anstiegsmühen mit malerischer Rundsicht und atemberaubenden Tiefblicken.

Ausgangspunkt: Talstation, 807 m, der Wurzeralmbahn (Großparkplatz, Bushalt »Pyhrnpass Wurzeralmseilbahn« Buslinie 436 bzw. 911 von Windischgarsten), an der Pyhrnpassstraße nahe dem Nordeingang des Bosruck-Autobahntunnels, 5 km von Spital am Pyhrn, 12 km von Windischgarsten. Auffahrt zur Seilbahn-

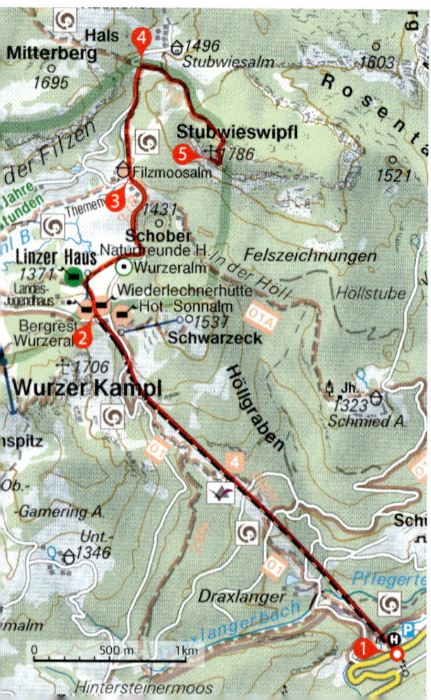

Bergstation, 1427 m, am Sattel zwischen Wurzerkampl und Schwarzeck. Täglicher Seilbahnbetrieb vom 20./27. Mai bis 1./8. Okt. 8.30–12.20 Uhr und 13–16.30 Uhr, 14 Tage davor und danach Wochenendbetrieb; Abfahrt ab 9 Uhr alle 20 Min. an Wochenenden und Feiertagen bis 17 Uhr, Tel. +43 7564 5275, hiwu.at).

Anforderungen: Einfache Wanderung auf markiertem Weg. Trittsicherheit nötig.

Einkehr: Bergrestaurant Wurzeralm (keine Nächtigung, bei Betrieb der Standseilbahn geöffnet, Tel. +43 7564 5275 705, facebook.com/bergrestaurant.wurzeralm), Linzer Haus (52 B., 22 L.; von Anfang Mai bis Mitte Okt. geöffnet, danach bis 31. Okt. an Wochenenden, Tel. +43 7563 237, +43 664 9172965, linzerhaus.com), Wiederlechnerhütte (keine Nächtigung, bei Betrieb der Standseilbahn geöffnet, Tel. +43 650 9822405), Sonnalm (Apartments, bei Betrieb der Standseilbahn geöffnet, Tel. +43 699 17106019, wurzeralm-hotels.at).

Tipp: Von der Filzmoosalm kann man auf dem Wurzeralm-Themenweg »NaturErlebnisWelt« über den Teichlboden in Richtung Brunnsteiner See weiterwandern und von dort zur Wurzeralmbahn zurückkehren. 1.30 Std. zusätzlicher Zeitaufwand.

Warnung: Vorsicht mit Kindern im Gipfelbereich des Stubwieswipfel! Nicht zu nahe an die südlichen Wandabbrüche herantreten!

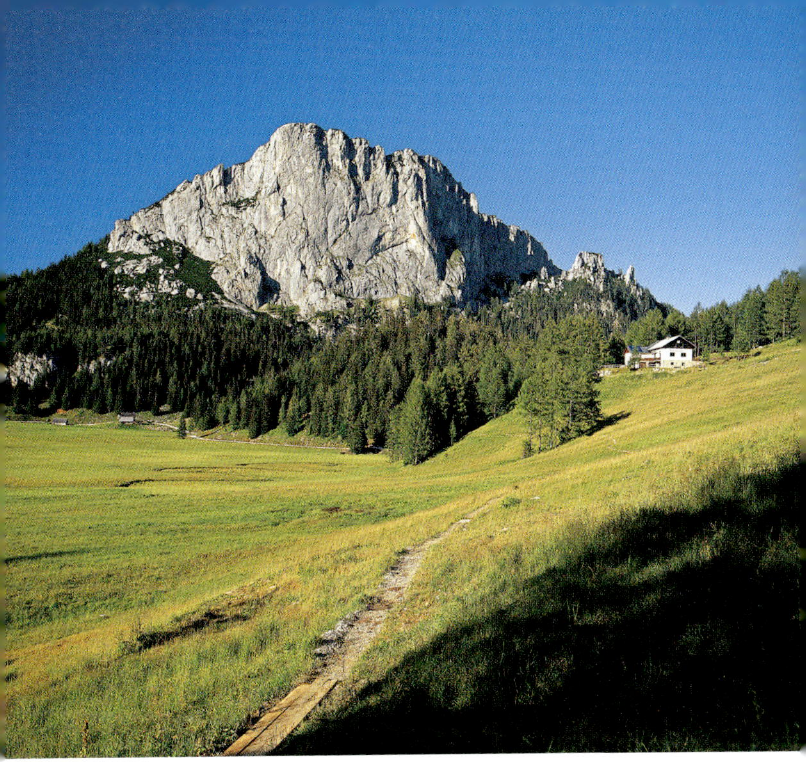

Die Südwand des Stubwieswipfels über dem Teichlboden (Wurzeralm).

Mit der **Wurzeralmbahn** geht es von der **Talstation** ❶ hinauf zur **Bergstation** ❷. Dort auf Weg 201 (Wegweiser 01) über einen steilen Wiesenhang hinab zum Linzer Haus, 1371 m. Rechts führt Fußweg Nr. 218 am Rand des Moorbodens zum Teichleinfall, einem »Ponor« (Schluckloch), in dem der

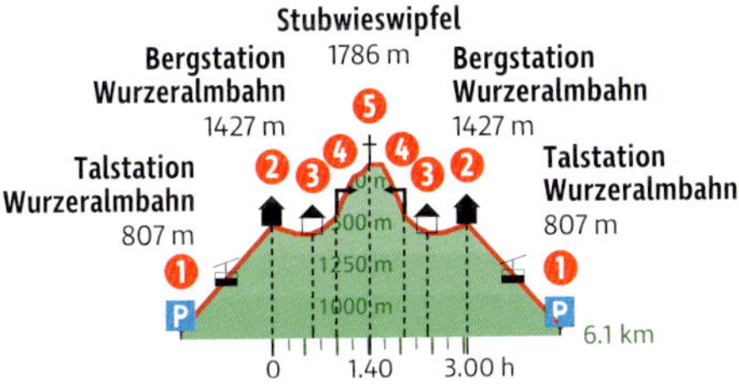

Teichlbach verschwindet und erst im Tal als Karstquelle wieder zum Vorschein kommt. Wir folgen einer Almstraße links eben weiter zur **Filzmoosalm** 3, 1373 m, am Fuß der Stubwieswipfel-Südwestwand. Dann weist Weg Nr. 218, eine Kurve der Straße abkürzend, nach rechts, bald (nach einem Bächlein) wieder auf sie zurück; noch ein kurzes Stück geradeaus in nördlicher Richtung, dann auf einem Almweg durch schütteren Bergwald bergan, bis zur **Rechtsabzweigung** 4 von Weg Nr. 15 auf den Stubwiesgipfel vor der Stubwiesalm.

Rechts ab und auf Weg Nr. 15 durch ein kleines Hochtal in Ostrichtung bergauf, später über steile Bergwiesen und durch lichten Lärchenwald in schrofiges, latschenbewachsenes Gelände. Nach einem Flachstück, an einer Dolinenmulde vorbei, durch Latschengassen nach Süden aufwärts, dann im felsigen Gelände über einen Steilaufschwung. Durch ein Latschenfeld nach links hinauf, danach über Schrofen nach rechts zum Gipfelkamm. Dort sich rechts haltend über leichte Felsstufen zum höchsten Punkt des **Stubwieswipfels** 5, 1786 m, mit schönem Rundblick. Abstieg entlang der Anstiegsroute.

Blick in Nordostrichtung über den Teichlboden gegen den Stubwieswipfel.

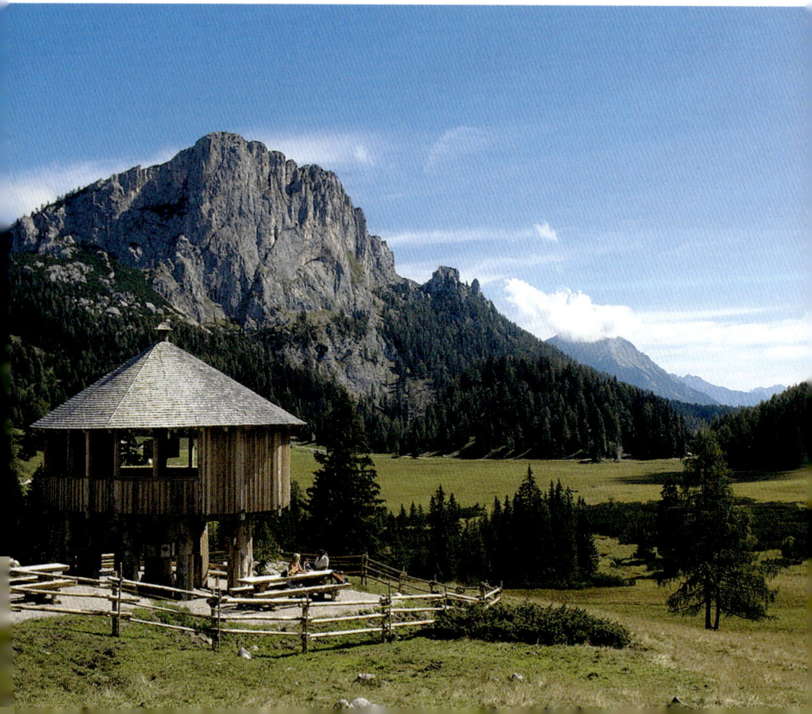

↗ 1130 m | ↘ 1130 m | 17.4 km

7.15 h

Von der Wurzeralm auf das Warscheneck, 2388 m

23

In großer Runde über den Berg

Das Warscheneck – sein Name bedeutet »scharfes Eck« – ist die höchste Erhebung einer östlichen Untergruppe des Toten Gebirges. Auf seinen Gipfel führen von allen Seiten anspruchsvolle Wege, der kürzeste ist jener von der per Standseilbahn erreichbaren Wurzeralm über den Südostgrat. Der gebräuchlichste Anstieg von dort ist jedoch jener über den Rote-Wand-Sattel und den Toten Mann. Mit dem Abstieg über die Zwischenwänden-Scharte und den Angerersattel ergibt das eine lange Runde auf und über den Berg. Dabei tut man gut, sich schon vorher über die Fahrzeiten der Wurzeralm-Bahn zu informieren, um die letzte Talfahrt nicht zu versäumen.

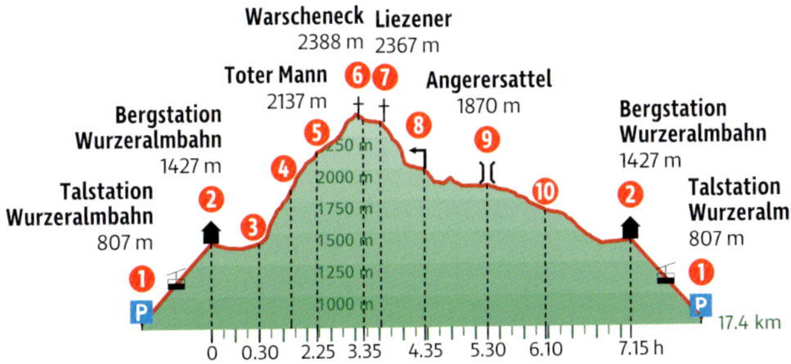

Ausgangspunkt: Talstation, 807 m, der Wurzeralmbahn (Großparkplatz, Bushalt »Pyhrnpass Wurzeralmseilbahn« Buslinie 436 bzw. 911 von Windischgarsten), an der Pyhrnpassstraße nahe dem Nordeingang des Bosruck-Autobahntunnels, 5 km von Spital am Pyhrn, 12 km von Windischgarsten. Auffahrt zur Seilbahn-Bergstation, 1427 m, am Sattel zwischen Wurzerkampl und Schwarzeck.
Täglicher Seilbahnbetrieb vom 20./27. Mai bis 1./8. Okt. 8.30–12.20 Uhr und 13–16.30 Uhr, 14 Tage davor und danach Wochenendbetrieb; Abfahrt ab 9 Uhr alle 20 Min. an Wochenenden und Feiertagen bis 17 Uhr, Tel. +43 7564 5275, hiwu.at).

Anforderungen: Unschwierige, aber lange Tour auf bez. Wegen. Trittfestigkeit und Ausdauer werden vorausgesetzt. Nur bei sicherem Wetter!

Einkehr: Unterwegs keine. Bergrestaurant Wurzeralm (keine Nächtigung, bei Betrieb der Standseilbahn geöffnet, Tel. +43 7564 5275705, facebook.com/bergrestaurant.wurzeralm), Linzer Haus (52 B., 22 L.; von Anfang Mai bis Mitte Okt. geöffnet, danach bis 31. Okt. an Wochenenden, Tel. +43 7563 237, +43 664 9172965, linzerhaus.com), Wiederlechnerhütte (keine Nächtigung, bei Betrieb der Standseilbahn geöffnet, Tel. +43 650 9822405), Sonnalm (Apartments, mit der Standseilbahn geöffnet, Tel. +43 699 17106019, wurzeralm-hotels.at).

Tipp: Wegen der Länge der Tour evtl. vorher oder nach der Überschreitung eine Nächtigung auf der Wurzeralm (Linzer Haus) einplanen.

Von der **Wurzeralmbahn-Talstation** ❶ Auffahrt zur **Bergstation** ❷. Von dort auf sanft fallendem Fahrweg westwärts, am Landesjugendheim und am Hahnlgraben-Skilift vorbei zur Talstation des Frauenkar-Sessellifts, 1400 m. Hier geradeaus fast eben weiter zum idyllisch gelegenen **Brunnsteiner See** ❸, 1422 m (Teichl-Quelle), den man links umgeht. Nun beginnt der eigentliche Anstieg auf Weg 201 in steilem Gelände mittels zahlreicher Kehren durch den latschenbewachsenen Schrofenhang der Seeleiten (links Schächte, Höhlen) hinauf zu einer aussichtsreichen **Schulter** ❹, 1845 m, am Ostrücken des Warscheneck, knapp über dem Rote-Wand-Sattel. Über den Rücken auf Weg Nr. 201 in Kehren scharf nach links hinauf zur Speikwiese und über eine weitere Steilstufe zur Anhöhe **Toter Mann** ❺, 2137 m (höchster Punkt, bleibt links). Dahinter kurz hinab in eine Scharte, 2040 m, dann über Felsstufen steil empor auf das Warscheneck-Plateau und dort zu einer Verzweigung (auf Weg Nr. 201 rechts zur Zellerhütte). Geradeaus nun auf Weg Nr. 219 im Linksbogen nach Süden empor zum Gipfel des **Warscheneck** ❻, 2388 m.

Kurz auf dem Anstiegsweg zurück, dann entlang der Stangenmarkierung den Weg Nr. 219 westwärts am Grat in eine kleine Scharte, 2310 m, und jenseits auf die Kammerhebung des **Liezener** ❼, 2367 m. Den Rücken südwestwärts in Richtung Roßarsch weiter, auf halbem Weg dorthin schwenkt Weg Nr. 219 scharf nach rechts (Nordwesten) und leitet über steile Felsen und Schutt, hinab in das grabenartige Hochtal Zwischenwänden, 2004 m, das relativ eben gequert wird. Nun geht es relativ flach südlich unter dem Torstein vorbei nach Westen zum Sattel der Wetterlucken. Knapp vor ihr

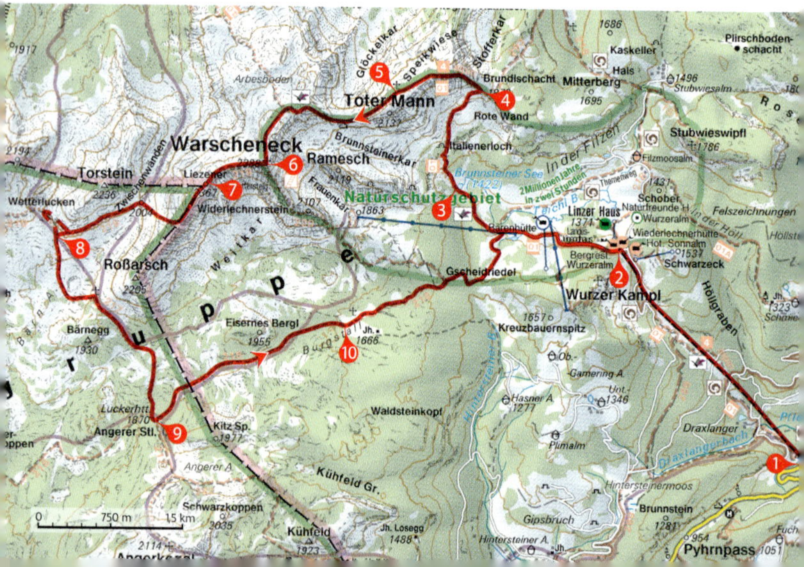

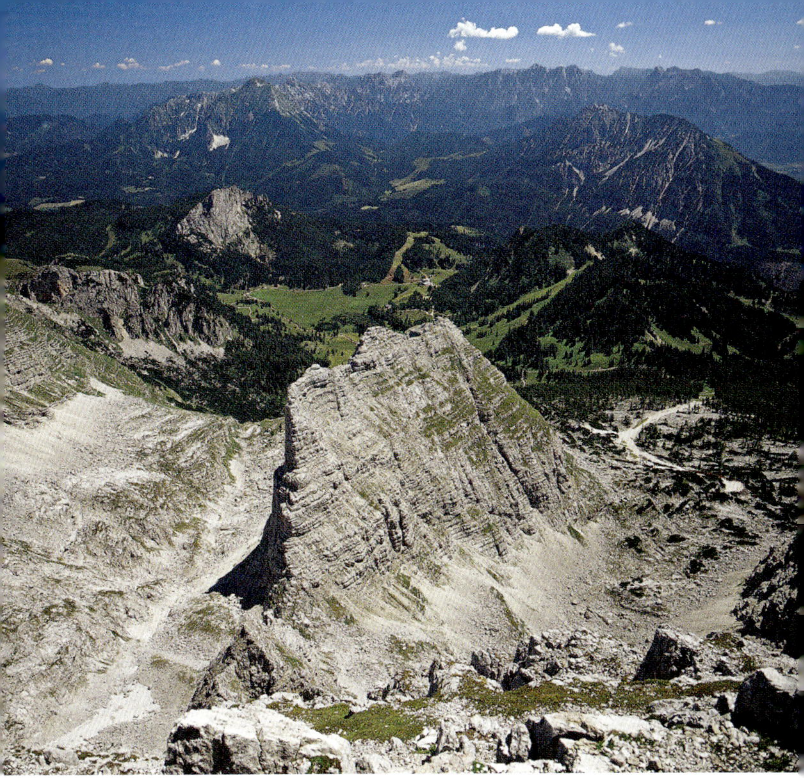

Tiefblick vom Warscheneck nach Osten auf den frei im Kar aufragenden Ramesch und zum Teichlboden (Wurzeralm). In der Ferne Haller Mauern und Gesäuseberge.

links ab 8 und kurz weglos 45 Höhenmeter nach Süden hinab zu dem von der Wetterlucke herführenden Querweg Nr. 217. Auf ihm sich links haltend abwärts und über den Sattel zwischen Bärnegg und Roßarsch, dann südwärts durch Latschen und Wiesengelände in den **Angerersattel** 9, 1870 m, mit der Luckerhütte (Notunterstand).
Hier links ab und auf Weg Nr. 218 relativ flach nach Nordosten, später, am Eisernen Bergl (links) vorbei, weiter bergab, zuletzt durch lockeren Wald zu den Wiesen der verfallenen **Burgstallalm** 10, 1666 m. Durch den Bergwald weiterhin nach Nordosten abwärts zur Wegteilung am Fuß des Gscheidriedels (1570 m, Linksabzweigung in das Frauenkar) und entlang der Skipiste hinab zur Talstation des Frauenkarlifts, auf bekanntem Weg zurück zur **Bergstation** 2 und von dort mit der Wurzeralmbahn zur **Talstation** 1.

↗ 720 m | ↘ 1250 m | 15.3 km

24 Angerkogel, 2114 m, und Nazogl, 2057 m

5.30 h

Almen- und Gipfelwanderung an der Südseite der Warscheneckgruppe

Weil die Wurzeralmbahn Wanderer rasch in eine hoch gelegene Ausgangsposition bringt, ist der Gang über das Hochangern-Plateau und zu seinen Gipfeln eine wenig anstrengende Sache, wo zudem unterwegs einige Alm-Gastwirtschaften Gelegenheit zu Unterhaltung und Labung bietet.

Ausgangspunkt: Talstation, 807 m, der Wurzeralmbahn (Großparkplatz, Bushalt »Pyhrnpass Wurzeralmseilbahn« Buslinie 436 bzw. 911 von Windischgarsten), an der Pyhrnpassstraße nahe dem Nordeingang des Bosruck-Autobahntunnels, 5 km von Spital am Pyhrn, 12 km von Windischgarsten. Auffahrt zur Seilbahn-Bergstation, 1427 m, am Sattel zwischen Wurzerkampl und Schwarzeck. Täglicher Seilbahnbetrieb vom 20./27. Mai bis 1./8. Okt. 8.30–12.20 Uhr und 13–16.30 Uhr, 14 Tage davor und danach Wochenendbetrieb; Abfahrt ab 9 Uhr alle 20 Min. an Wochenenden und Feiertagen bis 17 Uhr, Tel. +43 7564 5275, hiwu.at).
Endpunkt: Pyhrnpassstraße (B138), Bushaltestelle »Kalkofen / Landesgrenze«. Mit Buslinie 911 (zwischen 6.50 Uhr und 18.48 Uhr mehmals täglich) zurück zum Ausgangspunkt.
Anforderungen: Einfache Wanderung auf bez. Fahr- und Fußwegen. Trittsicherheit nötig!
Einkehr: Bergrestaurant Wurzeralm (keine Nächtigung, bei Betrieb der Standseilbahn geöffnet, Tel. +43 7564 5275705, facebook.com/bergrestaurant.wurzeralm), Linzer Haus (52 B., 22 L.; von Anfang Mai bis Mitte Okt. geöffnet, danach bis 31. Okt. an Wochenenden, Tel. +43 7563 237, +43 664 9172965, linzerhaus.com), Hinteregger Alm (Hütten-Almdorf): Jst. Kinkhütte (15. Mai bis 30. Sept., Mo. und Di. Ruhetag, Tel. +43 699 11011054), Jst. Schlagerbauerhütte (1./5. Juni bis 30. Sept., 8 L., Tel. +43 699 88448862).
Varianten: Vom Verzweigungspunkt, 1900 m, südwestlich nach dem Nazogl kann der am Südostrand des Hochangern-Plateaus gelegene Kosennspitz, 1955 m (fantastische Rundschau und Tiefblick in das Ennstal!), auf bez. Weg begangen werden. Zusätzlicher Zeitaufwand: 1.30 Std.
Von der Bushaltestelle »Kalkofen / Landesgrenze« kann man auch entlang der Pyhrnpassstraße (B138) zu Fuß zur Talstation der Wurzeralmbahn gelangen (3,5 km, Zeitaufwand: 1 Std.).

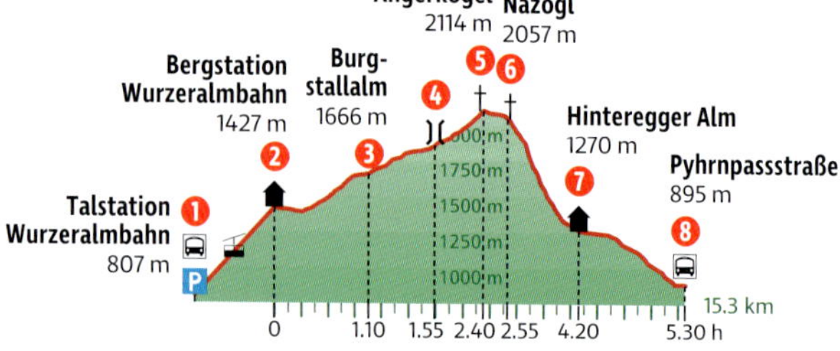

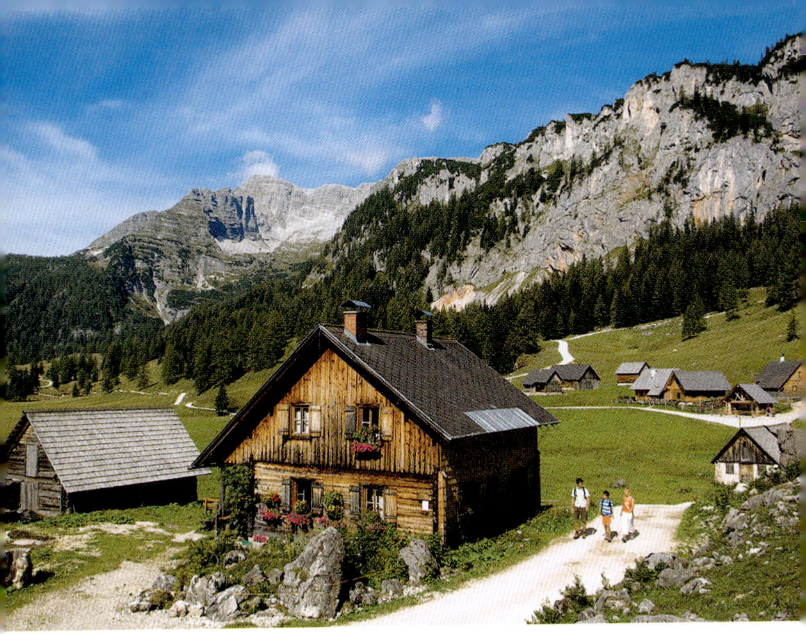

Das »Almdorf« am Teichlboden (Wurzeralm) im Osten des Warscheneckstocks.

Von der **Wurzeralmbahn-Talstation** ❶ Auffahrt zur **Bergstation** ❷. Von dort auf sanft fallendem Fahrweg westwärts, am Landesjugendheim und am Hahnlgraben-Skilift vorbei zur Talstation des Frauenkar-Sessellifts, 1400 m. Links auf Weg Nr. 218 auf der Frauenkar-Skiabfahrt nach Südwesten hinauf zur Wegteilung am Fuß des Gscheidriedels, 1570 m. Geradeaus auf Weg Nr. 218 weiter zur verfallenen **Burgstallalm** ❸, 1666 m, danach, am Eisernen Bergl, 1780 m, vorbei, in den **Angerersattel** ❹, 1870 m (Notunterstand Luckerhütte).

Links ab und auf Weg Nr. 217 südwärts durch Wald sanft bergan zur verfallenen Angereralm, 1895 m, und geradeaus in Südwestrichtung durch Wiesen und Latschen in Richtung Angerkogel weiter bergauf. Zunächst unterhalb an ihm vorbei, dann scharf rechts ab und auf Stichweg auf die flache begrünte Gipfelkuppe des **Angerkogels** ❺, 2114 m.

Zurück zum Hauptweg Nr. 217 und auf ihm südwärts weiter durch eine flache Mulde, dann kurz ansteigend auf den **Nazogl** ❻, 2057 m. Auf dem felsigen Weg Nr. 217 in Südwestrichtung abwärts zu einem Verzweigungspunkt, 1900 m (Tafeln; Rechtsabzweigung zum Kosennspitz), und dort geradeaus, an Schlünden und Schächten vorbei, über felsigen Steilabfall der Hinteregger Mauern nach Süden hinunter und am Ende der Höllerries

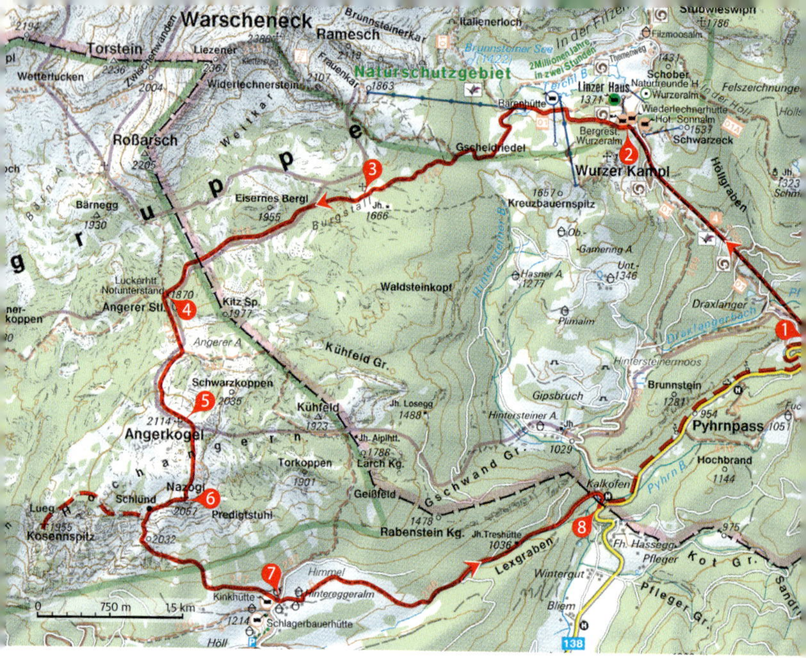

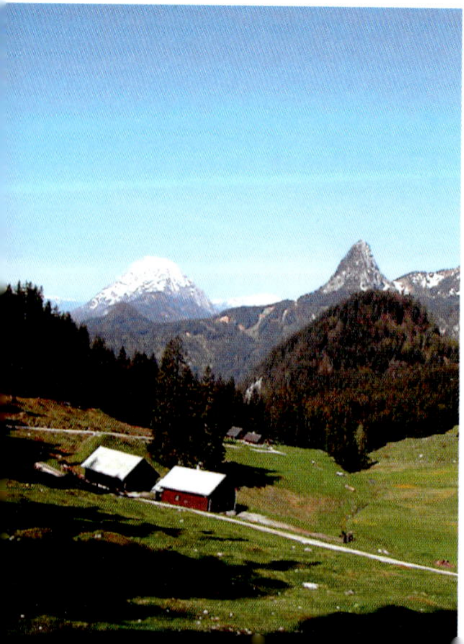

durch Wald nach rechts (Osten) zu den zahlreichen Hütten der **Hinteregger Alm** 7, 1270 m (zwei Jst.). Auf Weg Nr. 286 nach Osten vorerst fast eben, dann stärker fallend über die Almfläche in den bewaldeten Lexgraben und dort, an der Treshütte, 1036 m (Jagdhütte), vorbei, zu einer Forststraße. Auf ihr zu einem aufgelassenen Kalkofen (links) und dort in einem Rechtsbogen zur **Pyhrnpassstraße** 8, B138, Bushaltestelle »Kalkofen / Landesgrenze«. Mit Buslinie 911 (zwischen 6.50 Uhr und 18.48 Uhr mehmals täglich) zur **Wurzeralmbahn-Talstation** 1.

Die Hinteregger Alm vor dem Grimming und dem Felshorn des Hochtausing.

↗ 150 m | ↘ 150 m | 5.8 km

TOP

2.00 h

Gleinkersee und Pießling-Ursprung

25

Abwechslungsreiche Familienrunde mit Badesee, riesiger Karstquelle und Sensenwerk

Der Gleinkersee ist nicht nur landschaftlicher Glanzpunkt des Windischgarstner Landes, er hat auch als Badesee seine Meriten. Klar, dass wir zunächst das herrliche Ambiente genießen oder uns im Gasthof Seebauer am Nordufer stärken, bevor wir weiter zur Riesenquelle des Pießling-Ursprung wandern. Mit 2000 Liter Wasser »Output« pro Sekunde aus der siphonförmigen Höhle – während der Schneeschmelze oder nach Unwettern sogar bis zu 7000 Liter (damit könnte der tägliche Wasserbedarf von rund 700.000 Menschen gedeckt werden) – gehört der Pießling-Ursprung an den Abhängen des Warscheneck zu den größten Karstquellen der Ostalpen. Und das alles betten wir in eine Großrunde ein, die uns in den Ort Roßleithen mit seinem berühmten Sensenhammer und danach durch ausgedehnte Wälder zurück zum Ausgangspunkt bringt. In Summe ergibt das eine gemütliche Familienrunde zu Naturschönheiten und technischen Denkmälern, für die man sich durchaus einen ganzen Tag reservieren sollte, vor allem bei geplantem Badestopp.

Spätherbst am Gleinkersee. Im Norden die bereits verschneiten Höhen des Sengsengebirges.

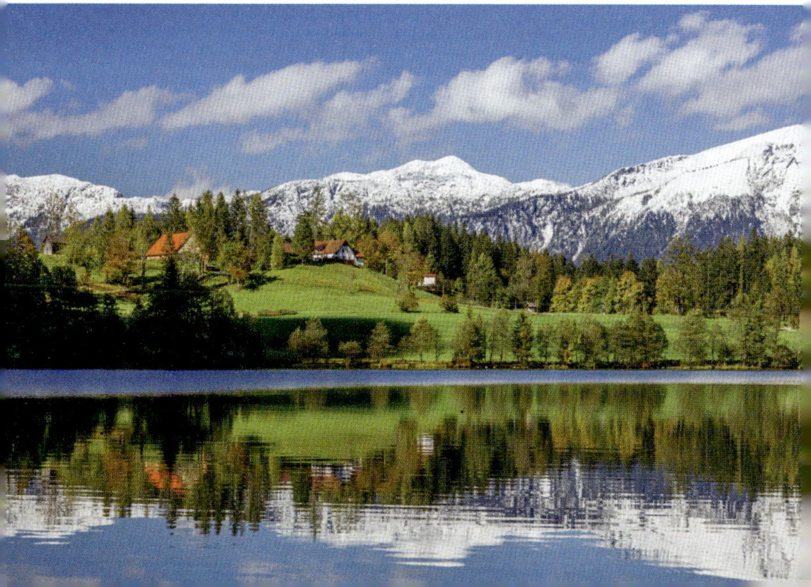

Ausgangspunkt: Parkplatz Gleinkersee, 815 m, 200 m nördlich des Sees, am Ende der Zufahrtsstraße von Windischgarsten bzw. Spital am Pyhrn (je 7 km).
Anforderungen: Leichte Rundwanderung auf markierten Wegen und ohne große Steigungen. Ideal auch mit Kindern.
Einkehr: Ghf. Zum Sengsschmied in Roßleithen (keine Nächtigung, ganzj. geöffnet, Mo. Ruhetag, Tel. +43 664 5883388 und +43 664 1624 058, gasthaus-atzlinger.sta.io), Ghf. Seebauer am Nordufer des Gleinkersees (keine Nächtigung, geöffnet 1. Mai bis 30. Sept.; Mo. und Di. Ruhetag außer Juli/August, Tel. +43 7562 7503, gleinkersee.at).
Tipp: In Roßleithen lohnt ein Besuch des berühmten, an der Pießling gelegenen Sensenhammers, dem Sensenwerk Schröckenfux, eines der ältesten Industrieunternehmen Österreichs. 1540 als Sensenschmiede gegründet, werden dort heute noch Qualitätssensen, Mähmesser und -bestandteile produziert und in alle Welt exportiert. Von einem Besuchersteg (keine Voranmeldung, kein Eintritt!) gewinnt man interessante Einblicke in die Sensenschmiede. Besichtigung Mo. bis Do. 8.30–11.00 Uhr und 12.30–15 Uhr, Fr. 8.30–11 Uhr.
Hinweise: Der Roßleithen-Sensenthemenweg Gleinkersee – Pießling Ursprung – Roßleithen hat als Logo eine braune, der tiefer verlaufende Sensenthemenweg Roßleithen – Gleinkersee eine grüne Sense.
Wegen Felssturzgefahr ist der Zugang zur Aussichtsplattform des Pießling-Ursprungs derzeit gesperrt!
Varianten: Der Gleinkersee kann auf schönem Uferweg in 30 Min. umrundet werden.
Vom Gleinkersee lohnt ein Besuch des aussichtsreichen Seespitz: Dazu folgt man Weg Nr. 292/299 zur Dümlerhütte am linken (westlichen) Seeufer entlang nach Süden in den Seegraben und dort in einer Stunde zu einer Gabelung (1150 m, Tafel). Links auf dem steinigen Weg Nr. 292 (»Michael-Kniewasser-Steig«) durch Wald in Serpentinen nach Osten hinauf zur Wiesenfläche der Weierbauer Alm. Dort im Linksbogen durch flacheres Gelände (einmal kurz bergab), zuletzt über den kurzen Gipfelgrat nach Norden empor zum Gipfel des Seespitz, 1574 m; 2 Std. im Anstieg, 1.30 Std. im Abstieg.

Der Gleinkersee, im Süden überragt vom Seespitz.

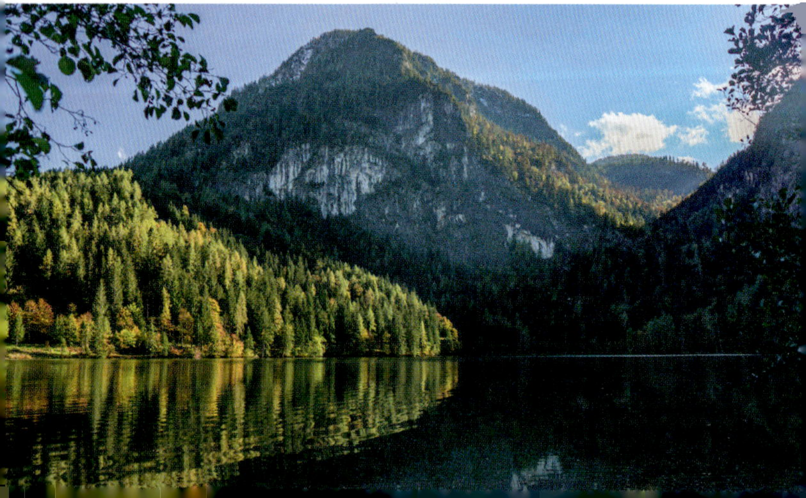

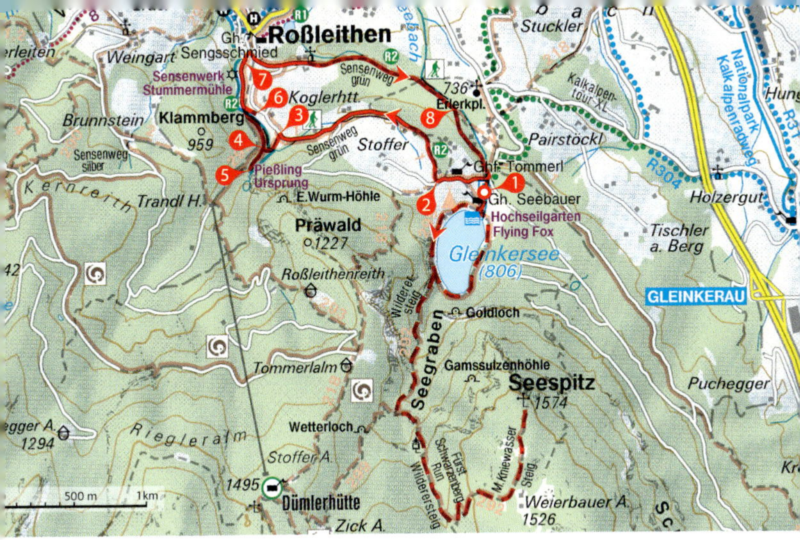

Vom Parkplatz **Gleinkersee** ❶ links die Asphaltstraße mit Weg Nr. 1 westwärts durch Wiesen empor zur Anhöhe beim ehemaligen Gasthaus Tommerl und dort zu einer Verzweigung bei einem **Drehkreuz** ❷. Rechts ab und auf Fußweg Nr. 1 durch ein Waldstück nach Nordwesten hinunter zu einer Forststraße und diese (Roßleithen-Sensenthemenweg mit Logo braune Sense) links haltend durch Wald abwärts zu einer Asphaltstraße. Auf ihr, am Ferienhaus Koglerhütte vorbei, südwärts durch Wiesen bergab, zuletzt in Schleifen hinunter zu einer wichtigen **Verzweigung** ❸ (Tafeln) mit Bank. Links auf einem Fußweg durch Wald südwärts steiler bergab in das Pießlingtal, dort über den Bach und eine Rohrleitung (Holzbrücke) zum querenden **Naturfahrweg** ❹ (rechts nach Roßleithen). Diesen (Weg Nr. 293) neben dem Bach nach links aufwärts zur nächsten Verzweigung (Weg Nr. 293 zweigt rechts zur Dümlerhütte ab). Links haltend zu einem Informationspunkt, 750 m (Tisch und Bänke), vor dem aus einem Seitental in Kaskaden niederstürzenden Pießlingbach. Den mit Holzgeländer versehenen Fußweg rechts vom Bach in einigen Kehren nach Südosten empor, zuletzt kurz hinab unter eine senkrechte Wand mit dem Quelltopf (Grotte) des **Pießling-Ursprung** ❺, 760 m (30 m Durchmesser, 32 m tief). Die mächtige Karstquelle entwässert fast im »Alleingang« das rund 100 km² große Warscheneck-Massiv, das sonst keinen oberirdischen Abfluss besitzt.

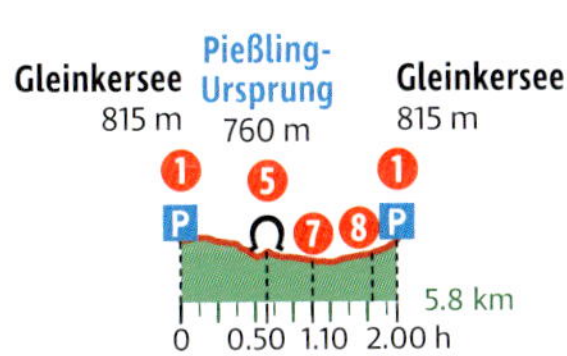

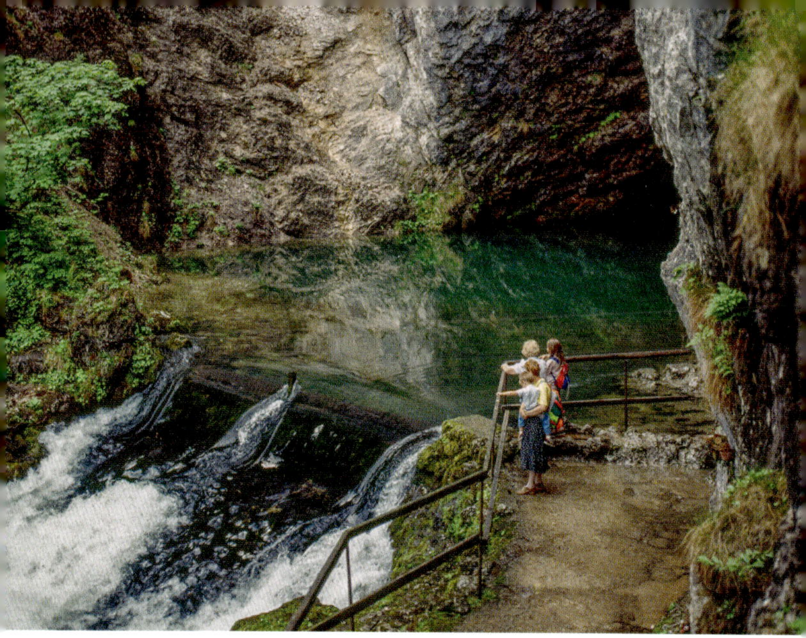

Der Pießling-Ursprung: Aus einer mit Sickerwasser gefüllten Höhle tritt der Bach mit einer Schüttung von durchschnittlich 2000 Liter Wasser pro Sekunde aus.

Zurück zum **Naturfahrweg** ❹, der Stelle, wo das Pießlingtal erreicht wurde. Geradeaus den Fahrweg Nr. 293 durch das Pießlingtal in Nordrichtung abwärts, bis der Bach über eine Holzbrücke überschritten wird. Gleich jenseits auf Fahrweg 40 m nach rechts zur **Stummermühle** ❻, 725 m (Juni bis Sept. Mo. 10–12 Uhr geöffnet, Sonderführungen unter Tel. +43 7562 7488), eine der letzten noch erhaltenen Bauernmühlen des Gebiets.
Zurück zum Hauptweg und diesen rechts haltend (an einer Gabelung links!) nach Roßleithen, 710 m. Dort, am »Waldhammer« (mit Härterei, Glanzerei, Richterei), dem **Sensenwerk Schröckenfux** ❼ und den beiden Herrenhäusern vorbei, zu einer Verzweigung im Werksgelände. Scharf rechts ab und auf Straße nach 20 m zu neuerlicher Gabelung. Hier links den verblasst markierten Güterweg Nr. 15 (Roßleithen-Sensenthemenweg mit Logo grüne Sense), an einem Bauernhof vorbei, ostwärts durch eine weite Wiesenmulde in den Wald und dort durch einen Graben aufwärts zu Verzweigung. Geradeaus nun auf schönem Waldweg in Ostrichtung weiter bergauf zur nächsten **Wegteilung** ❽ an einer Verflachung. Halbrechts den Fahrweg an den Waldhängen in Südostrichtung hoch. Später entlang eines Zauns zum Seebach und neben diesem nach Süden zum Parkplatz **Gleinkersee** ❶.

↗ 460 m | ↘ 700 m | 11.6 km

4.30 h

Kleinerberg, 1287 m

TOP **26**

Famoser Rundweg um und über einen prachtvollen Aussichtsberg bei Windischgarsten

Hinauf bringt der steile »Schafsteig«, hinab der lange, eindrucksvolle »Leitersteig« an den südlichen Abhängen des Sengsengebirges, wobei es keine Leitern, sondern nur eine steile »Leitn« (Abhang) zu bewältigen gibt. Am höchsten Punkt der Runde, dem oberhalb des Wurbauerkogels (mit Sessellift, Panoramaturm und zwei Sommerrodelbahnen) aufragenden, durch einen Sendemast »geschmückten« Kleinerberg enthüllt sich ein informativer Rundblick über das Becken von Windischgarsten.

Ausgangspunkt: Talstation, 620 m, Wurbauerkogel-Einsersessellift in Windischgarsten, Kühbergstraße 2 (Pyhrnbahn Linie 140, Buslinie 430 von Kirchdorf/Krems Bahnhof und Buslinie 434 von Hinterstoder, Bushalt »Windischgarsten Kirche«).
Bergstation Wurbauerkogel, 858 m. Durchgehender Liftbetrieb vom 6. Mai bis 8. Oktober. 14 Tage davor und 3 Wochen danach an Wochenenden 9.30/10 Uhr bis 16/17 Uhr.
Anforderungen: Unschwierige Wanderung auf bez. Wegen, dennoch Trittsicherheit erforderlich. Nur bei trockenem Wetter!
Einkehr: Mehrere Gastbetriebe in Windischgarsten. Bergrestaurant Wurbauerkogel (keine Nächtigung, im April an Wochenenden 10–17 Uhr, vom 29. April bis 31. Okt. 10–18 Uhr, Tel. +43 699 81278946 und +43 7562 20707, wurbauerkogel.at), Jst. Wurbauer (an Wochenenden ab 11 Uhr geöffnet, sonst auf Anfrage).
Hinweis: Am Wurbauerkogel 21-Meter-Panoramaturm, Alpine Coaster (Zweipersonenschlitten, 800-Meter-Rohrbahn mit 3 Kreiseln, 7 Steilkurven, 3 Jumps, 6 Brücken und 10 Wellen), gewöhnliches Bogenschießen, 3D-Bogenschießen, Klettersteigpark Bannholzmauer, Bikepark und Bergrestaurant. Infos: Tel. +43 7564 5275, wurbauerkogel.at.

Blick vom Kleinerberg über Weiße Ries und Hahnbaum hinweg nach Nordwesten zum Hohen Nock.

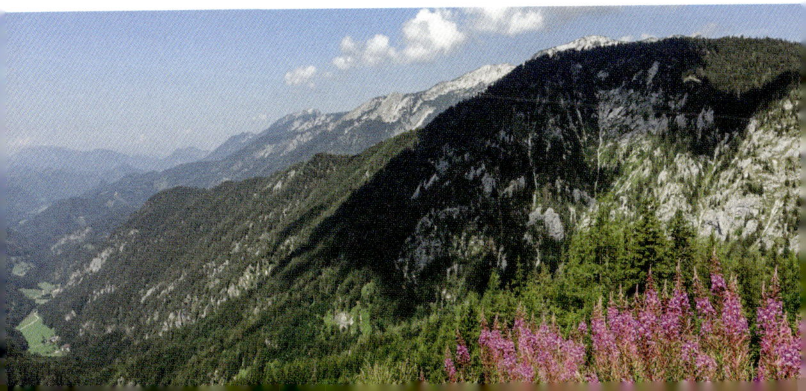

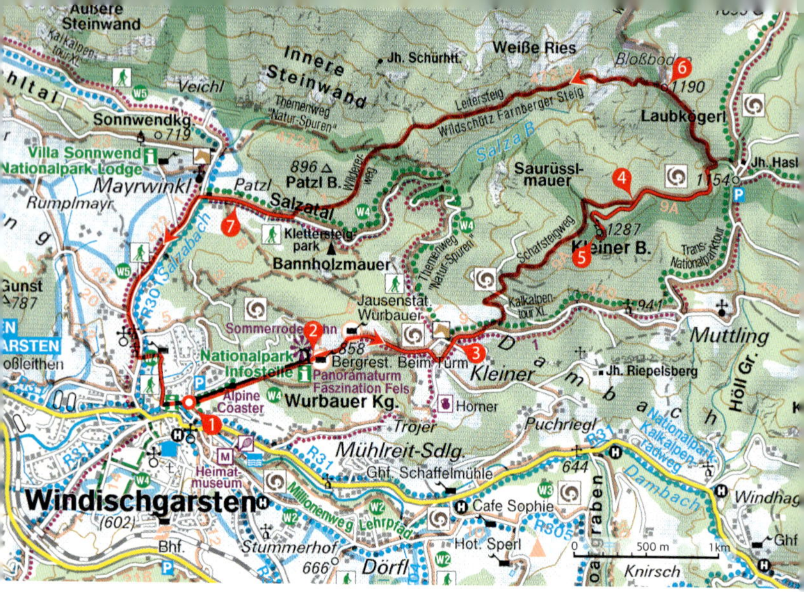

Mit dem Wurbauerkogel-Einsersessellift von der **Talstation in Windischgarsten** ❶ hinauf zur **Bergstation** ❷. Dort ostwärts auf einem Sträßchen an der Jst. Wurbauer vorbei, danach etwas abwärts zur Verzweigung in einer Rechtskurve der Straße. Links ab zur Häusergruppe **Kleiner** ❸ in Dambach mit dem Reiterhof Schober. Dort rechts, an der nächsten Kreuzung wieder links, schließlich auf einem Güterweg noch 250 m bergauf, zuletzt nach links in den Wald. Dort auf dem Schafsteig einen Hohlweg steil hinauf und nach mehreren Kreuzungen an den Südwestkamm empor. Vor dem Gipfelaufbau wendet sich der Steig nach links (Westen), quert eben und abwärts zu einer **Naturstraße** ❹, die uns rechts in einer Doppelkehre auf den aussichtsreichen Gipfel des **Kleinerbergs** ❺, 1287 m (Sendemast, Startplatz für Paraglider und Drachenflieger), bringt.

Auf der Straße zurück zur Wegverzweigung auf 1200 m. Auf der Senderstraße geradeaus weiter bergab und kurz nach einer Rechtskurve zur Linksabzweigung, 1185 m, des Leitersteigs (Weg Nr. 472) knapp oberhalb des Sattels Haslersgatter. Dieser führt in Nordrichtung als Karrenweg über die Waldkuppe »Laubkögerl« hinweg zur Wiesenfläche des **Bloßbodens** ❻, 1190 m. Hier auf schmalem Pfad im Wald kurz nach links (Westen) hinauf, danach fallend in die steilen Südhänge des Hahnbaums hinein, die hoch über dem Salzabach gequert werden. Nach dem Speikkogel, 1100 m (Fels-

Blumenpracht am Wurbauerkogel, dahinter Kleiner und Großer Pyhrgas.

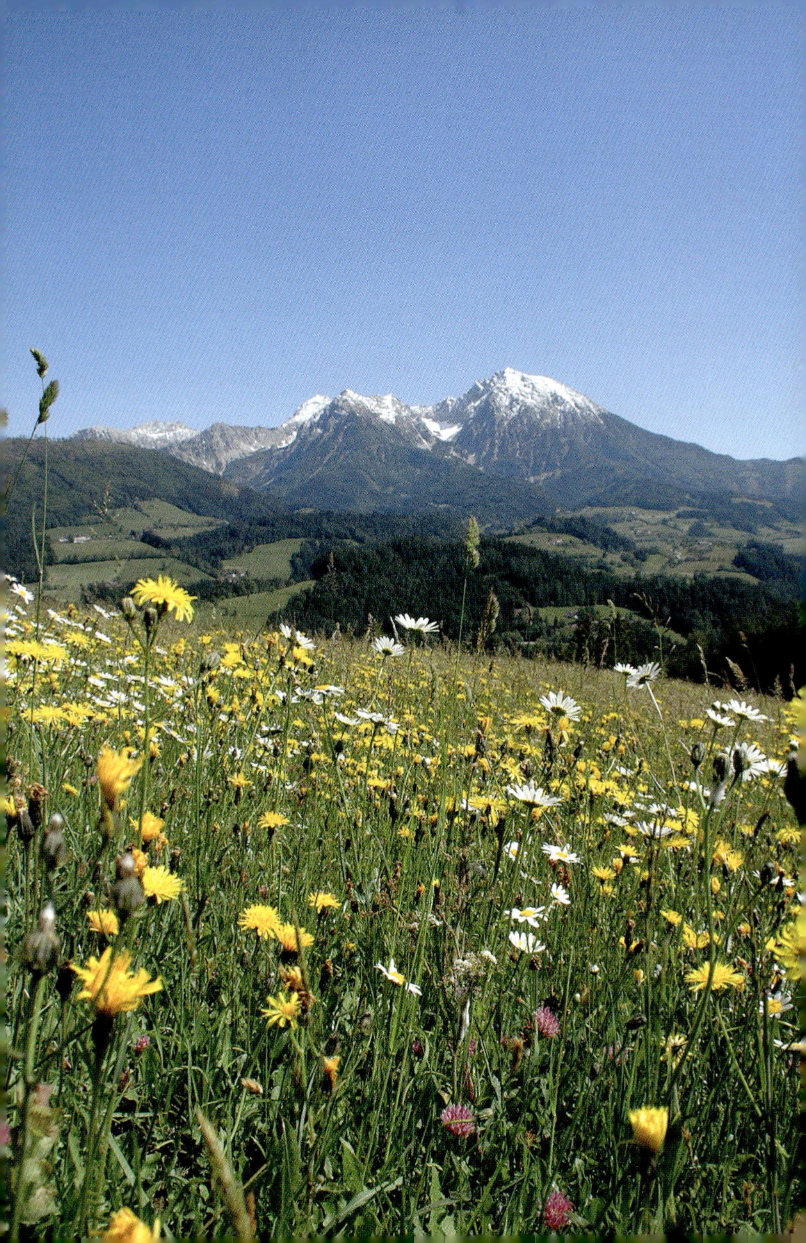

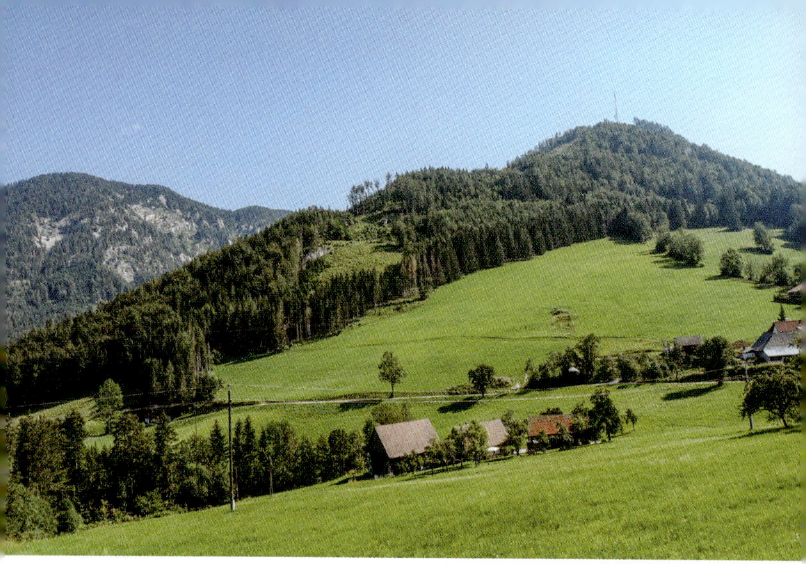

Sanfte Wiesenlandschaft im Umkreis der Häusergruppe Kleiner.

kopf), geht es unterhalb der Weißen Ries vorerst über eine Lawinenrinne (Vorsicht!), dann über eine Schutthalde und ein meist trockenes Bachbett, später im Wald talwärts zur Verzweigung, 830 m, vor dem Patzlberg. Sich links haltend weiter zur nächsten Verzweigung. Dort halb rechts vorerst auf grasigem Weg, dann auf steilen Waldsteigen am Südosthang des Patzlbergs hinab zur Salza und einen Güterweg talaus zum **Patzlhof** 7, 635 m. Auf dem Güterweg am Bach entlang weiter zur querenden Asphaltstraße im Ortsteil Mayrwinkel, 630 m. Diese mit Weg Nr. 472 links, südwärts, durch die Salzasiedlung und unterm Kalvarienberg vorbei, in den Ortsbereich von Windischgarsten. Beim Haus Salzastraße 22 links ab, danach auf Fußweg an der Salza entlang und nach ihrer Überquerung in die Svetlinstraße. Auf ihr rechts zum Kindergarten und dort sich links haltend mit kurzem Anstieg zurück zur **Wurbauerlift-Talstation** 1.

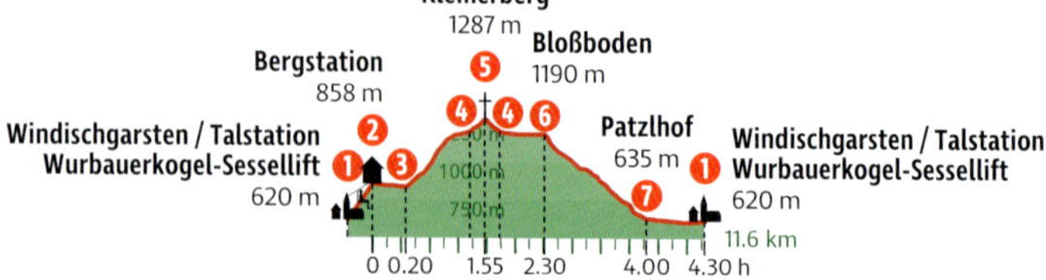

↗ 1150 m | ↘ 1150 m | 11.0 km

TOP

7.00 h

Kleiner Pyhrgas, 2023 m

27

Dankbares Gipfelziel am Südrand des Windischgarstener Beckens

Der Kleine Pyhrgas im Kamm der Haller Mauern ist ein hervorragender, viel besuchter Aussichtsberg, den sich, dank einer gut markierten Anstiegsroute konditionsstarke Geher durchaus zutrauen dürfen. Unterwegs kommt man an der herrlich gelegenen Gowilalm vorbei, die auch ohne Gipfel ein reizvolles Ziel abgibt, wegen des wunderschönen Rundblicks, des prächtigen Almgeländes und der gemütlichen Einkehr.

Ausgangspunkt: Parkplatz Gowialm, 890 m. Anreise von Spital am Pyhrn mit Pkw 6 km Richtung Oberweng zum Parkplatz kurz nach der Jst. Singerskogerl oder mit der Pyhrnbahn Linie 140 bis Bahnhof Spital am Pyhrn, von dort 4,5 km (ca. 1.15 Std.) zu Fuß Richtung Oberweng.
Anforderungen: Unschwierige, aber lange Wanderung auf bez. Fahr- und Fußwegen. Im Gipfelanstieg steiler Felsensteig. Nur für geübte Geher. Trittsicherheit und Ausdauer nötig. Im Gipfelanstieg (an besonders frequentierten Tagen) Steinschlaggefahr!
Einkehr: Jausenstub'n Singerskogel (15 B., Übernachtung im Holzfass je zwei Pers., Übernachtung im Troadkasten, Ferienwohnungen, DZ, Mi. bis Fr. 14–21 Uhr, am Wochenende 12–21 Uhr, Mo./Di. Ruhetag, Tel. +43 7563 377, +43 664 4014 582 oder +43 664 75119080, singerskogel.at), Gowilalmhütte (30 L., durchgehend geöffnet 1. Mai bis 31. Okt., bei Schlechtwetter tel. Reservierung nötig, Tel. +43 664 8923816, gowilalm.at).
Hinweise: Mit Übernachtung auf der Gowilalm kann die Tour in zwei Tagesetappen (1. Tag 2 Std., 2. Tag 5 Std. Gehzeit) aufgeteilt werden. Der Besuch der Gowilalm lohnt auch ohne Gipfelbesteigung, dann ist die Tour mit Kindern sehr zu empfehlen (500 m Höhenunterschied, 3.15 Std. Gesamtgehzeit).

Am Gipfel des Kleinen Pyhrgas.

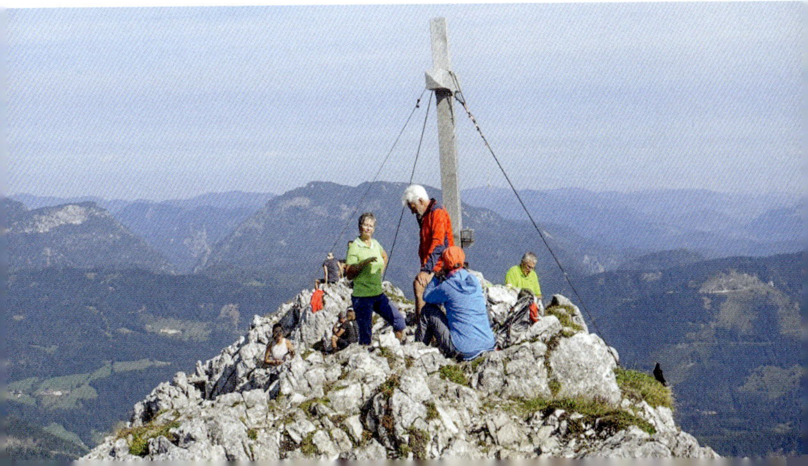

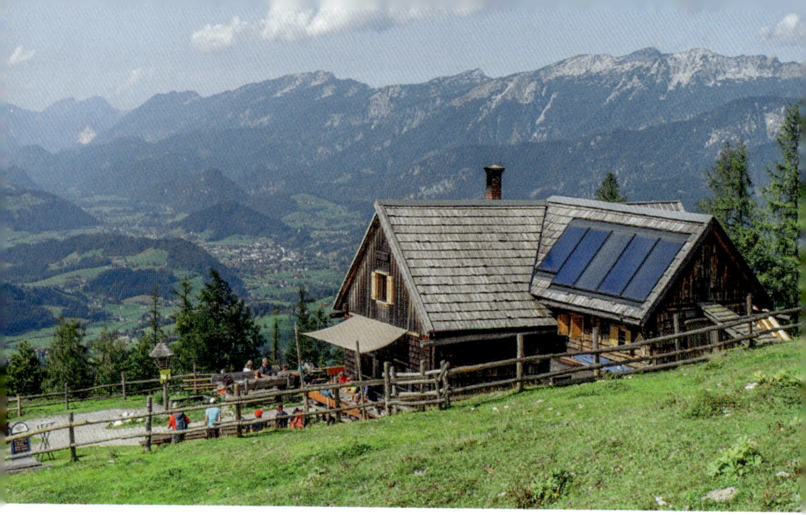

Die Gowilalmhütte am Fuß des Kleinen Pyhrgas lohnt auch für sich allein den Besuch.

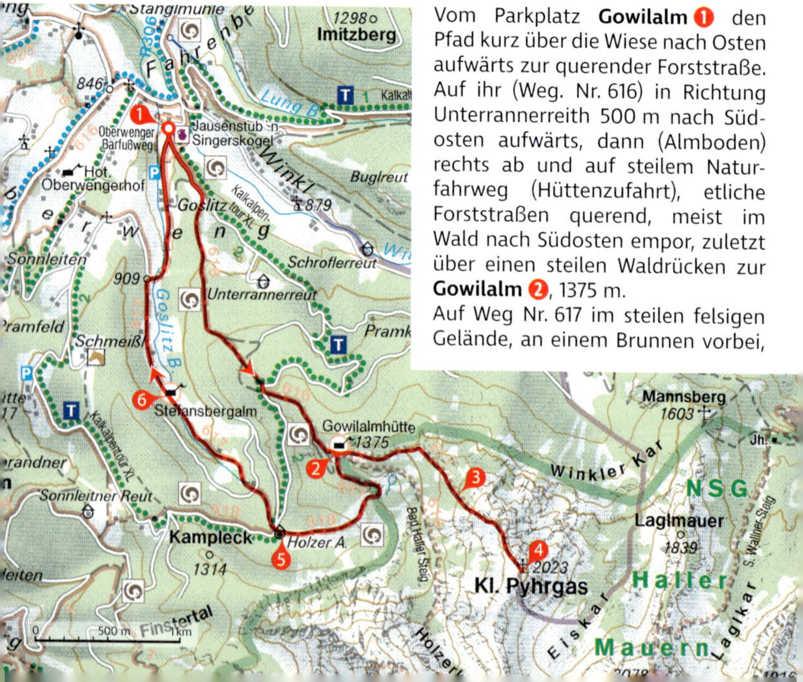

Vom Parkplatz **Gowilalm** ❶ den Pfad kurz über die Wiese nach Osten aufwärts zur querender Forststraße. Auf ihr (Weg. Nr. 616) in Richtung Unterrannerreith 500 m nach Südosten aufwärts, dann (Almboden) rechts ab und auf steilem Naturfahrweg (Hüttenzufahrt), etliche Forststraßen querend, meist im Wald nach Südosten empor, zuletzt über einen steilen Waldrücken zur **Gowilalm** ❷, 1375 m.

Auf Weg Nr. 617 im steilen felsigen Gelände, an einem Brunnen vorbei, durch schütteren Lärchenwald nach Osten empor an den Rand der nach Norden abfallenden Winklerleiten, 1530 m. Dem Pyhrgas-Nordwestrücken folgend bald über einen griffigen Steilaufschwung – **Einstieg** ❸ –, danach über Felsplatten und durch Latschen, schließlich über Schrofen unter einen Vorgipfel. Durch grasiges Gelände in eine Scharte (Tiefblick links ins Winklerkar), danach in der plattendurchsetzten Westflanke weiter, zuletzt steil empor zum Gipfelkreuz des **Kleinen Pyhrgas** ❹, 2023 m.

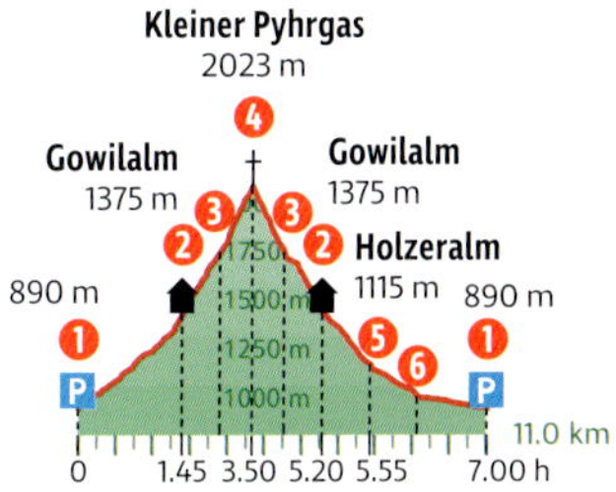

Zurück zur **Gowilalm** ❷. Dort links auf Weg Nr. 617/618 an den felsdurchsetzten Abhängen des Holzerkars nach Südosten, später nach rechts (Westen) teils in Kehren hinab zur **Holzeralm** ❺, 1115 m. Hier rechts auf Weg Nr. 617, einige Forststraßen querend, durch das Goslitzbachtal nach Nordosten hinab zur **Stefansbergalm** ❻, 950 m, danach an der linken Talseite weiter bergab zu Verzweigung am Beginn einer Bergstraße, 909 m. Auf unbez. Fußweg nach rechts über den Goslitzbach und jenseits in Nordrichtung talaus zu den Häusern von Goslitz (Oberweng) und auf der Zufahrtsstraße zurück zum Parkplatz **Gowilalm** ❶.

Kleiner Pyhrgas von Nordwesten mit dem Verlauf der Anstiegsroute.

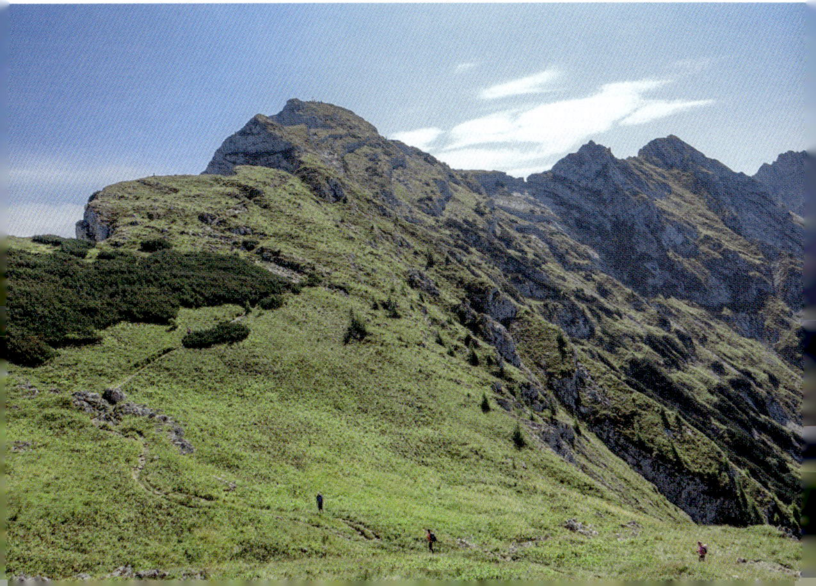

↗ 1310 m | ↘ 1310 m | 12.4 km

28 Scheiblingstein, 2197 m

7.00 h

Von Norden auf einen Hauptgipfel der Haller Mauern

Ein gewaltiger Höhenunterschied (gut 1300 Meter!) und das hochalpine Ambiente stempeln die Besteigung des Scheiblingstein über die Nordseite zu den anspruchsvollsten dieses Führers. Am lieblichen Wiesengefild der Laglalm vorbei folgt die Route dem markierten »Sepp-Wallner-Steig« durch den steilen Felstrichter des Laglkares, danach über einen nördlichen Seitengrat zur Höhe, bis sich am Gipfel schließlich ein sagenhaftes Bergpanorama auftut. Ausdauer und bergsteigerische Übung sind zwar gefordert, doch bei sicherem Wetter und schneefreien Verhältnissen gibt es für trainierte Geher auf dieser Route keine unlösbaren Probleme.

Ausgangspunkt: Parkplatz Leopolden (Inner-Rosenau), 880 m, von Windischgarsten über Rosenau am Hengstpass mit Pkw zu erreichen (11 km). Buslinie 435 von Windischgarsten bis Bushalt »Rosenau am Hengstpass Bauhof«, von dort 5,5 km (ca. 1.25 Std.) zu Fuß bis zum Parkplatz Leopolden.

Anforderungen: Lange, anspruchsvolle Bergtour auf bez. Steigen. Trittsicherheit, Schwindelfreiheit und Ausdauer sind erforderlich. Nur bei trockenem Wetter!

Einkehr: Unterwegs keine.

Blick vom Scheiblingstein nach Westen auf den Großen und Kleinen Pyhrgas.

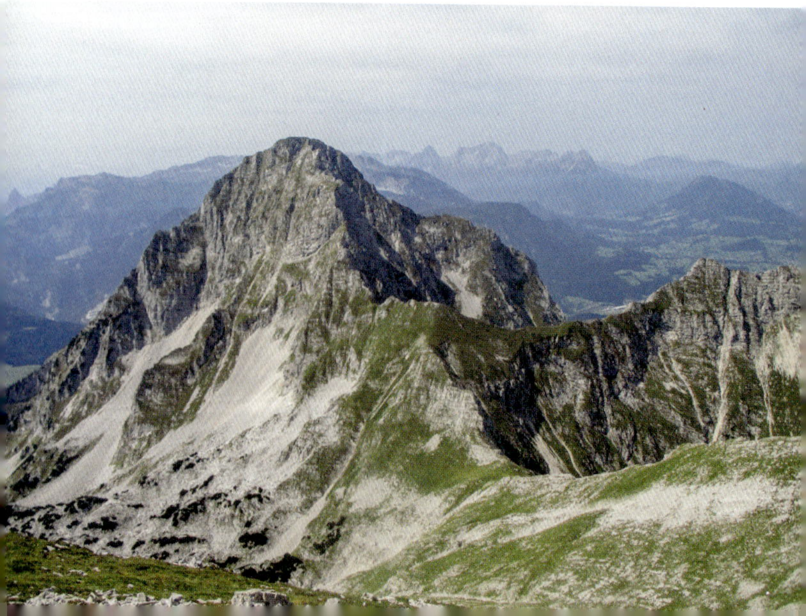

Vom Parkplatz **Leopolden** ❶ die Forststraße mit Weg Nr. 625 1 km nach Süden in den Hintergrund des Dambachtales und dort zu Verzweigung an markanter Rechtskurve, 968 m (Dambachursprung). Hier nun auf Fußweg geradeaus weiter und den Waldhang in weiten Schleifen hoch, eine Talstufe überwindend und eine Wasserstelle passierend, in scharfer Biegung nach links (Südost) empor zur Talverflachung an der unbew. **Laglalm** ❷, 1324 m.

Auf Weg Nr. 625 (»Sepp-Wallner-Steig«) ein Stück nach rechts (Westen), dann nach links in südlicher Richtung, unterhalb der Laglmauer vorbei aufwärts in das **Laglkar** ❸, hier rechts über eine angegrünte Geröllflanke (Steinschlaggefahr!) teils in Kehren nach rechts (Westen) empor in die **Laglmauerscharte** ❹, 1820 m, zuletzt in zwei Kehren (rechts – links) steil hinauf zu einem kleinen Sattel im Seitengrat der Laglmauer. Dem bez. Steig folgend teils direkt am Grat, teils im schrofigen Gelände links oder rechts von ihm nach Süden empor an den Hauptkamm der Haller Mauern und dort auf einen **Vorgipfel** ❺, 2078 m. Nach links (Südosten) abwärts in den Wiesensattel, 2060 m, vor dem Scheiblingstein und dort zur Rechtseinmündung von Weg Nr. 629 (vom Pyhrgasgatterl durch die Lange Gasse). Mit ihm über den Nordrücken des Berges unschwierig empor zum Gipfelkreuz des **Scheiblingsteins** ❻, 2197 m. Abstieg entlang der Anstiegsroute.

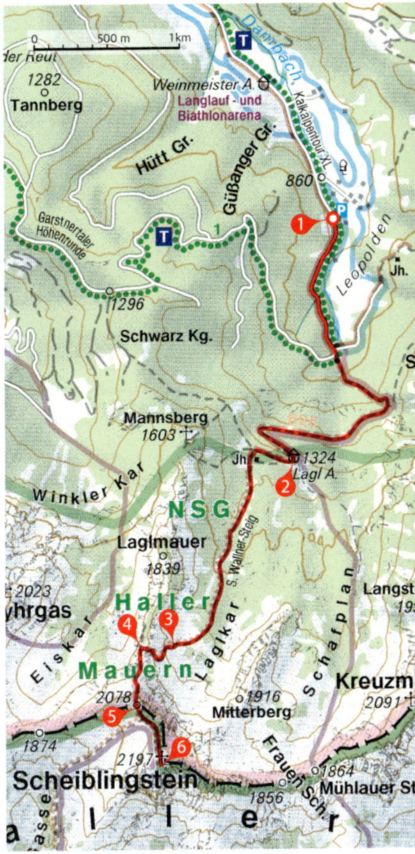

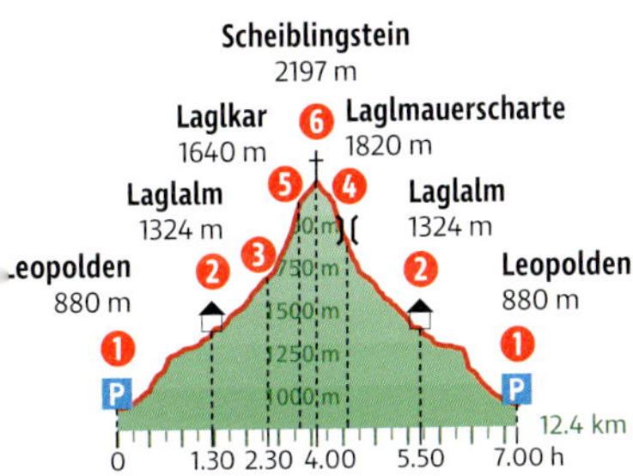

↗ 1600 m | ↘ 1670 m | 24.1 km

29 Hochsengs, 1838 m, und Spering, 1605 m

10.30 h

EIn anstrengender Tourentag in der Hochregion des Sengsengebirges

Der Kamm des Sengsengebirges kann auf einem durchgehenden Höhenweg (mit Übernachtung in einer Biwakschachtel) überschritten werden, bei dem vor allem die An- und Abstiege langwierig und kraftraubend sind. Unser Tourenvorschlag bietet eine verkürzte Variante über drei Gipfel hinweg, die von Konditionsstarken an einem Tag zu bewältigen ist. Eine herrliche Bergtour, aber nur für ganz erfahrene, ausdauernde Bergsteiger, nach der man das Gefühl hat, wirklich etwas geleistet zu haben.

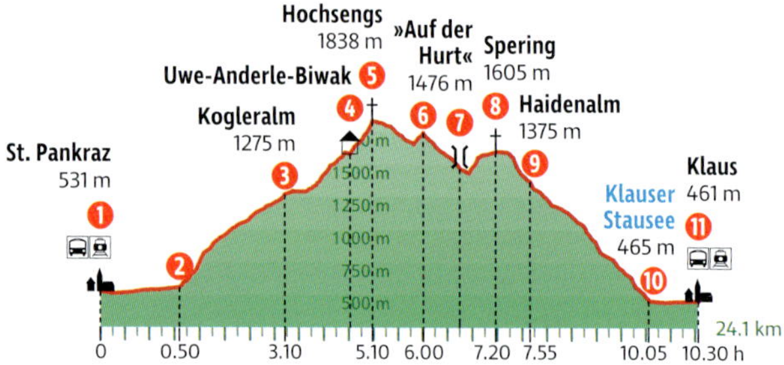

Der Spering ist die westlichste Erhebung im Kammverlauf des Sengsengebirges.

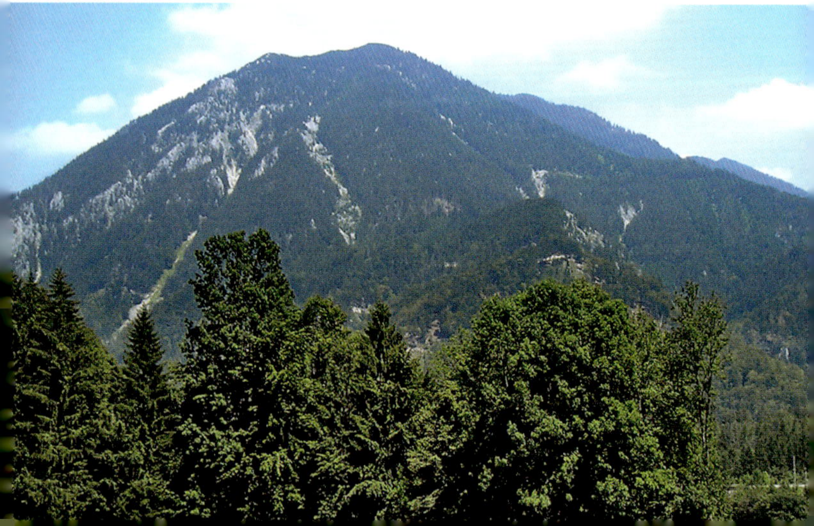

Ausgangspunkt: St. Pankraz a. d. Pyhrnbahn, 531 m, Parkplätze im Ortsbereich. Pyhrnbahn Linie 140 bis Hinterstoder Bahnhof, von dort mit Buslinie 431 bis Bushalt »St. Pankraz Ortsmitte« oder zu Fuß 2,3 km bis St. Pankraz.
Endpunkt: Klaus a. d. Pyhrnbahn, 461 m, Rückkehr nach St. Pankraz mit Pyhrnbahn Linie 140 bis Hinterstoder oder werktags auch mit Buslinie 430 von Bushalt »Klaus Pyhrnbahn Ortsmitte« bis Bushalt »Hinterstoder Bahnhof«).
Anforderungen: Extrem lange Wanderung mit enormer Anstiegshöhe. Wegen teilweise unmarkierter Pfade eine Angelegenheit für konditionsstarke, trittsichere und erfahrene Wanderer mit gutem Orientierungsvermögen (Wegverfolgung ab der Kogleralm z. T. schwierig!). Früher Aufbruch (südseitig!) empfehlenswert. Nur bei sicherem Wetter, bei Nebel und Nässe gefährlich. Unterwegs kein Wasser!
Einkehr: Unterwegs keine. In St. Pankraz: Ghf. Zum Niesl (keine Nächtigung, ganzj. Fr. bis Mo., ab 10 Uhr, geöffnet, Küche von 11–18.30 Uhr, Tel. +43 660 8463941, gasthaus-niesl.at). In Klaus: Ghf. Schinagl (keine Nächtigung, ganzj. 11.30–20 Uhr geöffnet, Mo. und Di. Ruhetag, Tel. +43 7585 20034).
Variante: Nach Besteigung des Spering kann man vom Sattel »Auf der Hurt«, (P. 1476; Funkstation) auf Weg Nr. 460 über die Jagdhütte Lackerboden und am Speringbauer, 533 m, vorbei zum Hinterstoder Bahnhof, 510 m, absteigen. Von dort per Bus oder auf unbez. Weg 2,5 km links der Teichl nach St. Pankraz. 3 Std. vom Sattel »Auf der Hurt«. Ohne Busfahrt etwa 1 Std. kürzer als die Hauptroute.
Hinweis: Bei Parken unterhalb des Rohrauerguts 45 Min. Anstiegszeit-Ersparnis. Die Tour kann durch Übernachtung am Uwe-Anderle-Biwak auf zwei Teilstrecken (1. Tag: 4.30 Std. 2. Tag: 6 Std.) aufgeteilt werden.

Von der Kirche in **St. Pankraz** ❶ auf dem Güterweg Nr. 461 nordwärts über die Teichl zu einem Hof, danach auf teils schlecht bez. Fußweg in Ostrichtung zum **Rohrauergut** ❷, 566 m. Nun nord-, später nordostwärts durch einen teilweise steilen Graben hinauf zum Saubachgut, 890 m. Dort auf Waldwegen, eine Forststraße querend, geradeaus weiter, später nach rechts zu einer anderen Straße, 1120 m, der man in Nordostrichtung bergwärts folgt. Weg Nr. 461 (führt ostwärts zum Hohen Nock) verlässt die Straße kurz vor einer Linkskehre, 1185 m, nach rechts. Wir aber folgen der Forststraße durch die Kehre nach links (Nordwesten!) empor zur unterm Brettstein gelegenen **Kogleralm** ❸, 1275 m, wo Straße und Markierung enden. Auf unbez. Wegen geradeaus durch die Gruben, danach links abzweigende alte Forstwege nutzend, schließlich den mit Steinmandln markierten Steig (Verfolgung z. T. problematisch!), nur wenig an Höhe gewinnend, quer durch die Südhänge des Gamskogels nach Nordwesten aufwärts, bei P. 1442 um eine Bergecke nach rechts herum in eine von Latschen bewachsene Karmulde. Durch diese nach Nordosten empor in den Sattel zwischen Gamskogel und Hochsengs im Hauptkamm des Sengsengebirges und dort nach links zum **Uwe-Anderle-Biwak** ❹, 1583 m (immer geöffnete, unbewirtschaftete Unterkunft, 10 L.). Besuch des unweit nördlich gelegenen Felsenfensters »Luckete Mauer« mit Tiefblick zur Ramsau im Hopfingtal.
Vom Biwak weg folgen wir dem Höhenweg Nr. 469 links (südlich) des Kammes durch schrofiges Gelände und über Felsplatten nach Nordwesten auf-

wärts zum Gipfel des **Hochsengs** ❺, 1838 m. In derselben Richtung hinab in einen Sattel, 1585 m, und jenseits empor auf das **Schillereck** ❻, 1748 m. Anderseitig hinunter in den Sattel »**Auf der Hurt**« ❼ (P. 1476, Funkstation), wo links Weg Nr. 465 zum Bahnhof Hinterstoder (Variante) abzweigt. Wir aber folgen einer Forststraße nach rechts (Nordwesten) 500 m abwärts zur Linksabzweigung des Stichweges auf den Spering. Auf diesem in einigen Kehren nach Südwesten zum Hauptkamm empor und über diesen nach rechts zum höchsten Punkt des **Spering** ❽, 1605 m, mit herrlichem Rund- und Tiefblick.

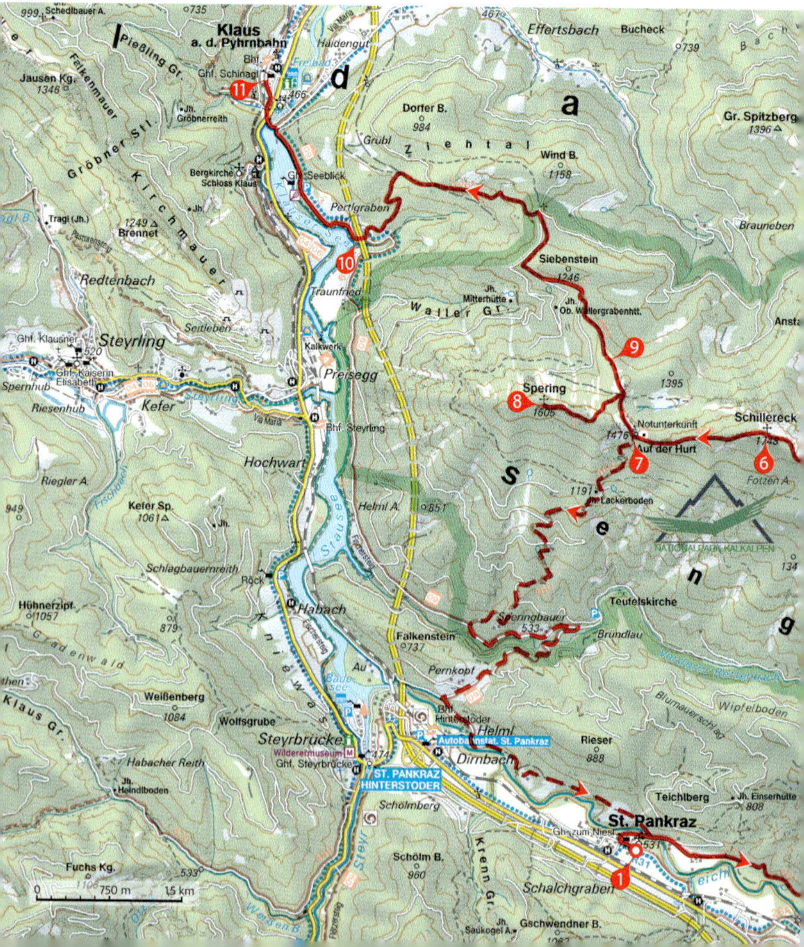

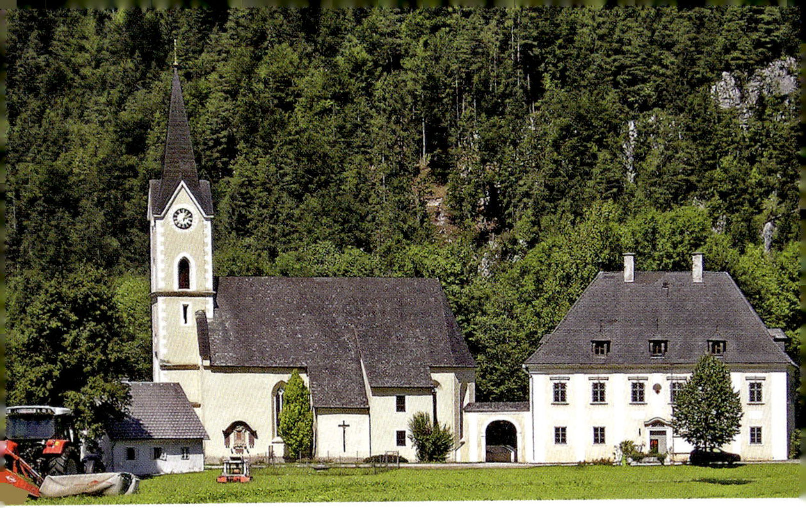

St. Pankraz ist Ausgangs- und Endpunkt der langen Tour auf Hochsengs und Spering.

Zurück zur Abzweigung des Spering-Stichweges. Hier links auf Weg Nr. 465, einem Rücken folgend, in Nordwestrichtung weiter bergab zur verfallenen **Haidenalm** ⑨, 1375 m, und weiter in den Sattel vor dem Siebenstein. Dort zum Teil auf Forststraßen kurz nach links (Westen), dann im Rechtsbogen um den Siebenstein herum in den Sattel vor dem Windberg. Dort links, westwärts, den Fußweg Nr. 465 anfangs steil in den Pertlgraben bergab, dann in langer Hangquerung, eine Forststraße traversierend, an seiner rechten Seite abwärts, schließlich steil nach links (Süden) hinunter zur Steyr, die beim **Klauser Stausee** ⑩, 465 m, erreicht wird. Unter der Pyhrnautobahn hindurch und rechts auf Straße 1,5 km am Ostufer des Sees entlang zur Staumauer. Über sie zur B138 und diese sich rechts haltend nach **Klaus** ⑪, 461 m.

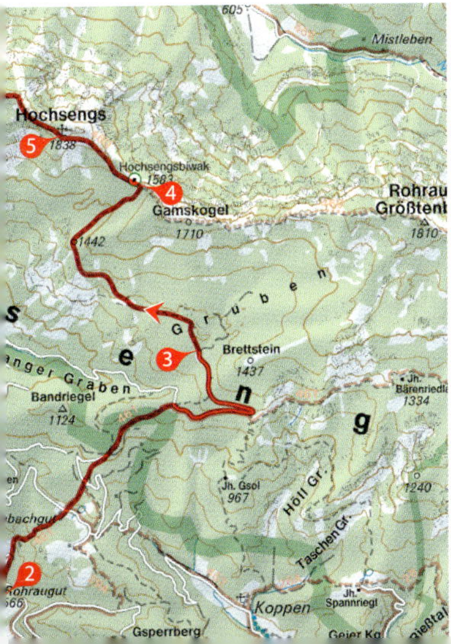

Rückfahrt nach St. Pankraz entweder mit dem mehrmals täglich verkehrenden Bus (nur werktags!) oder mit der Pyhrnbahn bis Hinterstoder und von dort 2,3 km zu Fuß oder mit dem Bus nach St. Pankraz.

TOP

30 Hoher Nock, 1963 m (Nordanstieg)

↗ 1380 m | ↘ 1380 m | 20.1 km

7.30 h

Der »Normalweg« auf das Dach des Sengsengebirges

Mit 600 Hektar ist die Feichtau die größte der 20 bewirtschafteten Almen im Nationalpark. Umgeben von unberührten, seit Jahrzehnten nicht mehr genützten Waldgebieten führt von dort der kürzeste und meistbegangene Anstieg auf den Hohen Nock – eine lange Tour mit beachtlicher Anstiegshöhe, bei der sich eine Zwischennächtigung auf der Feichtauhütte (Selbstversorger!) und damit eine Aufsplitterung auf zwei Tagesetappen anbietet. Will man nicht so hoch hinaus oder ist das Wetter schlecht, findet man auch unterhalb der Felsgipfel lohnende Ziele wie die beiden Feichtauer Seen, Natur- und Landschaftsjuwele des Gebiets.

Ausgangspunkt: Bodinggraben, 641 m (19 km von Molln) im Tal der Krummen Steyrling. Pyhrnbahn Linie 140 bis Kirchdorf a. d Krems, von dort mit Buslinie 433 bis Bushalt »Molln/Steyr Marktstraße«. Zufahrt von Molln bis zum Parkplatz Jagahäusl bzw. bis zum 150 m weiter talein gelegenen Parkplatz Schwarzgraben mit Pkw oder per Taxi (Taxi Riener, Tel. +43 7584 2322; Taxi Sonnleitner, Tel. +43 664 5222800).

Anforderungen: Unschwierige, aber lange Wanderung auf bez. Fahr- und Fußwegen. Ausdauer und Trittsicherheit nötig.

Einkehr: Jst. Jagerhäusl (keine Nächtigung, im April an den Wochenenden, geöffnet 1. Mai bis 1. Nov. Di. bis So. 9–19 Uhr, Mo. Ruhetag, Tel. +43 664 1375 594, jagahaeusl.at), Polzhütte in der Feichtau (keine Nächtigung, bei Schönwetter geöffnet 1. Juli bis 23./30. Sept., Sa. und So., Tel. +43 7584 3395 und +43 664 5422395). Übernachtungsmöglichkeit in der benachbarten Feichtauhütte des ÖAV (Selbstversorgerhütte, 20 L., Nächtigung von 1. Mai bis 26. Okt. nach Voranmeldung. Der Zugang zur Hütte ist nur mit Alpenvereinsschlüssel, Tel. +43 664 73465776, alpenverein.at/

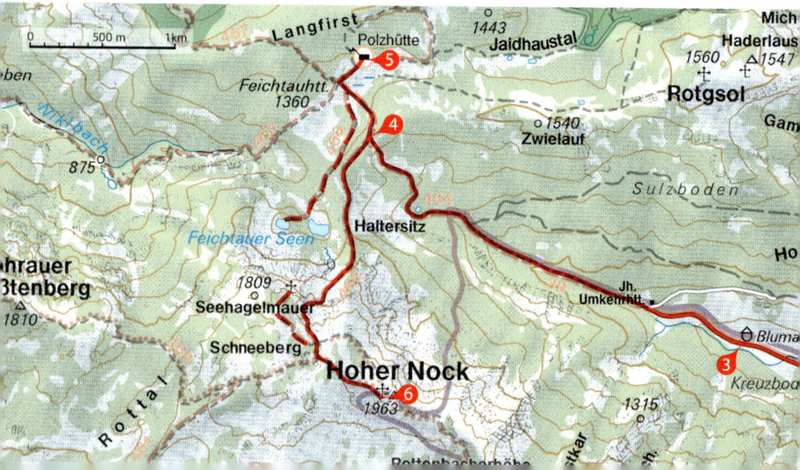

feichtauhuette möglich).
Variante: Vom Almboden der Feichtau lohnt ein Besuch der reizvollen Feichtauer Seen. Von der erwähnten Abzweigung nach dem Sattel zwischen Hohen Nock und Rotgsol auf Weg Nr. 468 südwestwärts über einen Almboden, dann durch den naturbelassenen Feichtauer Urwald und über Felsstufen (Trittsicherheit nötig) in einen kleinen Sattel, 1410 m, und jenseits durch schütteren Wald hinab zum Großen Feichtauer See, 1385 m. An seinem Nordufer in Westrichtung weiter, dann durch Blockwerk und Latschen zu einer Anhöhe, 1415 m, empor und jenseits hinab zu dem in einem Geröllfeld eingebetteten Kleinen Feichtauer See, 1390 m. Zusätzlicher Zeitaufwand: 45 Min.

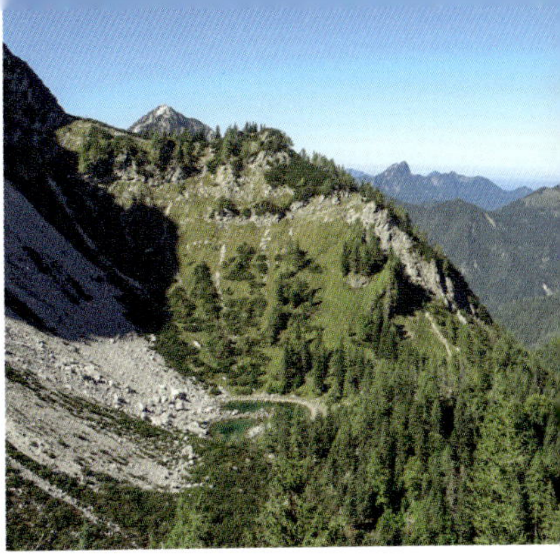

Im Nordanstieg auf den Hohen Nock: Tiefblick nach Westen zu den beiden Feichtauer Seen.

Vom Parkplatz Schwarzgraben in **Bodinggraben** ❶ die Straße entlang der Krummen Steyrling 150 m eben weiter talein zum Parkplatz Schwarzgraben. Dort rechts ab und, den Bach querend, auf bez. Forststraße (Weg Nr. 39) westwärts den Blöttenbachgraben, an der **Lettneralm** ❷, 663 m, und dem Glöcklerkreuz vorbei talein, später über den Kreuzboden zur **Blumauer Alm** ❸, 762 m, deren Almboden auf der breiten Forststraße traversiert wird. Bei der Umkehrhütte (große Rechtskehre) wird der Forstweg verlassen. Auf dem rot bez. Almweg Nr. 39 geradeaus (nordwestwärts) talein zur Rechtsabzweigung, 1030 m, Richtung Zwielaufhütte und gerade fort zum winzigen Herzerlsee, 1260 m. Weiter ansteigend erreicht man unter dem Felsmassiv des Haltersitz (links) den Sattel ❹, 1430 m, am Verbindungskamm zwischen Hohem Nock und Rotgsol mit Linksabzweigung von Weg Nr. 466 auf den Hohen Nock. Wir folgen dem Weg Nr. 466 jedoch nach rechts (Norden) hinab zum Almboden der Feichtau (nach 400 m zweigt, 1355 m, links der Weg Nr. 488 zu den zwei Feichtauer Seen ab) und dort nach rechts zur Feichtauhütte (Selbstversorgerhütte, 1360 m) und 350 m weiter zu der im Sommer bewirtschafteten **Polzhütte** ❺, 1375 m. Zurück in den **Sattel** ❹ zwischen Hohem Nock

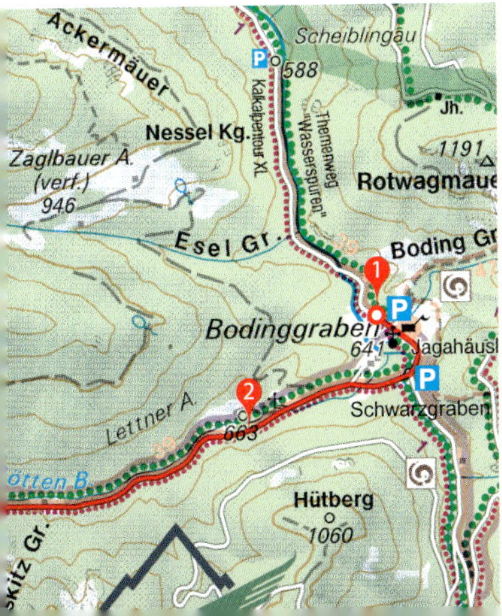

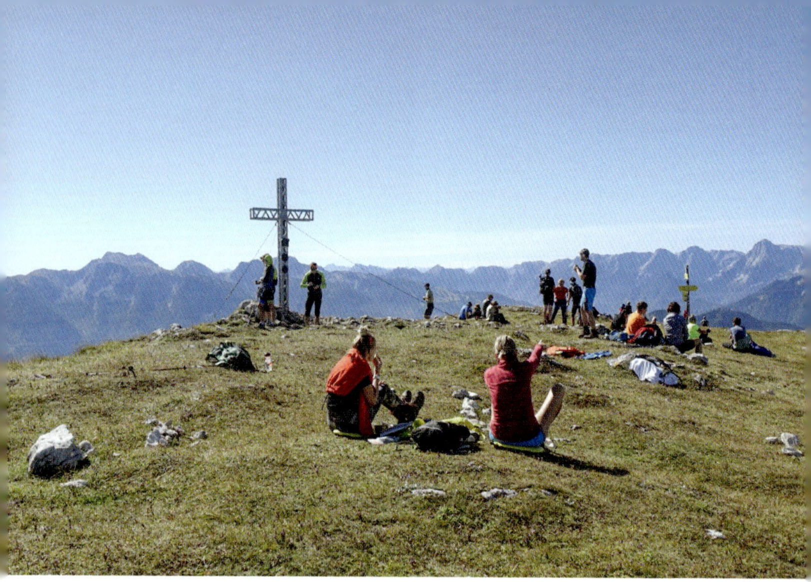

Am Gipfelplateau des Hohen Nock.

und Rotgsol. Dort rechts auf Weg Nr. 466, den Haltersitz rechts (westlich) umgehend, am Grat nach Süden hinauf, später durch Latschengassen weiter bergauf und an einer Felskanzel vorbei in das Nockkar. Südwestwärts über Geröll, dann über Felsstufen und durch eine schluchtartige Rinne zu einer Verzweigung, 1850 m; rechts alternativer Abstecher für Trittfeste zur nahen Seehagelmauer, 1809 m, mit Tiefblick in die Feichtau. Geradeaus auf Weg Nr. 466 weiter auf das Nockplateau und dort links an Dolinen vorbei nach Südosten empor zur unerwartet großen Wiese am Gipfel des **Hohen Nock** 6, 1963 m. Abstieg entlang der Anstiegsroute.

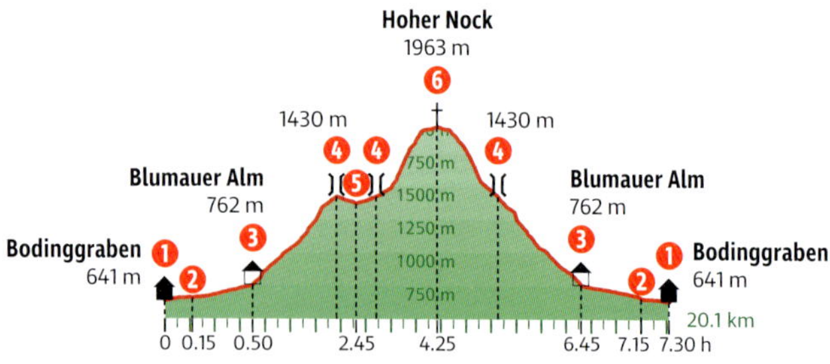

↗ 1500 m | ↘ 1500 m | 14.6 km

7.30 h

Hoher Nock, 1963 m (Südanstieg) 31

Eine Angelegenheit für Leistungsfreaks

Die höchste Erhebung des Sengsengebirges und damit des gesamten Nationalparks Kalkalpen, der Hohe Nock, kann auf mehreren interessanten Wegen erreicht werden: Die beliebteste, meistbegangene Route ist jene von Norden über die Feichtau. Wesentlich anspruchsvoller, beschwerlicher und auch weniger bekannt ist die Südroute aus dem Hinteren Rettenbachtal, die ohne Zwischenhalt in einem Zug auf den Gipfel führt. Die dabei zu bewältigenden 1500 Anstiegsmeter sind in der Tat keine Kleinigkeit. Doch wer sich dem »Marathon« gewachsen fühlt, wird auf der unerwartet großen Gipfelwiese reichlich entschädigt: Ein grandioses Bergpanorama, das uns die ganze Alpenwelt vom Ötscher bis zu den Salzburger Bergen, vom Hochschwab bis zu den Hohen Tauern vor Augen führt.

Ausgangspunkt: Jagdhaus Rettenbach, 610 m (kostenfreier Parkplatz, Pyhrnbahn Linie 140 bis Roßleithen, von dort zu Fuß 5 km (ca. 1.20 Std.) über Rading und Rettenbach ins Rettenbachtal). Zufahrt mit Pkw von Windischgarsten über Rading nach Rettenbach, 580 m, und dort 2 km durch das innere Rettenbachtal zum Jagdhaus Rettenbach, 6,5 km von Windischgarsten.

Anforderungen: Unschwierige, aber lange, anstrengende Bergtour mit großem Höhenunterschied. Nur für geübte, konditionsstarke Bergwanderer. Trittsicherheit und Ausdauer nötig. Wegen der Länge und der südseitigen Exposition früher Aufbruch empfehlenswert. Nur bei sicherem Wetter!

Einkehr: Unterwegs keine. Mehrere Gastbetriebe in Windischgarsten.

Vom Parkplatz beim **Jagdhaus Rettenbach** ❶ die Zufahrtsstraße 70 m zurück zur Rechtsabzweigung von Weg Nr. 463 (»Budergrabensteig«). Auf diesem an der linken Seite des Budergrabens durch Wald steil nach Norden aufwärts, später teils im freieren Gelände (Grashänge, Geröllfelder) in Kehren weiter zur **Linksabzweigung** ❷, 1425 m, eines unbez. Weges zur Koppenalm. Auf dem Hauptweg (Nr. 463) schräg nach rechts (Nordosten) hinauf in den von Latschen und Dolinen durchsetzten Kessel des Oberen Knodelbodens und dort zum **Merkensteinbründl** ❸, 1580 m (letzte und einzige Wasserstelle im Anstieg), am Nordabhang des gleichnamigen Berges.
Nun im weiten Linksbogen an den Abhängen des Gamsplan durch Latschen nach Nordosten hinauf in einen Sattel der **Rettenbacher Höhe** ❹, 1779 m, zwischen Hohem Nock links und Gamsplan rechts (alternativ von hier auf unbez. Steig in 30 Min. zu erreichen). Auf dem bez. Weg knapp links vom Grat, einige Latschenfelder umgehend, nach Nordwesten aufwärts, zuletzt über steile Schrofen zur Gipfelwiese des **Hohen Nock** ❺, 1963 m, mit umfassender Rundsicht.

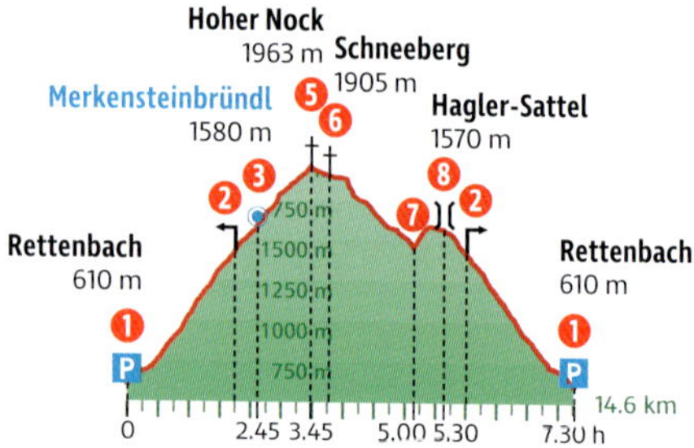

Jenseits des Gipfels nun auf Weg Nr. 461, an der Rechtseinmündung des Nordanstiegs vorbei, durch eine flache Mulde mit riesigen Dolinen nach Westen auf die Kuppe des **Schneebergs** 6, 1905 m, danach südwestwärts zu einer Weggabelung, 1865 m. Links auf Weg Nr. 461 über einen Bergrücken (Tiefblick links zur Koppenalm) nach Südosten abwärts zu einer Schul-

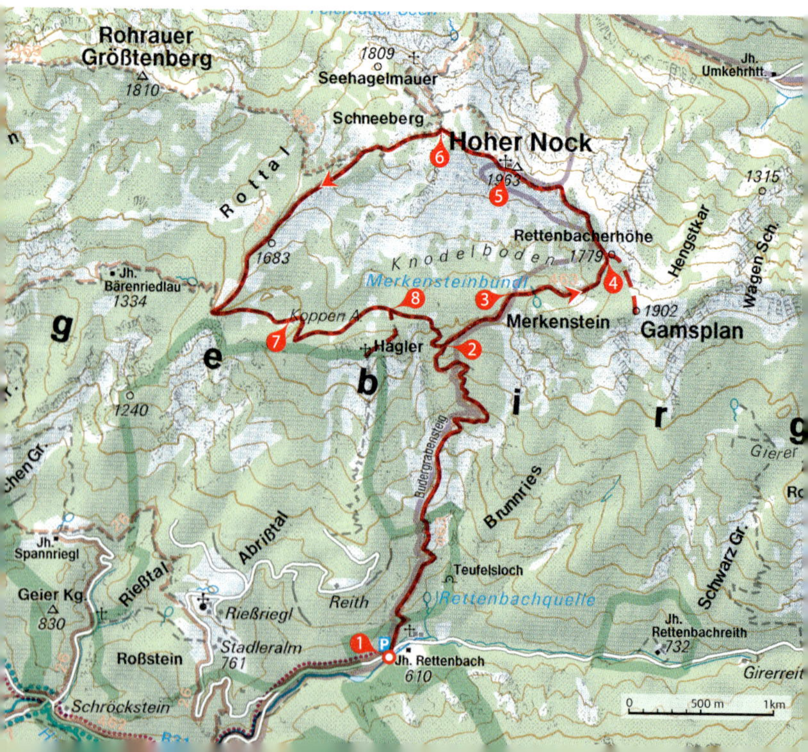

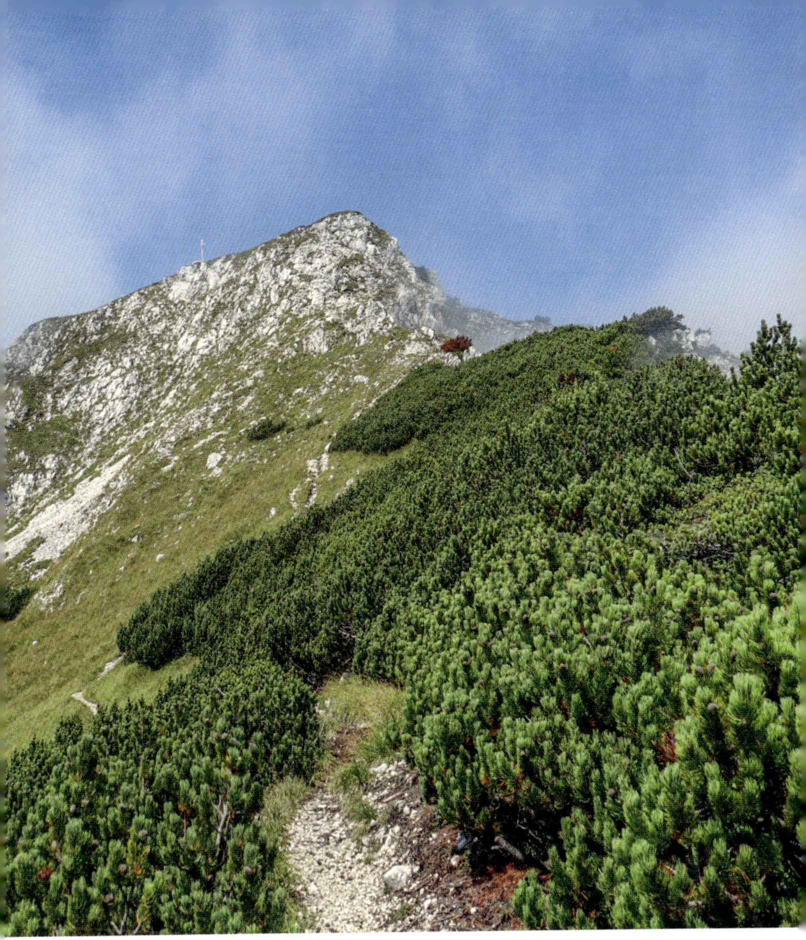

Im Gipfelanstieg auf den Hohen Nock.

ter mit energischer Rechtskehre, 1495 m (Wegweiser, Steinmann). Links ab und auf unbez. Weg nach Osten hinüber zur **Koppenalm** 7, 1460 m, danach in einer Kehre empor zum **Sattel** 8, 1570 m, nördlich des Hagler (der Gipfel, 1669 m, ist von hier auf unbez. Steig in 20 Min. zu erreichen). Jenseits des Sattels relativ sanft nach Südosten abwärts zur bekannten **Linksabzweigung** 2 (Weg Nr. 463) und auf dem uns vertrauten Weg zurück zum Parkplatz beim **Jagdhaus Rettenbach** 1.

↗ 1000 m | ↘ 1000 m | 10.9 km

32 Ebenforstalm, Alpstein, 1443 m, und Trämpl, 1424 m

5.15 h

Ein Wiesenparadies vor den beiden Recken

Wer das Gebiet noch nicht kennt, ist schon allein mit dem Besuch der Ebenforstalm gut beraten. Im Herzen des Nationalparks gelegen, ist diese »selige Öde« nur so erfüllt von Blumenduft und dem Glockengebimmel der Weidetiere. Ein richtiger Ort zum Entspannen und Genießen, wo noch dazu eine gut geführte Almwirtschaft zum längeren Verbleiben einlädt. Natürlich besteigt dort ein jeder die beiden Hüttenzapfen Alpstein und Trämpl, schon des informativen Überblicks über die Täler und Höhen des Reichraminger Hintergebirges wegen.

Ausgangspunkt: Bodinggraben, 641 m, im Tal der Krummen Steyrling. Pyhrnbahn Linie 140 bis Kirchdorf a. d. Krems, von dort mit Buslinie 433 bis Bushalt »Molln/Steyr Marktstraße«. Zufahrt von Molln (19 km) bis zum Parkplatz Jagahäusl bzw. bis zum 150 m weiter talein gelegenen Parkplatz Schwarzgraben mit Pkw oder per Taxi: Taxi Riener, Tel. +43 7584 2322; Taxi Karl Sonnleitner (Wandertaxi), Tel. +43 664 5222 800.
Anforderungen: Etwas anstrengende Wanderung mit beachtlichem Höhenunterschied auf bez. Wegen. Trittsicherheit und Schwindelfreiheit nötig. Nur bei trockenem Wetter!
Einkehr: Jst. Jagerhäusl (keine Nächtigung, im April an den Wochenenden, geöffnet, 1. Mai bis 1. Nov. Di. bis So. 9–19 Uhr, Mo. Ruhetag, Tel. +43 664 1375594, jagahaeusl.at), Ebenforstalm (21 B., geöffnet 1. Mai bis 31. Okt. täglich, Tel. +43 7255 20606). Mehrere Gastbetriebe in Molln.
Hinweis: Die Wanderung zur Ebenforstalm ist auch ohne Gipfelbesteigung lohnend und mit Kindern möglich (Gesamtgehzeit ohne Rundweg hin und zurück 3.30 Std.).
Tipp: Am Parkplatz Scheiblingau beginnt der Themenweg »Wasserspuren im Bodinggraben«. Er folgt der Schotterstraße am Bachlauf der Krummen Steyrling entlang (Zufahrt bis Bodinggraben talein zwischen 6 und 9 Uhr, retour immer), am Maulaufloch (temporäre Karstquelle), einer ehemaligen Holzschwemm-Klause, und weiteren Infostellen vorbei, nach Bodinggraben (Jst. Jagahäusl), danach auf beschildertem Rundweg im Gegenuhrzeigersinn über den Panoramablick wieder nach Bodinggraben und zurück nach Scheiblingau. Gesamtlänge 5,5 km, gesamter Zeitaufwand: 2 Std.
Variante: Vom Parkplatz Bodinggraben, kann man auf Weg Nr. 472a über die Schaumbergalm (unbew.), 1150 m, ebenfalls auf den Trämpl (2.30 Std. vom Bodinggraben) und von dort, wie in umgekehrter Richtung beschrieben, über die Ebenforstalm, zurück zum Ausgangspunkt gelangen, was eine schöne Rundtour ergibt.

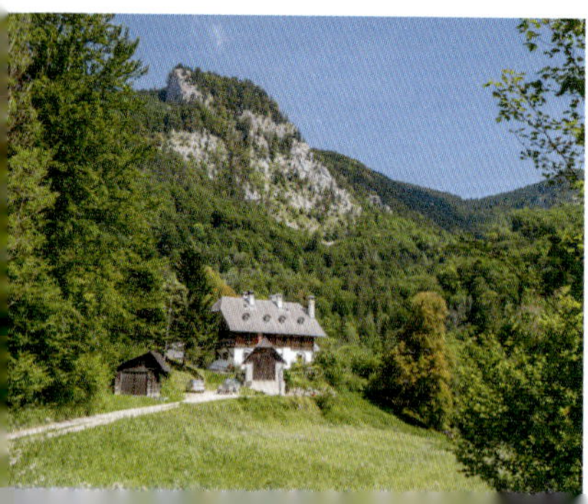

Das Forsthaus Bodinggraben, einst Jagdhaus der Grafen Lamberg.

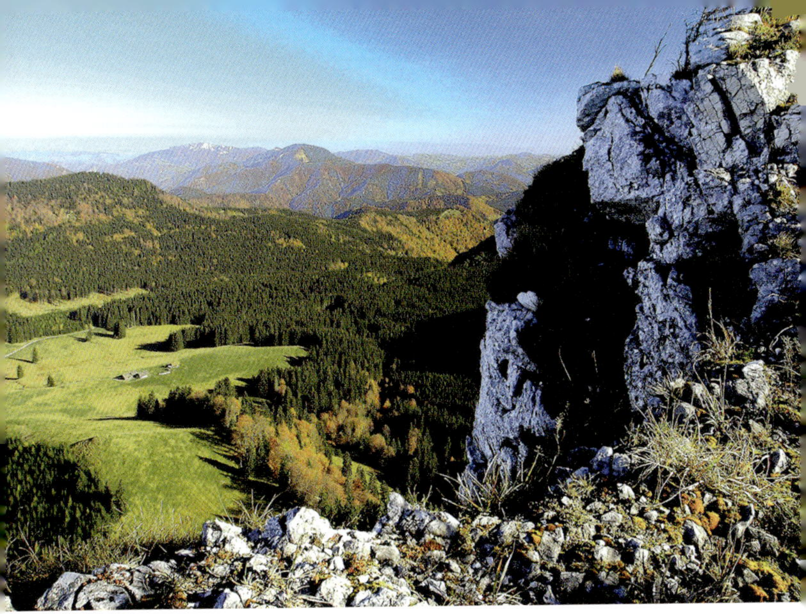

Die Wiesenböden der Ebenforstalm vom Anstieg auf den Trämpl.

Vom Parkplatz Schwarzgraben in **Bodinggraben** ❶ in den bewaldeten Bodinggraben (Themenweg »Wasserspuren im Bodinggraben«) und dort an den Südhängen der Rotwagmauer in einigen Kehren hinauf, dann steiler zu einer Forststraße, die traversiert wird (1 Std.). Der Weg schwenkt nach rechts (Südosten) um, erreicht einen Scheitelpunkt, 1145 m, und führt am Ostabhang des Schirmkogels hinab in den **Wiesensattel** ❷, 1130 m, oberhalb der Ebenforstalm. In Sichtweite der Alm halten wir uns rechts, südwärts, auf einen Wiesenkamm zu und erreichen dort die Weggabelung **Trämpl / Alpstein** ❸. Links auf Weg Nr. 41 durch die Mulde der Geißlucke nach Osten hinauf zur Wegteilung am Sattel **Luchsboden** ❹, 1308 m, und

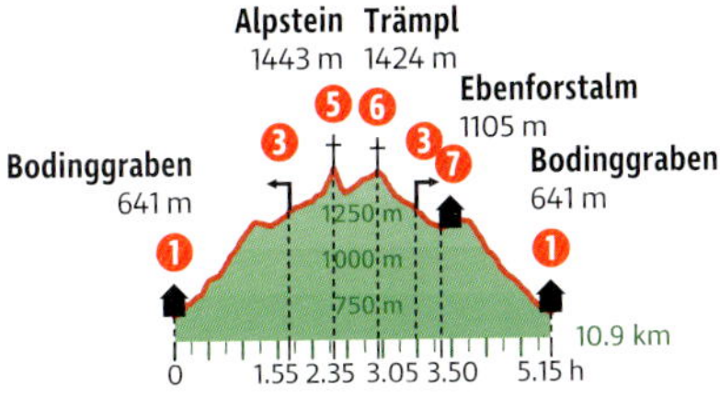

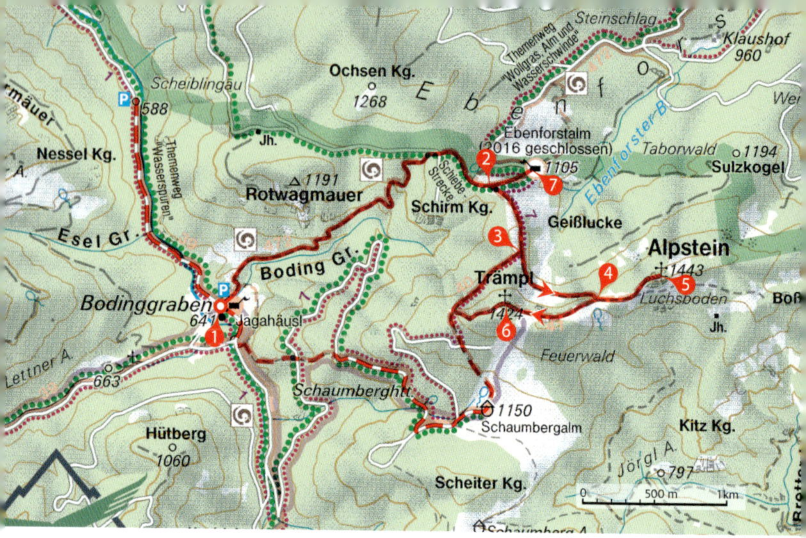

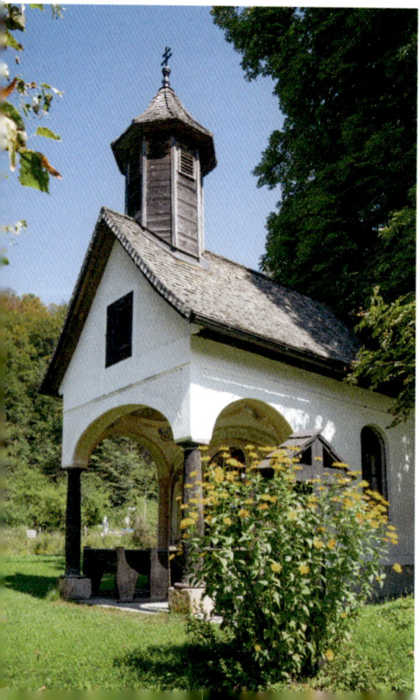

steil nach links empor auf den Felsgipfel des **Alpstein** ❺, 1443 m, mit herrlichem 360-Grad-Panorama. Zurück zur Wegteilung am **Luchsboden** ❹. Auf bez. Steig links am Kamm weiter, danach über einen Steilhang zu einer Felswand, zuletzt über eine Wiese empor auf den Felsgipfel des **Trämpl** ❻, 1424 m (Rundsicht wie vom Alpstein). Jenseits des Gipfels auf Weg Nr. 40 über den Westgrat bergab, dann, einige Felsbildungen umgehend, nach rechts (Nordosten) zur Wegteilung **Trämpl / Alpstein** ❸. Auf bekanntem Weg zurück zum **Wiesensattel** ❷ oberhalb der Ebenforstalm und kurz nach rechts (Osten) zur bew. **Ebenforstalm** ❼, 1105 m. Retour in den erwähnten Wiesensattel und auf bekanntem Weg zurück nach **Bodinggraben** ❶.

Die Rosaliakapelle im Bodinggraben.

↗ 240 m | ↘ 240 m | 5.3 km

1.45 h

Weißenbach-Runde

33

Eine familienfreundliche Wanderung auf dem Themenweg »Im Tal des Holzes«

Zur Holzgewinnung wurde das Weißenbachtal bei Reichraming seit dem Mittelalter genutzt. Im Laufe der Jahrhunderte hat sich jedoch ein Wandel von der ursprünglichen Verwendung als Köhlerwald (zur Holzkohle-Gewinnung) über den normalen Nutzwald zum Naturwald im Rahmen des Kalkalpen Nationalparks vollzogen. Der dort geschaffene, sechs Kilometer lange Themenweg »Im Tal des Holzes« gibt die Möglichkeit, im Zuge einer Rundwanderung, an Stationen und Aussichtspunkten vorbei, die längst vergangene Welt der Köhler und Holzknechte wieder zu erleben und sich eine Vorstellung von den Mühen und Strapazen dieser Arbeit zu machen.

Ausgangspunkt: Parkplatz 4 (»Weißenbach-Parkplatz«), 385 m (vom 1. Mai bis 31. Okt. gebührenpflichtig), im Tal des Reichramingbachs, an der Rechtseinmündung des Weißenbachs. Mit der Ennstalbahn Linie 131 bis Bf. Reichraming. Von dort entweder 5 km zu Fuß (ca. 1.20 Std.), mit Pkw oder per Taxi bis zum Parkplatz 4 (Taxi Aschauer, Tel. +43 7254 8219; Taxi Bürscher, Tel. +43 664 3786611).
Anforderungen: Einfache, kurze Runde mit geringem Höhenunterschied und mäßiger Steigung.
Einkehr: In Reichraming mehrere Gastbetriebe. Unterwegs keine Einkehr.

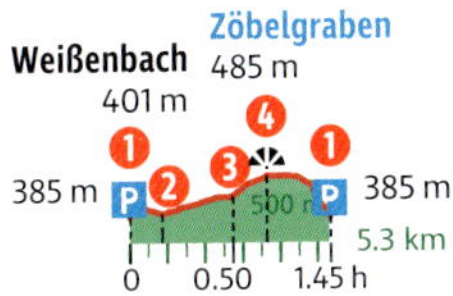

Hinweis: Hoher Wasserstand am Weißenbach kann den Weg unbegehbar machen, auch Steinschlagschäden können zu einer zeitweisen Sperrung führen. Infos: kalkalpen.at und nationalparkregion.at. Das Weißenbachtal wird schon seit dem Mittelalter (um 1500) zur Holzgewinnung genutzt.

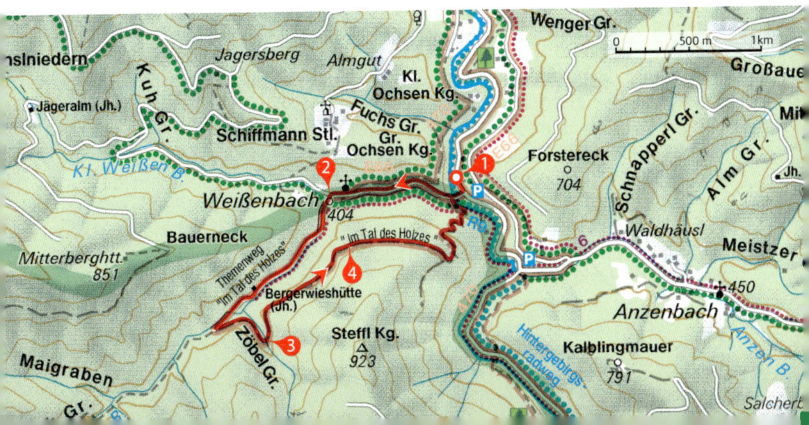

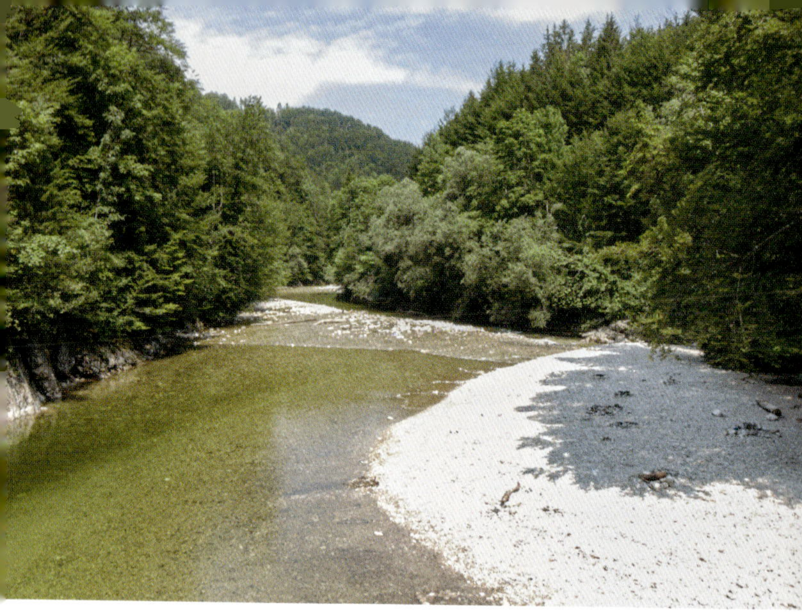

Der Große Bach von Süden, von der Reichramingbach-Brücke.

Vom **Parkplatz 4 ❶**, dem »Weißenbach-Parkplatz«, auf dem Themenweg »Im Tal des Holzes« über die Reichramingbach-Brücke (Großer Bach) und jenseits über den hier mündenden Weißenbach. Nun auf Forststraße rechts vom Bach und unterm Großen Ochsenkogel vorbei in Westrichtung talein zur ehemaligen Holzfällersiedlung **Weißenbach ❷**, 401 m (Kapelle), wo rechts der Kleine Weißenbach einmündet. Hier nach links über den Großen Weißenbach und jenseits auf Forststraße (Trasse der ehemaligen Waldbahn) zur Bergerwieshütte, 428 m (Rastplatz mit Brunnen), danach noch einmal über den Bach und weiter zu einer markanten Verzweigung, 455 m.
Scharf links ab und auf Forststraße (Themenweg) an der rechten Seite des Zöbelgrabens nach Südosten aufwärts, später nach links über den **Bach ❸**, und jenseits an den Abhängen des Stefflkogels in Nordostrichtung steiler bergauf zu einer hölzernen **Aussichtsplattform ❹**, 590 m. Weiterhin entlang der Straße, die nordseitigen Waldhänge des Stefflkogels querend, leicht auf und ab zu markanter Rechtskurve, 575 m (Rastplatz). Am Rastplatz links ab und auf gutem Serpentinenweg nach Norden hinab in das Tal des Reichramingbaches. Dort über die Brücke, danach sich rechts haltend retour zum **Parkplatz 4 ❶**.

Wald, Wald und noch nochmals Wald! Tiefblick ins Tal des Reichramingbachs.

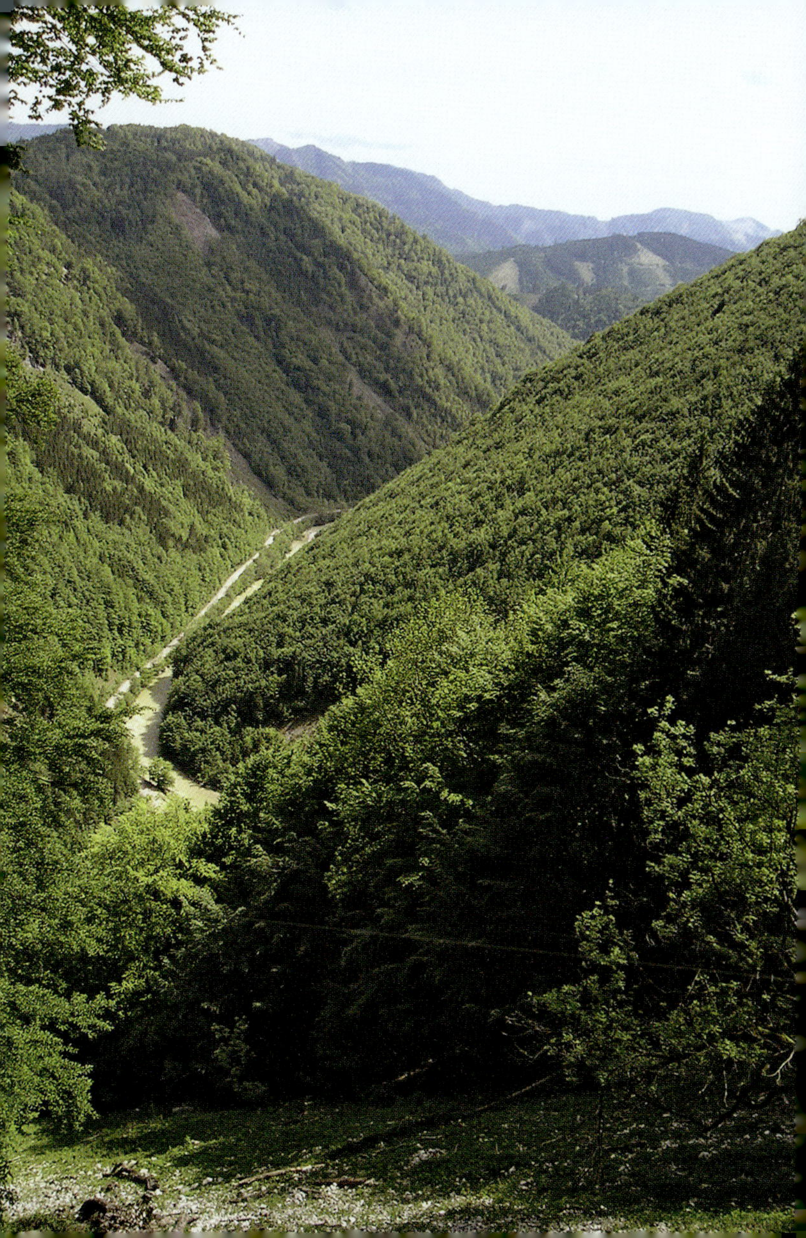

↗ 820 m | ↘ 820 m | 23.8 km

34 Wilder Graben und Wildnistrail Buchensteig

7.30 h

Gipfelloser Streifzug durch den Zentralbereich des Hintergebirges

Im Reichraminger Hintergebirge ist der Gipfel als Wanderziel eher der Sonder-, denn der Normalfall. Hier rücken Dinge wie seltene Tiere, Pflanzen, Urwälder, Schluchten, Wasserfälle, Almen und überhaupt unberührte Natur in den Vordergrund. Die hier propagierte Runde durch den Wilden Graben und über den Sinnreitnerboden, also durch ein früher forstlich genutztes, jetzt als Nationalpark geschütztes Gebiet, vermittelt eine Vorstellung von der Unberührtheit und Abgeschlossenheit der einsamen Waldregion und fordert die Aufmerksamkeit des Naturfreunds auf Schritt und Tritt: Naturnahe Buchenwälder säumen den Weg, da und dort wachsen wilde Orchideen, man hört Spechte klopfen und trifft sogar gelegentlich auf Feuersalamander.

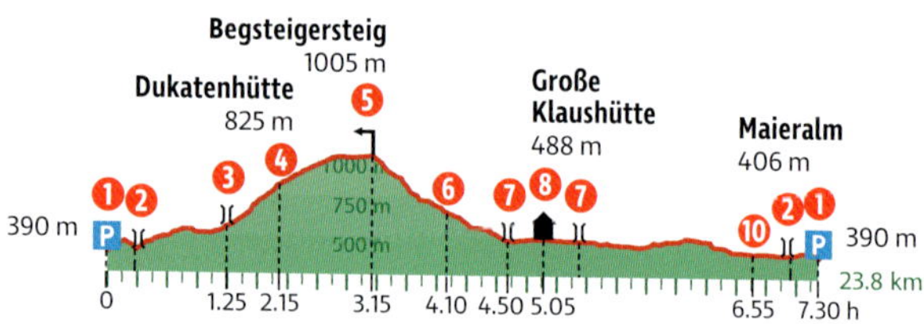

Ausgangspunkt: Parkplatz 6 (»Anzenbachschranken-Parkplatz«, 390 m, vom 1. Mai bis 31. Okt. gebührenpflichtig) an der Mündung des Anzenbachs in den Reichramingbach.
Mit der Ennstalbahn Linie 131 bis Bahnhof Reichraming. Von dort entweder 6 km zu Fuß (ca. 1.30 Min.), mit Pkw oder per Taxi bis zum Parkplatz 6 (Taxi Aschauer, Tel. +43 7254 8219; Taxi Bürscher, Tel. +43 664 3786611).
Anforderungen: Lange Wanderung auf markierten Fahr- und Fußwegen sowie auf dem gut beschilderten Wildnistrail Buchensteig.
Einkehr: Große Klaushütte (keine Nächtigung, geöffnet je nach Wetter von 23./30. April bis 26. Okt. Mi. bis So. und an Feiertagen 9–18 Uhr, Tel. +43 680 1190790 oder +43 680 2110218).

Vom **Parkplatz 6** ❶ die Forststraße (einst Waldbahntrasse) südwärts über die Anzenbachbrücke zur Verzweigung danach. Links ab und auf dem Wildnistrail Buchensteig an Waldhängen in Südrichtung talein und wieder zur Straße. Mithilfe der **Hängebrücke** ❷ über den Reichramingbach an das rechte Ufer. Weiter durch urwaldartiges Gelände (Mesophiler Buchenwald) an den Hängen rechts oberhalb des Reichramingbaches entlang stetig leicht steigend, bis der Weg nach rechts in den Wilden Graben einschwenkt. Dort an den Hängen entlang nun in Südwestrichtung zur Brücke über den **Grabenbach** ❸, über die das linke Ufer erreicht wird. Jenseits die Forst-

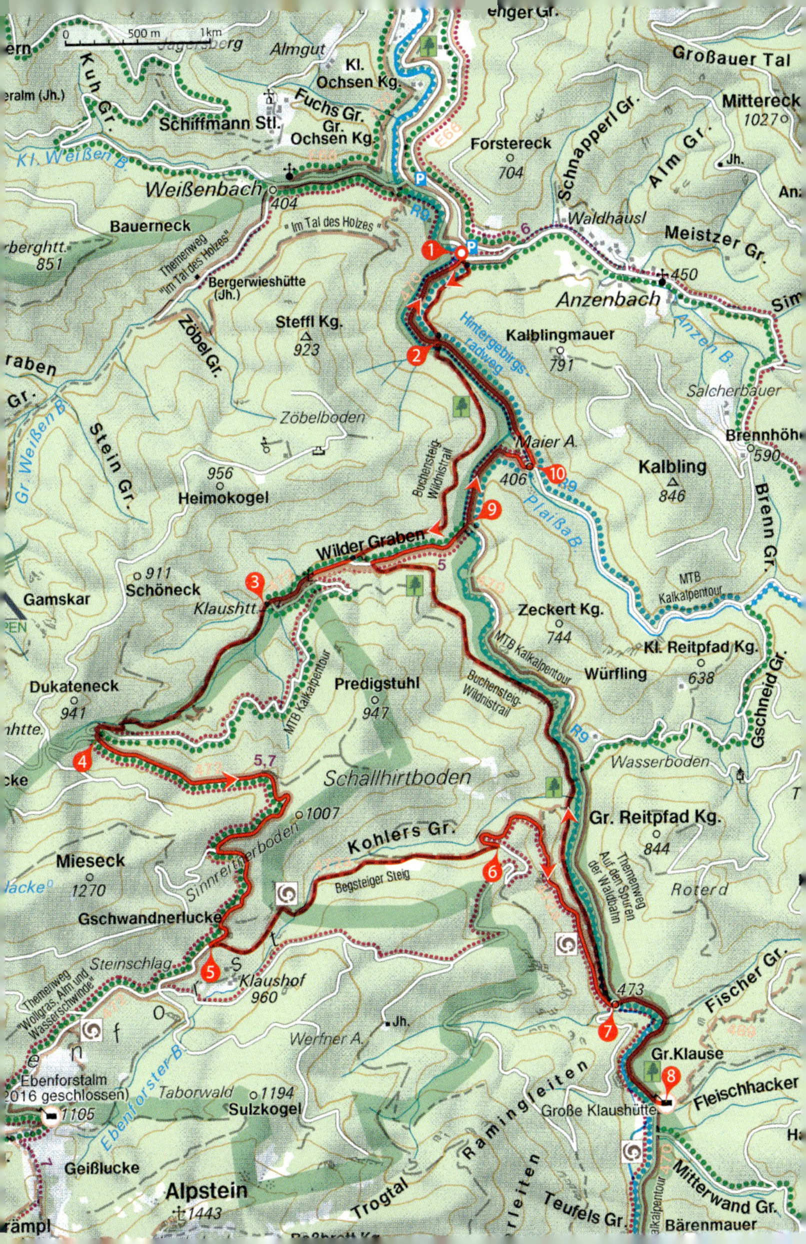

0
500 m
1km
Jagersberg
Almgut
Kl. Ochsen Kg.
Kuh Gr.
Fuchs Gr.
Gr. Ochsen Kg.
Schiffmann Stl.
Kl. Weißen B.
Weißenbach
404
Großbauer Tal
Mittereck
1027
Forstereck
704
Schnapperl Gr.
Alm Gr.
Waldhäusl
Meistzer Gr.
Anzenbach
450
Bauerneck
Themenweg "Im Tal des Holzes"
"Im Tal des Holzes"
Bergerwieshütte (Jh.)
851
Steffl Kg.
923
Zöbel Gr.
Hintergebirgsradweg
Kalblingmauer
791
Anzen B.
Salcherbauer
Brennhöhe
590
Gr. Weißen B.
Stein Gr.
Zöbelboden
Maier A.
406
Kalbling
846
Brenn Gr.
956
Heimokogel
Buchensteig-Wildnistrail
Plaißa B.
Wilder Graben
911
Schöneck
Gamskar
Klaushtt.
MTB Kalkalpentour
Zeckert Kg.
744
Kl. Reitpfad Kg.
638
Würfling
Dukateneck
941
Predigstuhl
947
Gschneid Gr.
Wasserboden
Schallhirtboden
1007
Gr. Reitpfad Kg.
844
Kohlers Gr.
Sinnreiterboden
Begsteiger Steig
Mieseck
1270
Themenweg Auf den Spuren der Waldbahn
Roterd
Gschwandnerlucke
Steinschlag
Klaushof
960
Themenweg "Wollgras, Alm und Wasserschwinde"
473
Fischer Gr.
Werfner A.
Gr. Klause
Ebenforstalm (2016 geschlossen)
1105
Taborwald
1194
Sulzkogel
Ebenforster B.
Raminglleiten
Große Klaushütte
Fleischhacker
Mitterwand Gr.
Geißlucke
Alpstein
1443
Trogtal
Teufels Gr.
Bärenmauer

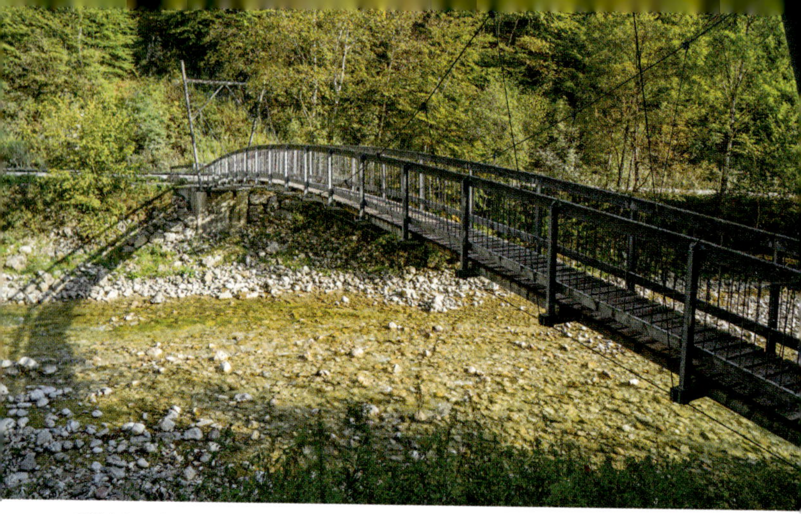

Wildnistrail Buchensteig: Die Hängebrücke über den Reichramingbach gleich zu Beginn der Wanderung.

straße entlang des Baches talein zu markanter Linkskehre. Vor (!) der Kehre auf Fußweg Nr. 472 rechts ab in den Wald und dort entlang des Baches in Südwestrichtung aufwärts. Vorerst rechts, dann links vom Bach eine Straße kreuzend talein zur Straßengabelung bei der **Dukatenhütte** ❹, 825 m. Links die Straße (weiterhin Nr. 472) in Richtung Ebenforstalm in Ostrichtung aufwärts zur Anhöhe des Sinnreitnerbodens und dort südwärts eben zu einer **Verzweigung** ❺, 1005 m. Links ab und auf den Begsteigersteig Nr. 472A (anfangs verwachsen) nach Nordosten abwärts in den Kohlersgraben, wo das Bachbett gequert wird. Jenseits auf und ab weiter und über eine Lichtung, danach hinab zu einer **Forststraße** ❻, 650 m, der man links abwärts folgt. Auf ihr weiter, an der Linksabzweigung in Richtung Anzenbachschranken / Wasserbodenfurt vorbei, in Südrichtung hinunter in das Tal des Großen Bachs (Linksabzweigung des Buchensteigtrails), der über eine **Brücke** ❼, 473 m, überschritten wird. Jenseits entlang der Forststraße neben dem Bach südwärts talein zur **Großen Klaushütte** ❽, 488 m.
Wieder zurück zur **Brücke** ❼ über den Großen Bach und danach zur oben erwähnten Abzweigung des Buchensteigtrails. Auf ihm links vom Bach in Nordrichtung stetig steigend, dann nach links in den Wilden Graben und dort hinab zur Straße. Auf ihr sich rechts haltend talauswärts in das Tal des Großen Bachs. Dort über die Brücke an das orografisch rechte Ufer zur **Querstraße** ❾, 415 m (ehemalige Waldbahntrasse). Auf ihr sich links haltend zur **Maieralm** ❿, 406 m, danach über den Plaißabach und jenseits links die Straße neben dem Reichramingbach retour zum **Parkplatz 6** ❶.

↗ 930 m | ↘ 930 m | 16.9 km

7.00 h

Großer Größtenberg, 1724 m

35

Stiller Weg auf den höchsten Zapfen des Hintergebirges

Während man in anderen Gebieten auf den höchsten Gipfeln mitunter Platzkarten braucht, begegnet man am »größten Berg« des Hintergebirges auch an Wochenenden kaum einem Wanderer. Die Gründe dafür sind zahlreich: Da ist zum einen der geringe Bekanntheitsgrad, dann die bescheidene absolute Höhe sowie die lange, umständliche Anreise zum Ausgangspunkt und nicht zuletzt das Fehlen jeglicher Stützpunkte. Umgekehrt stellt die Wanderung kaum Anforderungen, auch die zu bewältigende Anstiegshöhe ist gering. Wie dem auch sei: Die raren Besucher des einsamen Riesen können sich bei Schönwetter einer fantastischen Gipfelschau erfreuen, in der Gesäuseberge, Haller Mauern, Sengsengebirge und das Tote Gebirge mit Großem Priel und Spitzmauer vertreten sind. Hier lautet die Devise: Hinfahren, raufgehen und genießen, denn solche Gipfelstunden sind rar!

Ausgangspunkt: Sattel Haslersgatter, 1154 m (Parkplatz beim alten Jagdhaus). Zufahrt mit Pkw von Windischgarsten Richtung Hengstpass. Nach der ersten Brücke über den Dambach auf Güterweg links ab, an der Verzweigung Wurbauer / Kleiner rechts den gelben Zeichen folgend, zuletzt auf schlechter steiler Schotterstraße in den Sattel Haslersgatter, 6 km. Alternative Anfahrt mit dem Taxi (Taxi Eckerstorder, Tel. +43 7562 5330; Taxi Rebhandl, Tel. +43 664 9076020; Taxi Sonnleitner, Tel. +43 664 5222800).

Anforderungen: Lange Wanderung großteils auf Forststraßen, zum Teil aber auch auf bez. Fußwegen. Ausdauer auf dieser Tour nötig. Kein Wasser unterwegs!

Einkehr: Unterwegs keine. In Windischgarsten mehrere Gastbetriebe.

Hinweis: Aus dem Halterhüttental (Abzweigung auf etwa 1600 m) kann der Kleine Größtenberg, 1720 m, entlang eines mit Steinmännern markierten Jagdsteigs durch Latschengassen unschwierig bestiegen werden. Etwa 1 Std. zusätzlicher Zeitaufwand.

Tipp: Verzichtet man auf den Gipfelanstieg, ergibt das eine empfehlenswerte wenig anstrengende Runde mit halber Gehzeit.

Vom Sattel **Haslersgatter** ❶ die Forststraße mit Weg Nr. 472 entlang des Rumpelmayrbachs sanft nach Nordosten abwärts zur **Rumpelmayrreith** ❷, 1095 m. Die Straße in Nordostrichtung weiter, zuletzt in zwei Kehren hinab zum offiziellen Biwakplatz und weiter zum **Steyrsteg** ❸, 946 m, über die Krumme Steyrling. Jenseits weiterhin entlang einer Forststraße (Weg Nr. 41) an der linken Seite eines Waldgrabens mäßig steil nach Osten aufwärts zur **Weingartalm** ❹, 1154 m (Jagdhütte), mit schönem Blick zu den Haller Mauern.

Neben der Hütte beginnt der Fußweg Nr. 473 nach links auf den Größtenberg. Eine Forststraße kreuzend durch Mischwald teils in Kehren nach Norden hinauf in das Halterhüttental und dort bald durch Latschen und über

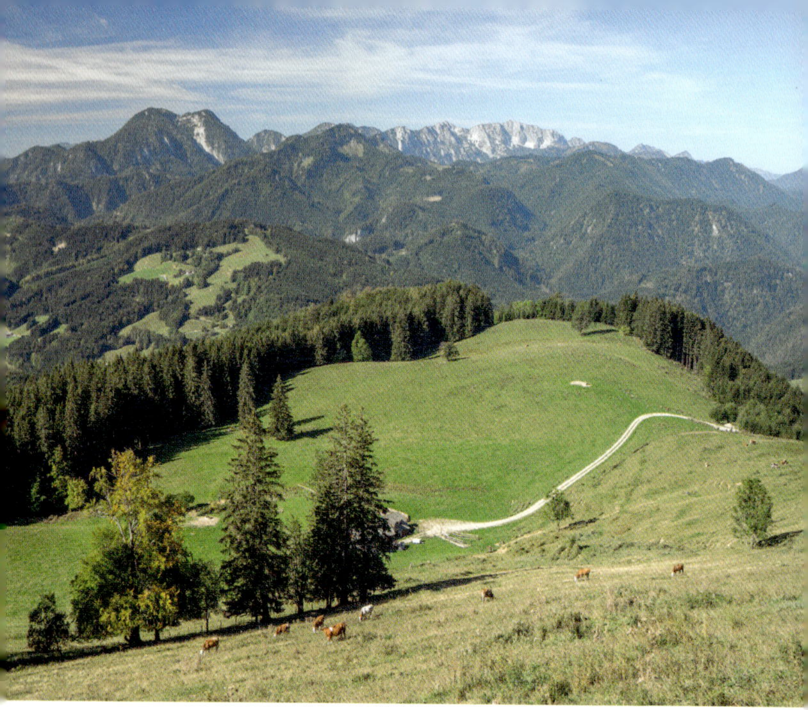

Der Doppelgipfel des Größtenbergs und das Sengsengebirge von Nordosten (vom Brunnbacher Gamsstein).

Wiesenflecken in den **Sattel** 5, 1645 m, zwischen Kleinem und Großem Größtenberg und nach rechts (Südosten) empor zum Gipfel des **Großen Größtenbergs** 6, 1724 m. Herrliche Schau auf Sengsengebirge, Totes Gebirge, Haller Mauern sowie auf das Waldmeer des Reichraminger Hintergebirges im Osten.

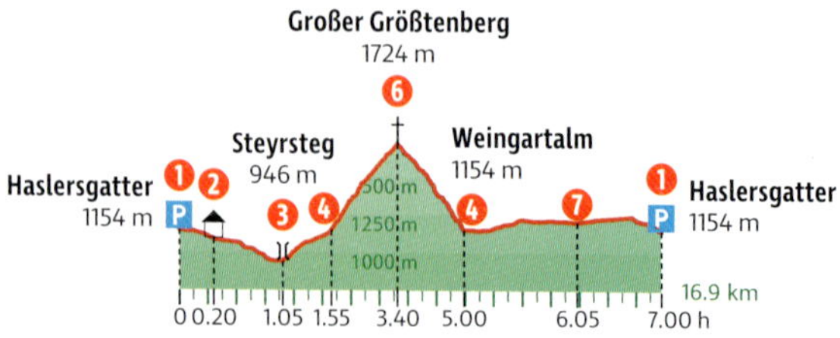

Auf dem Anstiegsweg zurück zur **Weingartalm** 4. Dort die Forststraße mit Weg Nr. 470 geradeaus, südwärts, ein Stück über die Almwiese, dann im Wald leicht fallend zum Raffelboden, 1135 m. Links von der Straße ab und auf dem gut beschilderten Wanderweg Nr. 470 südwärts im leichten Auf und Ab vor das Hundseck. Westlich unterhalb von diesem vorbei zur verfallenen Groißnalm, 1240 m (Wasserstelle), danach zu querender **Forststraße** 7, eine Bike-Route. Die Straße rechts haltend, westwärts, nahezu drei Kilometer unterm Augustinkogel entlang zum Parkplatz am Sattel **Haslersgatter** 1.

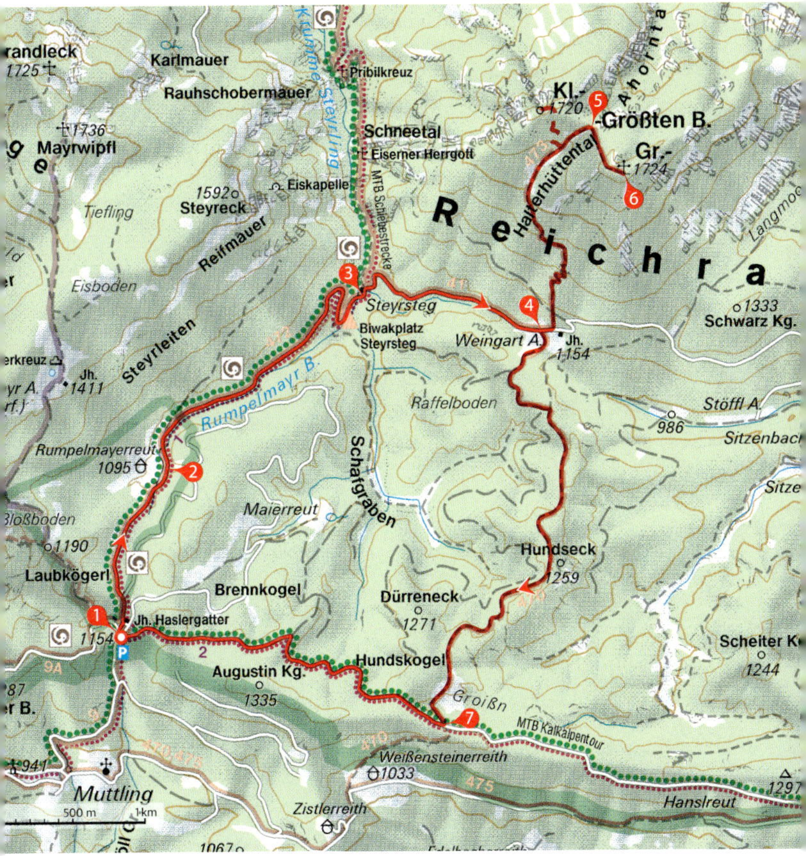

↗ 250 m | ↘ 250 m | 9.9 km

36 Hengstpass-Almenrunde

3.00 h

Unterhaltsame Spazierwanderung am Südrand des Nationalparks

Gleich vorweg: Verhungern wird auf dieser Tour wohl niemand, werden doch im Zuge der Wanderung eine ganze Reihe von im Sommer bewirtschafteten Almen berührt. Somit eignet sich das Unternehmen für Kinder ebenso wie für gehtüchtige Junggebliebene. Und weil in der Umgebung des Hengstpasses, also nahe dem Erholungsort Windischgarsten, gewandert wird, ist man in jedem Fall rasch und problemlos am Start. Geboten wird ein unterhaltsamer Spaziergang zwischen imposanten Felsbergen durch wunderschöne Almgebiete.

Ausgangspunkt: Parkplatz Laussabaueralm, 775 m, an der Hengstpassstraße im inneren Laussatal (»Oberlaussa«). Anreise mit Pkw von Windischgarsten (14 km), von Altenmarkt (20 km) und von St. Gallen (22 km).
Anforderungen: Bequeme Wanderung ohne größere Höhenunterschiede auf gut beschilderten Fahr- und Fußwegen.
Einkehr: Jst. Laussabaueralm (30 L. in eigener Hütte, bew. 1. Mai bis 31. Okt., Di. Ruhetag, Tel. +43 664 9077747, laussabaueralm.at), Jst. Egglalm (keine Nächtigung, bew. 15. Mai bis 15. Okt., Mi. Ruhetag, Tel. +43 664 5051230), Ghf. Karlhütte (keine Nächtigung, bew. 25. April bis 26. Okt., Mi. Ruhetag, Tel. +43 7562 5367 und +43 664 9673165, karlhuette.at), Puglalm (keine Nächtigung, bew. 1. Mai bis 31. Okt., Tel. + 43 664 5246877).
Varianten: 1. Schöner, aber um 30 Min. länger: An der Verzweigung nach Traversierung der Hengstpassstraße bleibt man dem breiten Wiesenweg treu, der in aussichtsreicher Hangquerung ostwärts durch Wiesen gegen die Wände der Kampermauer zu einem Aussichtspunkt emporführt. Auf Fußweg eben in den Wald, dort nach rechts (Süden) hinab zu querendem Fahrweg und diesen rechts haltend zu einer Verzweigung (links zurück zum Parkplatz Laussabaueralm). Auf dem Fahrweg geradeaus (nordwestwärts) vorerst leicht bergab, dann durch Wiesen aufwärts zur Puglalm.
2. Von der Puglalm kann von geübten Gehern ein westlicher Vorgipfel der Kampermauer, 1220 m (Karlkreuz), über den Karl-Rumplmayr-Steig bestiegen werden. Gesamter Zeitaufwand 1.45 Std.
Hinweis: Die am »Proviantweg« gelegene, über einer wundertätigen Quelle errichtete Rot-Kreuz-Kapelle ist ein alter Wallfahrtsort. Auf dem »Proviantweg« selbst wurden schon im 15. Jh. Lebensmittel von Windischgarsten ins Ennstal und zum steirischen Erzberg geschafft.

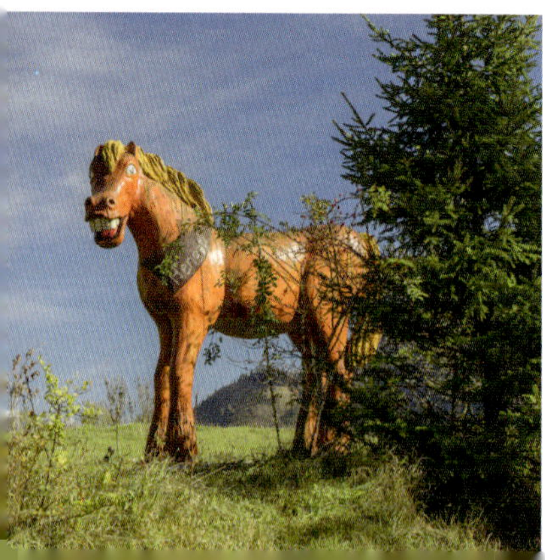

Links: Das große Holzpferd »Hengsti« beim Gasthof Karlhütte.
Rechts: Für Almenrunde-Geher fast Pflicht: Die Einkehr auf der Puglalm.

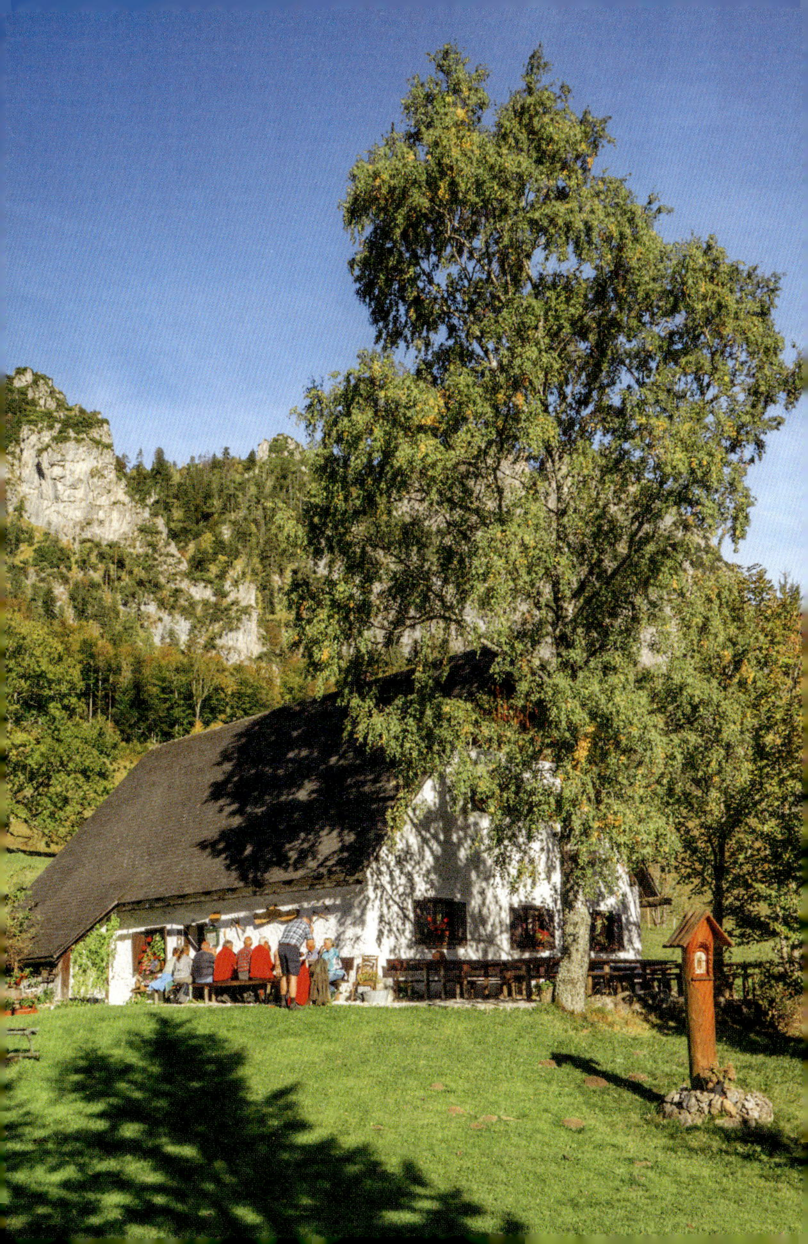

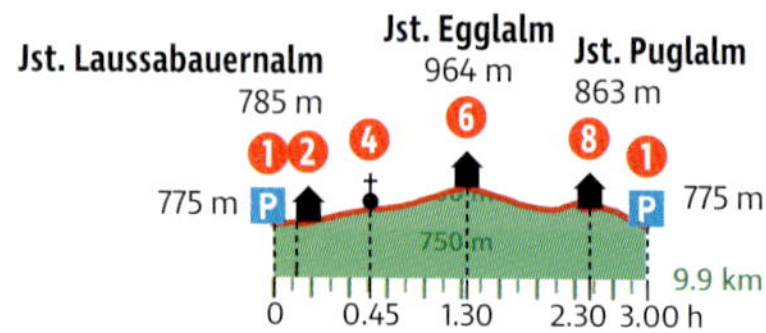

Vom Parkplatz **Laussabauernalm** ❶ auf Naturstraße entlang des Karbachs im lichten Wald südwestwärts sanft bergauf zu den weiten Wiesenböden der Laussabauernalm und dort rechts ab zur **Jst. Laussabauernalm** ❷, 785 m. Beim Almgebäude rechts auf begrastem Weg ostwärts in Richtung Kampermauer über die flache Almweide und durch ein Gatter, danach (Holzbrücke) über den Rotkreuzbach zu querendem **Fahrweg** ❸. Auf diesem (»Proviantweg«) nach links aufwärts in den Wald und dort wieder zum Rotkreuzbach. Rechts neben dem Bach in Nordwestrichtung aufwärts, dann (Brücke) nach links über ihn und jenseits durch schattigen Wald weiter bergauf zu querender Forststraße. Auf ihr gerade fort, dann nach rechts über den Bach zur idyllisch am Waldrand gelegenen **Rot-Kreuz-Kapelle** ❹, 850 m (Bänke). Weiter entlang der Naturstraße 50 m halbrechts aufwärts zu **Verzweigung** ❺ am Waldrand. Links die abgeschrankte Forststraße

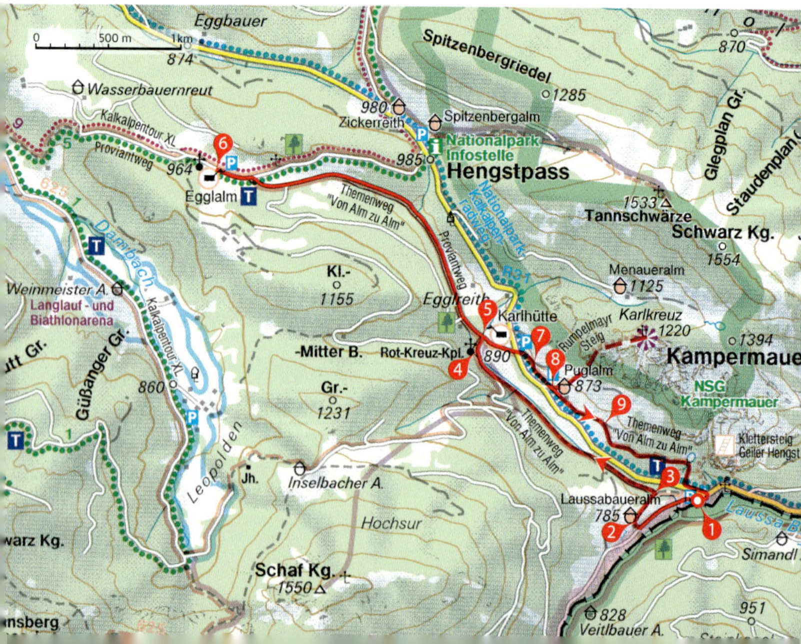

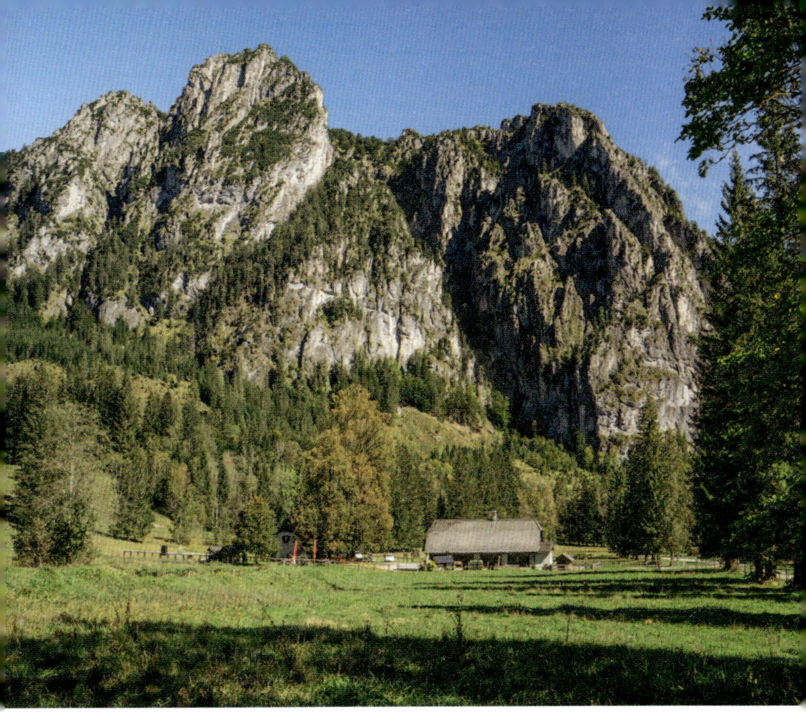

Blick von der Laussabauernalm in die Südwände der Kampermauer.

mit Weg Nr. 3 (»Proviantweg«), den Graben über die Wiesen von Egglreith rechts von Rotkreuzbach und Waldrand eben talein, dann im Linksbogen nach Westen aufwärts zu den Weideflächen der Egglalm. Dort zur querenden asphaltierten Zufahrtsstraße und diese 300 m nach links zur **Jst. Egglalm** 6, 964 m.

Zurück zur **Verzweigung am Waldrand** 5 und dort die Naturstraße über die Wiesen halblinks aufwärts zur Hengstpassstraße (auf ihr links zur nahen Karlhütte), die traversiert wird. Jenseits auf Wiesenweg 130 m gegen die Kampermauer aufwärts zur nächsten **Verzweigung** 7. Rechts ab und auf Fußweg in Südostrichtung abwärts zur **Jst. Puglalm** 8, 863 m. Von der Almhütte auf Fußweg durch Wiesen in Südostrichtung abwärts zu querendem Fahrweg und diesen links haltend aufwärts zu einer **Gabelung** 9. Halbrechts ab und auf Fahrweg, an den Waldhängen unterhalb der imposanten Kampermauer entlang, in Südostrichtung abwärts zur Hengstpassstraße und auf ihr 150 m nach links bergab zum Parkplatz **Laussabauernalm** 1.

↗ 530 m | ↘ 530 m | 8.6 km

37 Wasserklotz, 1505 m

3.30 h

Kleiner Berg mit großer Rundsicht

Er ist der dritthöchste Gipfel im Reichraminger Hintergebirge und dennoch ein recht bescheidener Berg, überragt er die Talschaften ringsum doch nur um knapp 500 Meter – der Wasserklotz. Doch was besagen Form und absolute Höhe gegenüber den Qualitäten als Panoramapunkt und Aussichtsbalkon. Dank eines gut markierten Zugangs vom südseitigen Hengstpass steht auch der weniger Trainierte bald am Scheitel dieser weitschauenden Warte, die ein kleines schmiedeeisernes Gipfelkreuz ziert. Da keine »störenden« Erhebungen im Weg stehen, schweift der Blick nach Westen zum Sengsengebirge und dem Großen Priel. Im Süden kann man auf die imposanten Haller Mauern blicken, im Osten sieht man das Gesäuse, den Hochschwab, das Ötscherland, und im Norden erkennt man jenseits des Ennstales den Böhmerwald und das Waldviertel.

Ausgangspunkt: Almrast Zickerreith, 975 m (Parkplatz, Bushalt), westlich unter dem Hengstpass. Zufahrt mit Pkw von Westen (Windischgarsten, 10,5 km oder Osten (Altenmarkt, 24 km). Busanreise nur von Westen (Rufbus 435 Bf. Windischgarsten – Rosenau – Hengstpass, Tel. +43 664 9076020, Fahrtanmeldung mindestens 30 Min. vor Busabfahrt von der ersten Haltestelle).
Anforderungen: Leichte, kurze Rundwanderung auf guten Fahr- und Fußwegen. Orientierungsvermögen nötig. An heißen Tagen Vorsicht vor schwarzen Kreuzottern (Höllenottern).
Einkehr: Almrast Zickerreith (20 L., bew. 15. Mai bis 31. Okt. Mi. bis So., im Juli und August Di. bis So., Tel. +43 664 7611051, zickerreith.at), Spitzenbergalm (keine Nächtigung, unregelmäßig bew. 15. Mai bis 1./5. Okt., Tel. +43 650 6364564).
Tipp: Trittsichere können vom Gipfel des Wasserklotz in 5 Min. 100 Hm nach Südosten zum Felstor Gamslucken absteigen.

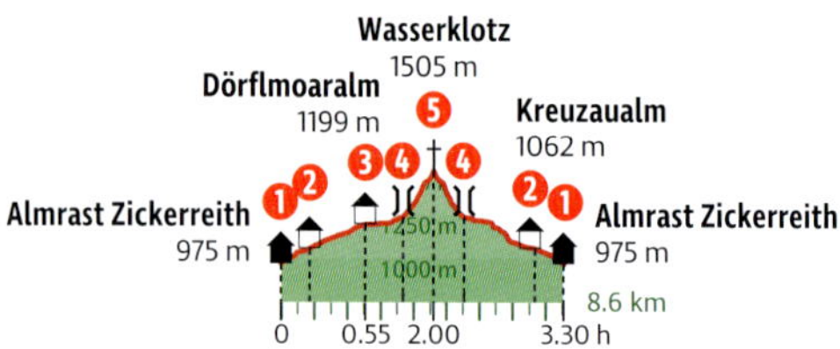

Von der **Almrast Zickerreith** ❶, die Forststraße mit Weg Nr. 475 mäßig steil nach Norden aufwärts zur Almwiese und Wegkreuzung **Kreuzaualm** ❷, 1062 m. Geradeaus weiter bergauf zur unbewirtschafteten **Dörflmoaralm** ❸, 1199 m, mit Querweg. Wir folgen Weg Nr. 475/475a nach rechts (Osten) in die Wiesenmulde unterhalb des Langfirsts und dort zur

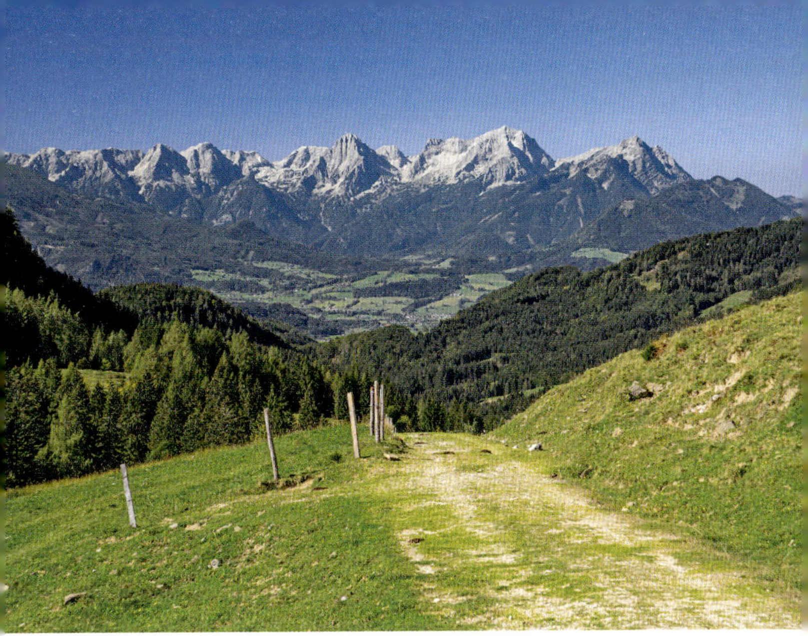

Die im Oktober bereits »angezuckerten« Höhen des Toten Gebirges von der Dörflmoaralm.

Verzweigung am **Ahornsattel ❹**, 1240 m. Rechts auf Weg Nr. 475a den steilen Nordwestrücken empor zum Gipfelkamm und über ihn zum höchsten Punkt des **Wasserklotz ❺**, 1505 m.
Auf dem Anstiegsweg zurück in den **Ahornsattel ❹**. Nun nicht weiter zur Dörflmoaralm, sondern halb links, einem gut sichtbaren unbez. Almweg folgend, vorerst über die Almwiesen, danach durch Wald nach Südwesten hinab zur Forststraße oberhalb der Kreuzau. Auf dem bekannten Weg sich links haltend, an der **Kreuzaualm ❷** vorbei, zurück zur **Almrast Zickerreith ❶**.

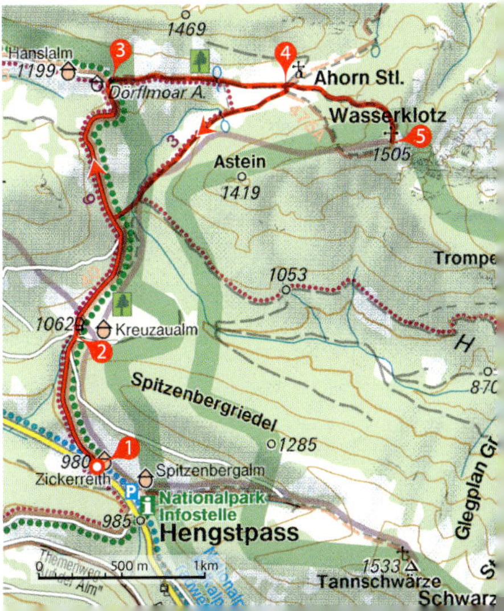

↗ 600 m | ↘ 600 m | 6.9 km

38 Tannschwärze, 1533 m, und Schwarzkogel, 1554 m

3.15 h

Auf unmarkierten Pfaden auf den südlichsten Hochgipfel des Hintergebirges

Orientierungssinn, Pfadfindergeist und trockene Verhältnisse sind wohl die wichtigsten Voraussetzungen, um an Tannschwärze und Schwarzkogel erfolgreich zu sein. Der auch im Winter von Skitourengehern geschätzte Berg kann vom Hengstpass her im Zuge einer attraktiven Rundtour bestiegen werden. Unterwegs berührt man blumenreiche Almwiesen, durchwandert urwaldartiges Gelände und bekommt am Gipfel eine Rundsicht serviert, die auch hoch gesteckte Erwartungen erfüllt.

Ausgangspunkt: Hengstpass, 985 m (Nationalpark-Infostelle, Parkplatz, Bushalt), zwischen Reichraminger Hintergebirge im Norden und Haller Mauern (Ennstaler Alpen) im Süden. Zufahrt mit Pkw von Westen (Windischgarsten, 11 km) oder Osten (Altenmarkt, 24 km). Busanreise nur von Westen (Rufbus 435 Bf. Windischgarsten – Rosenau – Hengstpass, Tel. +43 664 9076020, Fahrtanmeldung mindestens 30 Min. vor Busabfahrt von der ersten Haltestelle).

Anforderungen: Kurze Rundtour auf unmarkierten Wegen, z. T. auch weglos. Orientierungssinn und Trittsicherheit nötig. Nur bei trockenen Verhältnissen!

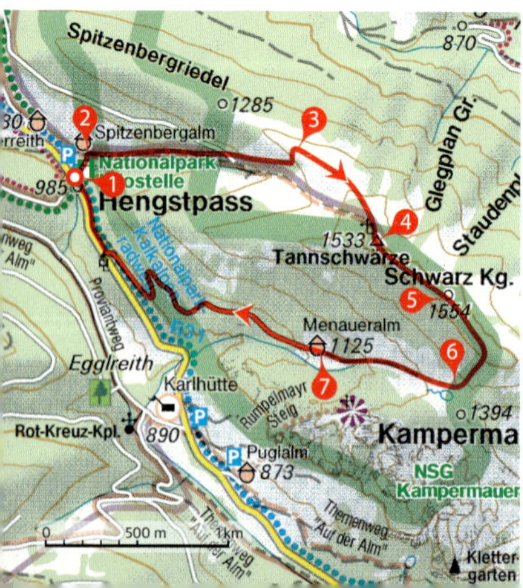

Einkehr: Almrast Zickerreith (20 L., bew. 15. Mai bis 31. Okt. Mi. bis So., im Juli und August Di. bis So., Tel. +43 664 7611051, zickerreith.at), Spitzenbergalm (keine Nächtigung, unregelmäßig bew. 15. Mai bis 1./5. Okt., Tel. +43 650 6364564), Menaueralm (keine Nächtigung, bew. 15. Mai bis 31. Okt. Do. bis So., Tel. +43 7255 8512 und +43 664 3163805), Hengstpasshütte (Selbstversorgerhütte mit Nationalpark-Infostelle u. Shop, öffentl. WC, 22 B. mit Küche und Stube). Öffnungszeiten der Infostelle: Mai und Okt. Fr. bis So., 10–16 Uhr, Juni und Sept. Mi. bis So., 10–16 Uhr, Juli und August Di. bis So., 10–16 Uhr, Tel. +43 664 88434571. Die Hengstpasshütte ist ganzj. ab 2 Übernachtungen buchbar (Tel. +43 7562 20592, villa-sonnwend.at/hengstpasshuette).

Hinweis: Der Verbindungsgrat vom Menauersattel auf den höchsten Punkt der Kampermauer, 1394 m, ist brüchig, seine Begehung verlangt Kletterfertigkeit (Schwierigkeitsgrad I); die weitere Überschreitung bis zum Gipfelkreuz, 1220 m, das nicht auf dem höchsten Punkt der Kampermauer steht, ist z. T. brüchig und gefährlich. Das Gipfelkreuz selbst ist von Südwesten, von der Puglalm her, auf dem bez. »Karl-Rumplmayr-Steig«, am Karlkreuz vorbei, besser erreichbar, aber auch dort sind Schwindelfreiheit und Trittsicherheit nötig.

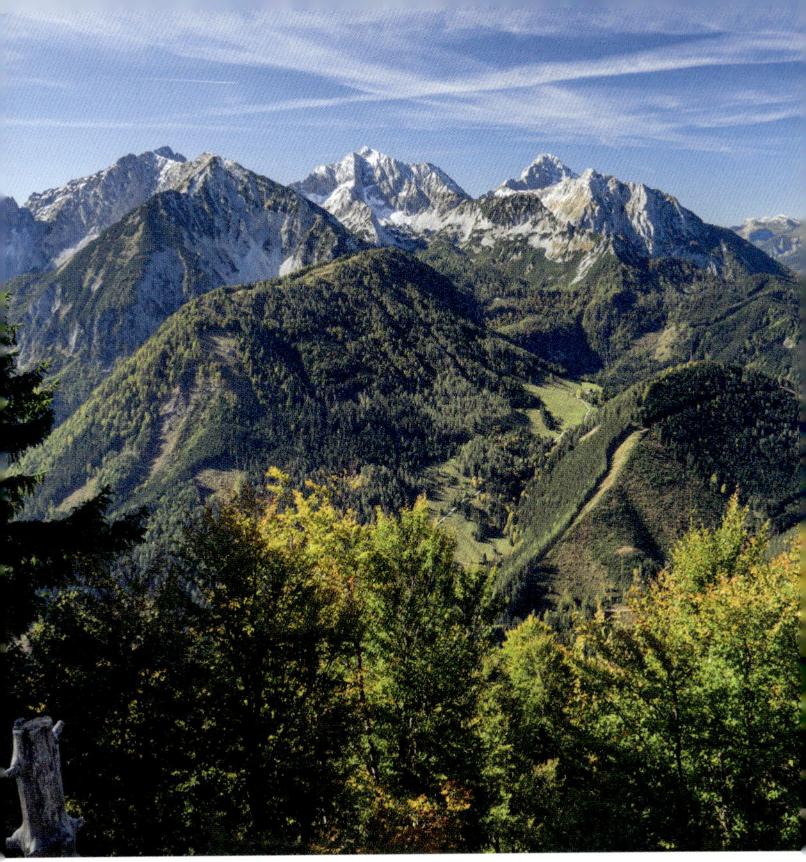

Blick von der Tannschwärze nach Südwesten auf Scheiblingstein und Großen Pyhrgas (Haller Mauern).

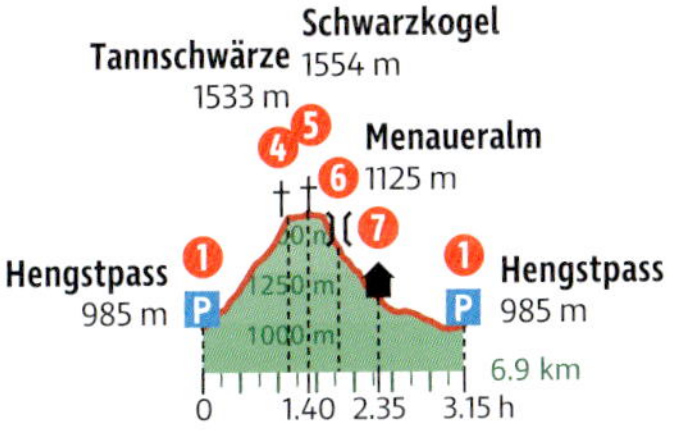

Beim Parkplatz am **Hengstpass** ❶ zweigt direkt vor dem Eingang zur Hengstpasshütte nach rechts ein Fußweg ab, der in wenigen Minuten zu der nördlich oberhalb der Passhöhe gelegenen **Spitzenbergalm** ❷, 1000 m, bringt. Oberhalb des Gebäudes folgt man dem Weg nach rechts (Osten) und verlässt ihn 100 m nach dem Waldbeginn nach links. Entlang eines Grabens geht es am Waldrand bergauf, später wird eine Forststraße traversiert. Auf einem Almsteig geht es über Wiesen und durch schütteren Wald empor auf den Wiesenkamm des Spitzenbergriedels und dort zu aussichtsreicher **Schulter** ❸, 1310 m. Entlang des Kammes oder links von ihm nach rechts (Südosten) aufwärts zur **Tannschwärze** ❹, 1533 m. Entlang der Kammhöhe teils exponiert weiter in eine kleine Senke und jenseits auf den als Gipfel nicht eigens gekennzeichneten **Schwarzkogel** ❺, 1554 m, mit herrlicher Rundsicht.

Unterwegs am Gipfelkamm der Tannschwärze mit Blick nach Osten zu den Gesäusebergen (Kleiner und Großer Buchstein).

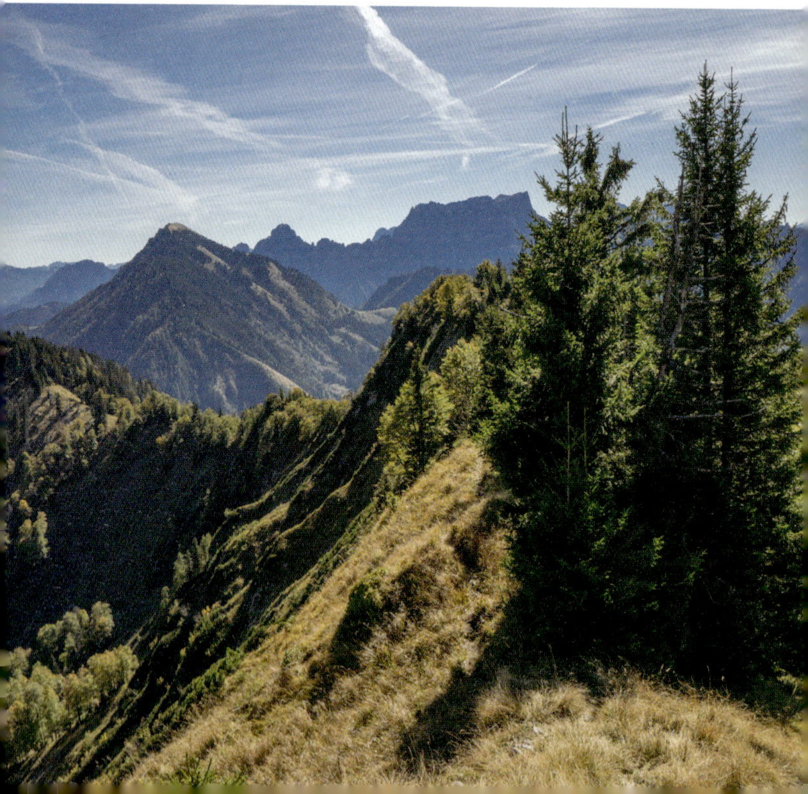

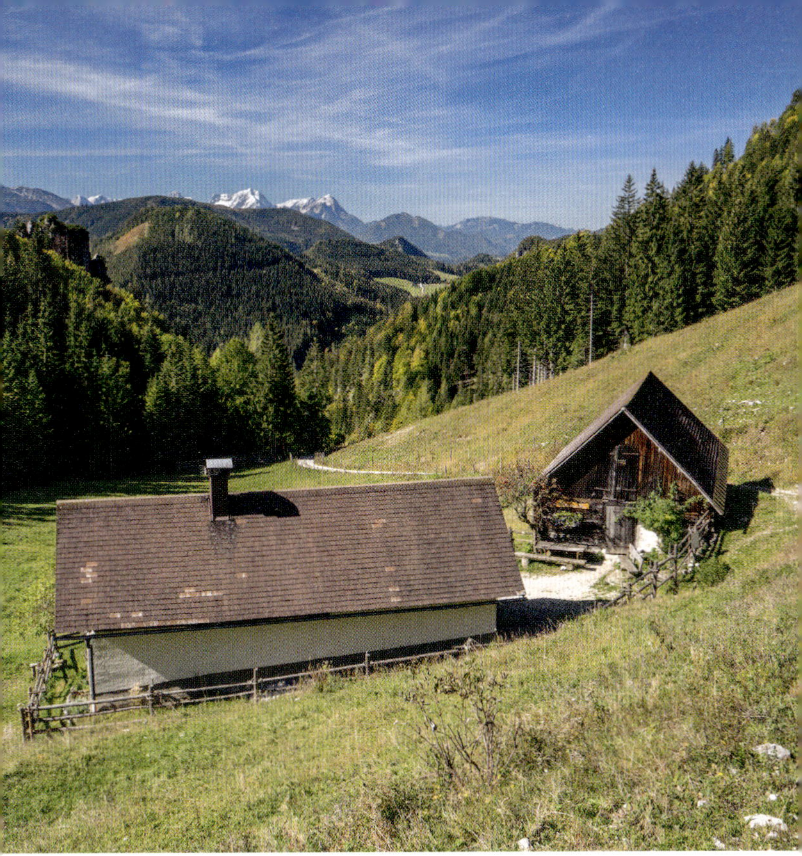

Die Menaueralm mit dem Großen Priel in der Ferne.

Jenseits den licht bewaldeten Höhenrücken auf und ab weiter, bis der Steig den Kamm an einer Windbruchzone nach rechts hinab verlässt. Durch steilen Bergwald entlang eines Zauns nach Süden hinunter in den **Menauersattel** 6, 1380 m, vor der Kampermauer. Nicht hinaufgehen (!), sondern rechts, westwärts, über den Stacheldrahtzaun (Überstieg) und anfangs weglos, dann auf Naturfahrweg über eine Viehweide hinab zu der in einem Graben gelegenen **Jst. Menaueralm** 7, 1125 m. Der Almweg führt am rechten Hang eines Grabens durch den Wald in westlicher Richtung weiter bergab zur Hengstpassstraße. Dieser folgen wir 500 m hinauf zum Parkplatz am **Hengstpass** 1.

↗ 620 m | ↘ 620 m | 16.5 km

5.30 h

39 Blahbergalm und Haselschlucht

Eindrucksvolle Runde durch das südliche Hintergebirge

Die etwas umständliche Anreise zum Startplatz sollte naturliebende Wanderer nicht abhalten, diese Runde um den Prefingkogel im südlichen Hintergebirge in Angriff zu nehmen. Ausgehend von der ehemals blühenden Bergwerkssiedlung Weißwasser (Bauxit-Abbau bis 1964, heute nur Ruinenreste) berührt sie eindrucksvolle Plätze wie etwa die bewirtschaftete Blahbergalm oder die enge Haselschlucht, einen der wildesten Einschnitte des Hintergebirges.

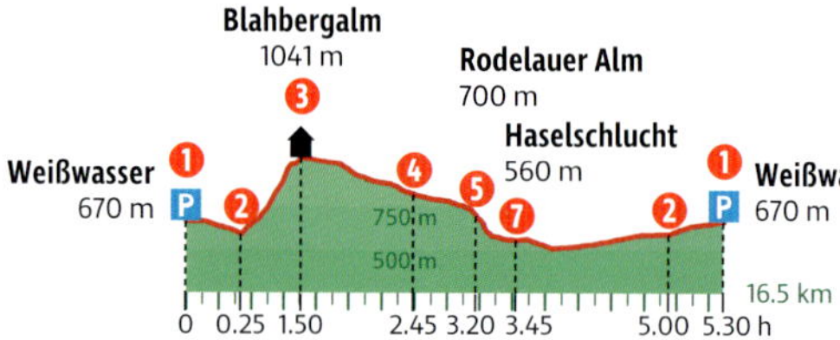

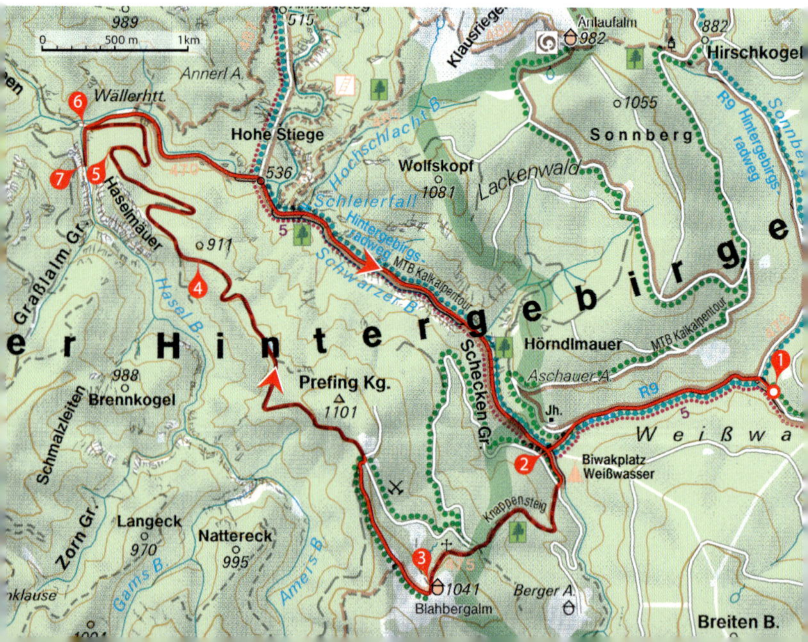

Ausgangspunkt: Parkplatz Weißwasser, 670 m, nördlich von Unterlaussa (Hengstpassstraße) und von dort mit Pkw über den Sattel Mooshöhe zu erreichen (Straße zuletzt nicht asphaltiert), 5,5 km von Unterlaussa, 15 km von Altenmarkt. Es besteht auch die Möglichkeit, mit dem Wandertaxi anzureisen: Taxi Eckerstorfer, Windischgarsten (Tel. +43 7562 5330), Taxi Karl Sonnleitner, Klaus / Spital am Pyhrn (Tel. +43 664 5222800).
Anforderungen: Unschwierige Wanderung teils auf alten, aufgelassenen Forststraßen, teils auf Fußwegen. Nicht überall optimal markiert, eine kurze Passage auch weglos. Trittsicherheit, Schwindelfreiheit und Orientierungsvermögen nötig.
Einkehr: Blahbergalm (keine Nächtigung, bew. an den Wochenenden im August und Sept., Tel. +43 7250 454), Radlerimbiss Mooshöhe (keine Nächtigung, geöffnet 1. Mai bis 26. Okt., bei Schlechtwetter auf Anfrage, Mo. und Di. Ruhetag, Tel. +43 3631 210).
Hinweis: Achtung, verfallene Stollen und Betriebsgebäude (ehemals Bauxit-Bergbau) im Bereich Weißwasser / Blahbergalm nicht betreten! Einsturzgefahr!

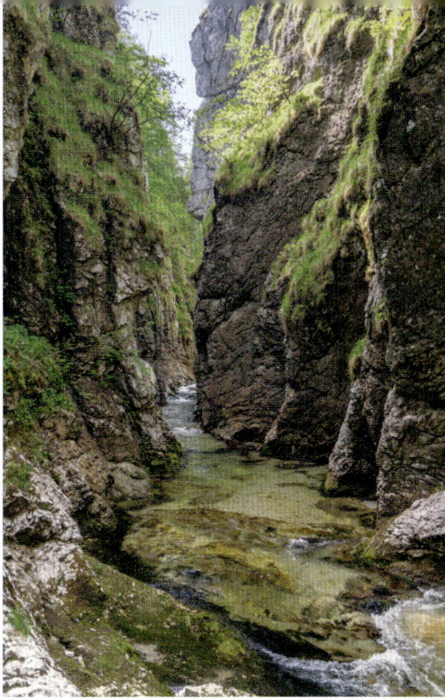

Am Eingang in die enge Haselschlucht.

Vom Parkplatz **Weißwasser** ❶ die Straße (Fahrverbot) 120 m eben weiter in das quer verlaufende Tal des Sonnbergbachs mit Verzweigung. Links die Naturstraße mit Weg Nr. 475 neben dem Bach knapp 2 km nach Westen abwärts zum P. 596, wo der Bach traversiert wird. Auf der links abzweigende **Forststraße** ❷ in das Tal des Saigerinbaches und dort zum nahen Biwakplatz Weißwasser. An ihm vorbei (bei Verzweigung geradeaus!) durch Wald nach Süden aufwärts, später, die Forststraße an einer Kehre tangierend, nach Südwesten bergauf zu den Wiesen rings um die **Blahbergalm** ❸, 1041 m.
Von der Alm auf Forststraße (die ersten 400 m markiert mit Weg Nr. 475, dann unbez.) in Nordwestrichtung leicht fallend, später links unterm Prefingkogel vorbei und dem Waldrücken folgend in Nordwestrichtung längere Zeit weiter, bis unterm P. 911 der Forstweg endet ❹, 865 m. Links über einen steilen Waldhang ca. 85 Höhenmeter weglos hinab auf eine querende Forststraße, der man nach rechts folgt. Auf dem verwachsenen Fahrweg weiterhin in Nordwestrichtung (eine Kehre) zu seinem Ende an der heute total verwachsenen ehemaligen **Rodelauer Alm** ❺, 700 m. Von ihr leitet

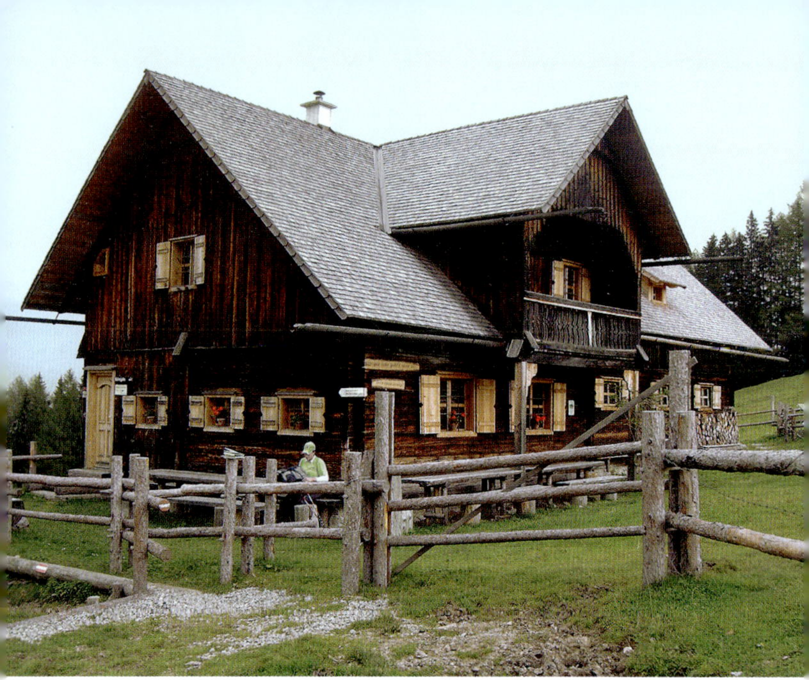

Die im Sommer bewirtschaftete Blahbergalm ist ein wichtiger Stützpunkt an dieser interessanten Rundwanderung.

ein anderer unbez. Fahrweg in Kehren nach Nordwesten hinab zur querenden Forststraße in der **Talsohle** ❻ – rechts geht's zur Wällerhütte. Auf ihr sich links haltend zur Mündung des Haselbachs, 568 m, der aus einer 1,5 km langen, 200 m tiefen Schlucht (mit Karstquellen und Wasserfällen) austritt. Noch vor der Bachbrücke links auf unbez. Steig zum Eingang in die großartige **Haselschlucht** ❼.

Zurück zu der Stelle, an der die **Talsohle** ❻ (Forststraße) erreicht wurde. Geradeaus entlang der Straße 500 m in Ostrichtung talaus zur Linksabzweigung von Weg Nr. 487 zur Wällerhütte über den Bach. Geradeaus die Forststraße mit Weg Nr. 470 rechts vom Bach durch den Haselgraben abwärts und durch zwei Tunnel zum Schwarzen Bach, 536 m, wo rechts auf die ehemalige Waldbahntrasse eingebogen wird. Durch einen weiteren Tunnel, über den Schwarzen Bach und die Einmündung des Hochschlacht-Bachs (mit Schleierfall, links) entlang der Straße geradeaus ca. 3 km leicht bergauf zur Rechtsabzweigung der Forststraße mit Weg Nr. 475 ❷. Weiter auf bekanntem Weg zum Parkplatz **Weißwasser** ❶.

Bodenwies, 1540 m

Um und über den südlichen Eckpfeiler des Dürrensteigkammes

Man erreicht den Startplatz unserer Tour, die Viehtaler Alm – heute ein aufgelassenes Skigebiet – über eine weit in den Wiesenbereich führende öffentliche Straße. Danach geht es auf markierten Fahr- und Fußwegen auf den südlichen Eckpfeiler des Dürrensteigkammes zur kreuzgeschmückten Bodenwies, die mit einem fantastischen Rundblick aufwartet. Die Rast dort oder später auf den grünen Wiesenteppichen der Menauer- und Schüttbauernalm (Einkehr) gehören zum Schönsten, was die Voralpen zu bieten haben.

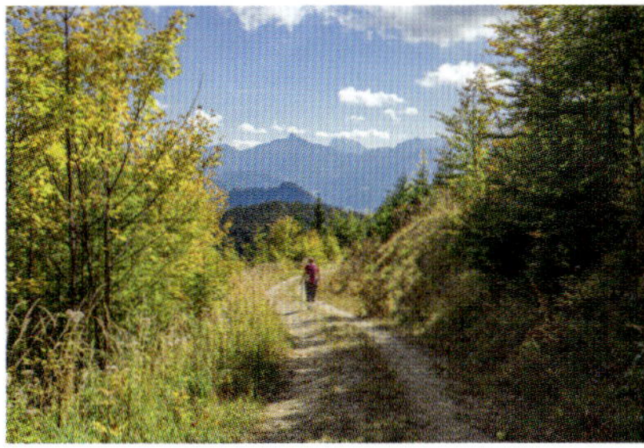

Im Anstieg von der Viehtaler Alm auf die Bodenwies.

Ausgangspunkt: Parkplatz Viehtaler Alm, 823 m (auch »Niglalm«), 7 km von Kleinreifling (Bushalt, Haltestelle der Ennstalbahn, von dort 2 Gehstunden entlang der Straße), 11 km von Weyer. Aufgelassenes Skigebiet in einem Seitenast des Hammergrabens. Mehrere Selbstversorgerhütten, jedoch keine bew. Gaststätte. Zufahrt über eine in Kleinreifling von der Eisenstraße (B115) abzweigende asphaltierte Stichstraße. Von Kleinreifling kann die Viehtaler Alm auch mit dem Taxi erreicht werden: Taxi Aschauer GmbH, Weyer (Tel. +43 7355 7717).

Anforderungen: Einfache Rundwanderung auf bez. Fahr- und Fußwegen, dennoch Trittsicherheit und Schwindelfreiheit nötig.

Einkehr: Schüttbauernalm (45 B., geöffnet 1. Mai bis 31. Okt. Do. bis So. sowie an Feiertagen; Nächtigungsmöglichkeit von Fr. bis So. und nur auf Voranmeldung, wochentags ab 10 Personen, kein Strom; Tel. +43 664 748611 und +43 664 9552057, schuettbauernalm.at). Auf der Viehtaler Alm gibt es keine Einkehrmöglichkeit, jedoch können dort Selbstversorgerhütten wie das Berghaus Niglalm (Tel. +43 7357 358 und +43 7355 20084) oder die Sonnrisshütte (Tel. +43 664 4653700) gemietet werden.

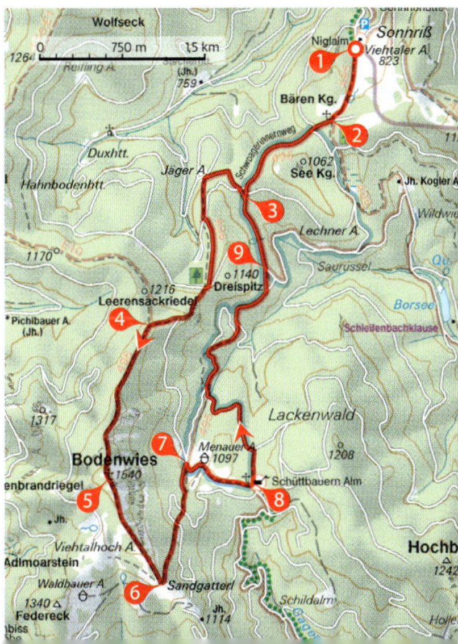

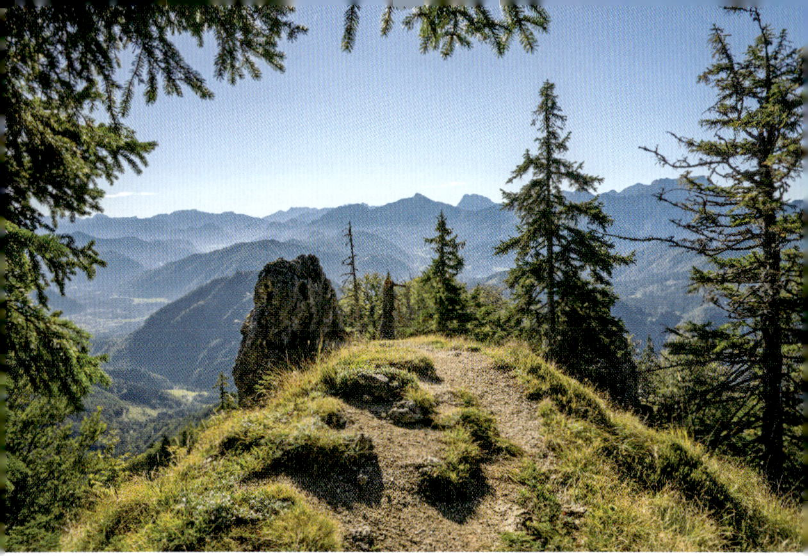

Abstieg über den Südostgrat der Bodenwies mit Blick zu den Eisenerzer Bergen.

Vom Parkplatz **Viehtaler Alm** ❶ auf dem »Schwoagerinnenweg« (Sennerinnenweg) Nr. 495 am rechten Rand einer Wiesenmulde nach Süden aufwärts, dann eben zu querender Forststraße (Gedenkstätte an die 1924 hier ermordete Anna Kerschbaumsteiner, Abzweigung zum Borsee) und diese kurz nach rechts zur Straßenkreuzung am **Sattel** ❷, 940 m, zwischen Bärenkogel rechts und Seekogel links.
Geradeaus die Straße mit Weg Nr. 495, an der Nordseite des Seekogels entlang, südwestwärts im Wald eben fort, dann leicht steigend zur **Straßenverzweigung** ❸, 965 m, am Sattel nach dem Seekogel. Die Straße mit Weg Nr. 496 rechts nehmen (nach links geht es mit Weg Nr. 495 direkt zur Schüttbauernalm), sogleich zur nächsten Gabelung und dort links die Straße in langer Geraden nach Süden aufwärts zu einer scharfen Rechtskurve am Sattel, 1090 m, nach dem Dreispitz. Gleich nach der Kurve von der Straße links ab (!) und auf dem rot bez. Fußweg Nr. 496 den steilen Waldrücken in Kehren hinauf zu einer Schulter, die am Ende (Wendeplatz) einer Forststraße von der Menaueralm her erreicht wird. Hier auf dem Fußweg Nr. 496 geradeaus weiter empor an den **Nordrücken** ❹, 1310 m, der Bodenwies (Rechtsabzweigung von Weg E10). Den Waldrücken über mehrere Aufschwünge weiter aufwärts, zuletzt über einen lichten Waldhang hinauf auf den Gipfel der **Bodenwies** ❺, 1540 m, mit herrlicher Aussicht.
Vom Gipfel auf Weg Nr. 496 über den Südostgrat oder rechts von ihm vorerst flach, dann steiler hinab zur Bergecke des **Sandgatterls** ❻, 1300 m.

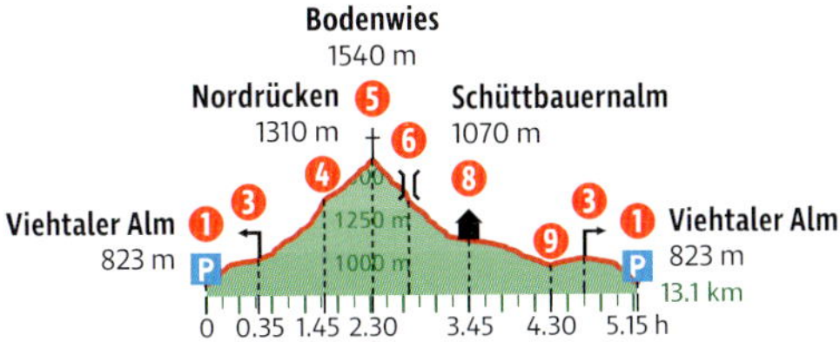

Scharf nach links in die bewaldete Ostflanke der Bodenwies hinein und dort nach Norden abwärts, wobei mehrere Forststraßen gekreuzt werden. Man erreicht so die Almböden der unbew. **Menaueralm** 7, 1097 m (Brunnen). Dort rechts ab und auf Fahrweg Nr. 499 ostwärts auf und ab in 15 Min. zur bew. **Schüttbauernalm** 8, 1070 m.
Von der Alm auf unbez. Waldfahrweg nach Norden zu querender Forststraße und diese, sich links haltend, nordwestwärts, leicht bergab zur Almstraße mit Weg Nr. 495. Auf ihr nordwärts entlang eines Bächleins talaus, wobei eine Straßenkehre auf bez. Steig abgekürzt wird, danach zu einer **Straßengabelung** 9, 922 m (Rechtsabzweigung zum Borsee). Auf dem Sträßchen geradeaus leicht steigend zur **Verzweigung** 3 der Wege Nr. 495/496 und auf bekanntem Weg weiter zum Parkplatz **Viehtaler Alm** 1.

Die Schüttbauernalm im Osten der Bodenwies ist der einzige im Sommer bewirtschaftete Stützpunkt unterwegs.

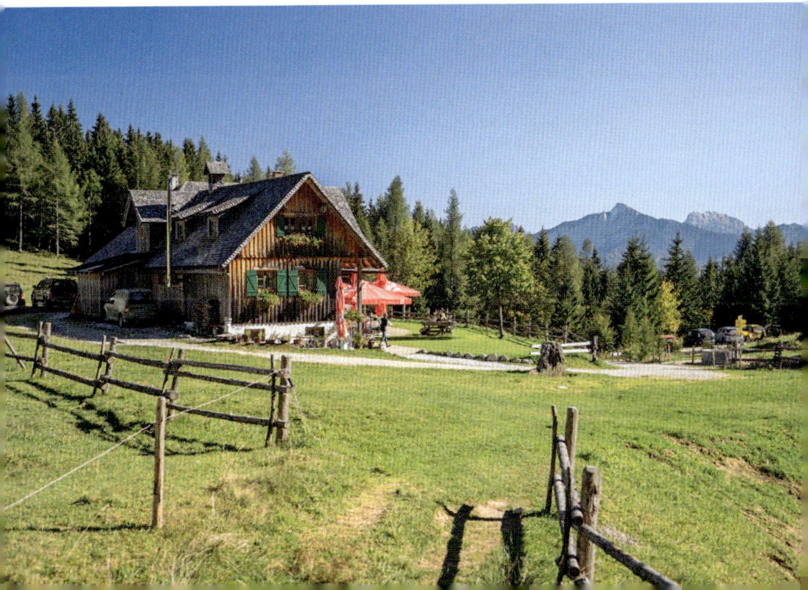

TOP

↗ 1040 m | ↘ 1040 m | 19.5 km

41 Hochkogel, 1157 m, Anlaufalm und Große Schlucht

7.45 h

Große Runde durch das Herzstück des Nationalparks Kalkalpen

Eine idyllische Alm, einen schmucken Felsgipfel, spektakuläre Schluchten, ja sogar einen gesicherten Klettersteig, das alles bietet diese klassische Tour durch das zentrale Hintergebirge. So erlebt man alle Schönheiten der nun durch den Nationalpark geschützten Landschaft, ahnt, was durch diverse Planungen (Schießplatz, Kraftwerk) alles verloren gegangen wäre ...

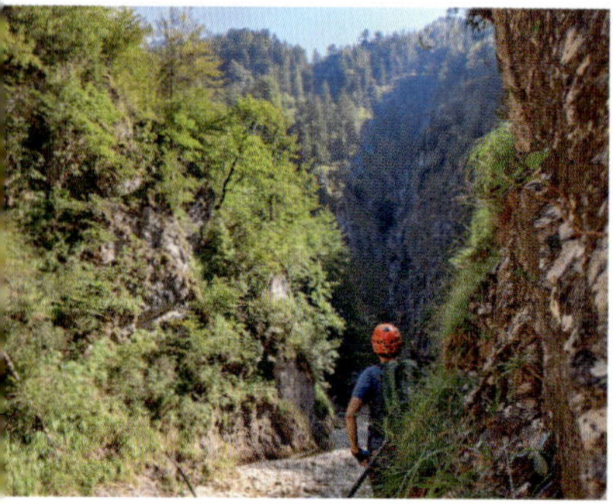

Am Triftsteig in der Großen Schlucht.

Ausgangspunkt: Parkplatz Brunnbachschranken, 525 m, im Plaißagraben 2 km südlich von Brunnbach, 12 km von Großraming, nahe der Mündung des Schafgrabens. Anreise von Großraming nach Brunnbach auch mit dem von Mo. bis Fr. mehrmals täglich verkehrenden Bus 448 bis zur Haltestelle »Großraming – Brunnbachstadel« und weiter zu Fuß entlang der Naturstraße in 30 Min. zum Parkplatz Brunnbachschranken (Sa., So. und an Feiertagen kein Busverkehr). Alternative Anfahrt mit dem Taxi (Taxi Aschauer, Tel. +43 7254 8219 oder +43 664 9274309, Taxi Bürscher, Tel. +43 664 3786611).
Anforderungen: Lange Rundwanderung mit beachtlichem Höhenunterschied auf bez. Wegen, am Hochschlacht teils gesicherte Steige. Trittsicherheit und Ausdauer nötig. Nur bei trockenem Wetter!

Einkehr: In Brunnbach: Veranstaltungshaus »Brunnbachstadl« (kleinere Speisen und Getränke, brunnbachstadl.at) sowie das Bildungshaus »Brunnbachschule« (Übernachtung und Verpflegung nach Voranmeldung, 36 B., brunnbachschule.at), beide geöffnet 1. Mai bis 15. Nov. Fr. ab 17 Uhr, Sa., So. und an Feiertagen ab 10 Uhr, Tel. +43 664 4826444 und +43 650 9838891; Anlaufalm (18 L., 2 B.; bew. 1. Mai bis 26. Okt., Di. Ruhetag; bei Übernachtungswunsch Voranmeldung erbeten; Tel. +43 676 3351277, anlaufalm.com).
Varianten: Am Westrand des Anlaufbodens zweigt Weg Nr. 488 nach rechts (Norden) ab und erreicht nach ca. 1,5 km wieder die Hauptroute; diese Variante vermeidet bei 2.30 Std. Zeitersparnis den schwierigen Hochschlachtsteig und die Besteigung des Hochkogels.
Geübte können die Große Schlucht statt durch die Tunnel auch auf dem durch Stahlseile und Trittklammern gesicherten originellen Triftsteig (Klettersteig!) begehen, der am rechten Ufer des Großen Bachs fast eben durch die Felswand über dem Flussbett führt (bei der Brücke vor dem ersten Tunnel eine schwierigere und eine leichtere Einstiegsvariante) und vor dem Annerlsteg wieder auf die Forststraße trifft. Nur für trittfeste, schwindelfreie Geher; Klettersteigerfahrung und -ausrüstung nötig!
Hinweis: In Brunnbach sehenswert die Filialkirche sowie die Rekonstruktion eines kleinen Bahnhofs der ehemaligen Waldbahn.

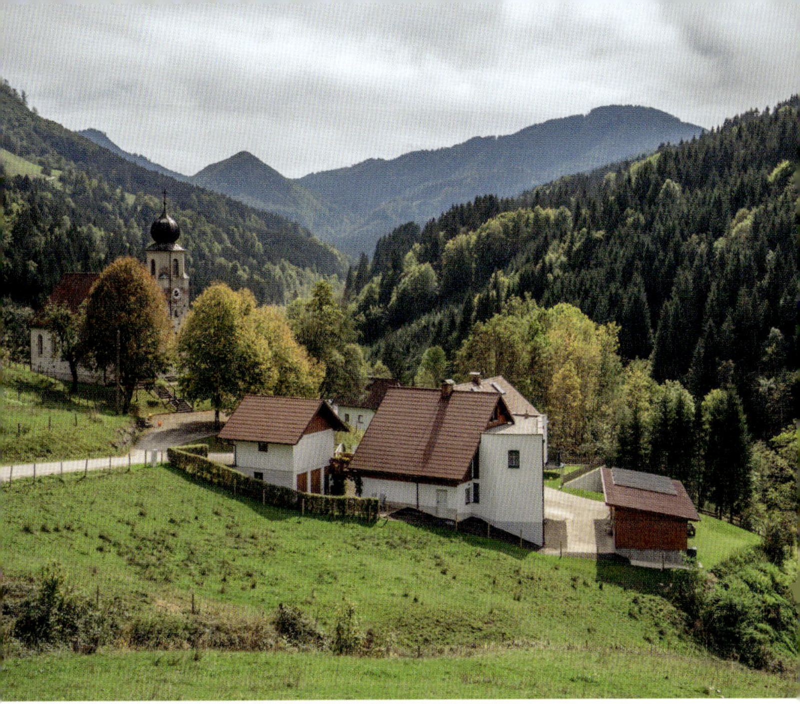

Die kleine Siedlung Brunnbach ist Ausgangspunkt für diese Nationalpark-Erkundung.

Vom Parkplatz **Brunnbachschranken** ❶ die Forststraße mit Weg Nr. 490 am Plaißabach leicht steigend talein, später das Tal verlassend, geradeaus am Osthang des Eibeckgrabens steil hinauf zu einer **Abzweigung** ❷, 815 m. Halb rechts auf dem Waldweg Nr. 490 (»Reitweg«) vorerst nach Süden, bei einem Bildbaum »3 Bilder«, 900 m, jedoch scharf nach rechts (Westen) zum querenden Fahrweg vom Hirschkogelsattel her. Auf diesem über eine Kup-

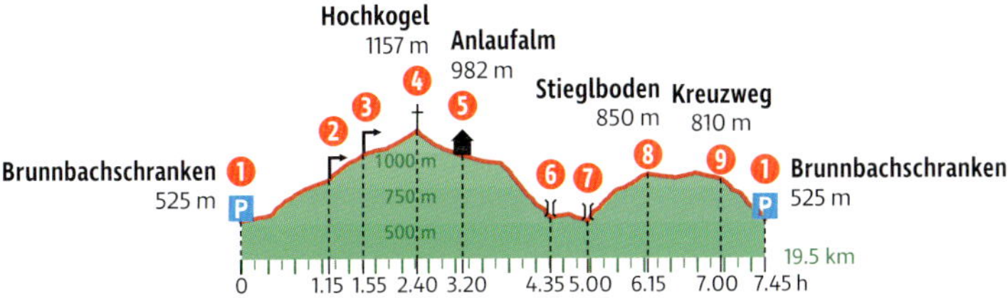

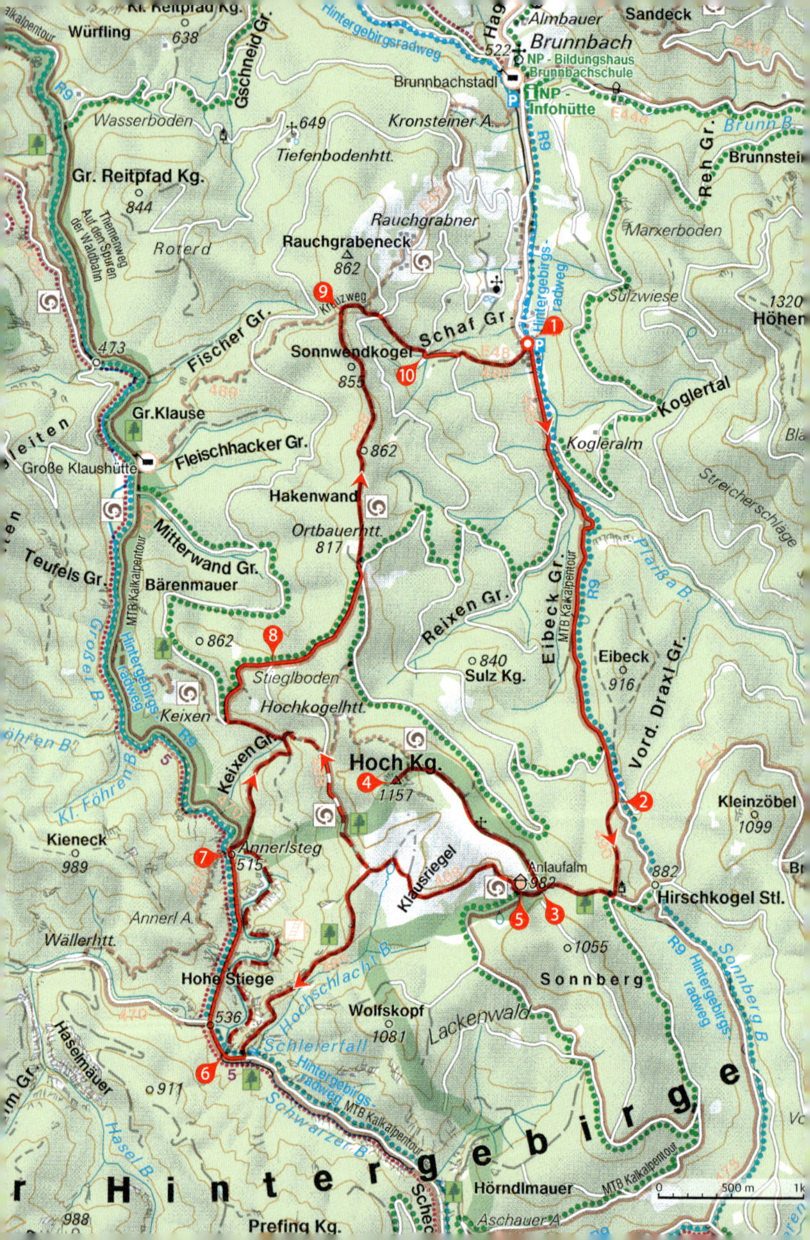
Brunnbach
NP - Bildungshaus Brunnbachschule
Brunnbachstadl
NP-Infohütte
Almbauer
Sandeck
Hintergebirgsradweg
Würfling
Kl. Reitpfad Kg.
638
Gschneid Gr.
Wasserboden
649
Tiefenbodenhtt.
Kronsteiner A.
Gr. Reitpfad Kg.
844
Themenweg Auf den Spuren der Waldbahn
Roterd
Rauchgrabner
Rauchgrabeneck
862
Kreuzweg
Schaf Gr.
Sonnwendkogel
855
Marxerboden
Sulzwiese
1320
Brunnstein
Reh Gr.
Fischer Gr.
473
Gr.Klause
Große Klaushütte
Fleischhacker Gr.
862
Hakenwand
Ortbauerhtt.
817
Koglertal
Koglerlalm
Streicherschläge
Mitterwand Gr.
Bärenmauer
Teufels Gr.
Großer B.
Hintergebirgsradweg
MTB Kalkalpentour
Pfarrsa B.
Eibeck Gr.
Reixen Gr.
840
Sulz Kg.
Eibeck
916
Vord. Draxl Gr.
862
Stieglboden
Hochkogelhtt.
Keixen
Keixen Gr.
Hoch Kg.
1157
Kleinzöbel
1099
Kl. Föhren B.
Kieneck
989
Annerlsteg
515
Klausriegel
Anlaufalm
982
882
Hirschkogel Stl.
Annerl A.
Wällerhtt.
1055
Hohe Stiege
536
Hochschlacht B.
Sonnberg
Wolfskopf
1081
Lackenwald
Schleierfall
Haselmäuer
911
Schwarzer B.
Hasel B.
Sonnberg B.
Hintergebirge
Hörndlmauer
Aschauer A.
988
Prefing Kg.
0
500 m
1 km
1
2
3
4
5
6
7
8
9
10

pe hinweg zu den Wiesen des Anlaufbodens und dort zur **Verzweigung** ❸ am Waldrand (Sattel) noch oberhalb der Anlaufalm. Rechts ab und auf bez. Weg längs des Waldrands über Almweiden nach Nordwesten aufwärts zum Bauernkreuz am Klausriegel, 1051 m. Kurz abwärts, dann durch ein Gatter, schließlich im steilen Waldgelände über niedrige Felsstufen auf den Gipfel des **Hochkogels** ❹, 1157 m (durch Wald eingeengter Rundblick). Zurück zur **Verzweigung** ❸ am Waldrand (Sattel) und dort kurz nach rechts (Westen) hinab zur **Anlaufalm** ❺, 982 m. Auf dem Almweg Nr. 488 geradeaus in westlicher Richtung eben weiter, später nach rechts (Norden) und wieder links zu einer Verzweigung im Graben des Langtals, 953 m (rechts Weg Nr. 488, siehe Variante!). Wir folgen links Weg 485 südwestwärts zum Waldrand und folgen dem beidseits steil abfallenden Waldrücken (Sicherungen, Tiefblicke links zum Hochschlachtbach mit Wannen und Wasserfällen, rechts in die Große Schlucht) überm Hochschlachtbach bergab, zuletzt in Kehren in der linken Talflanke (Schleierfall vor der Mündung in den Großen Bach) zur Waldbahnstraße am **Schwarzen Bach** ❻, 540 m, der traversiert wird. Umittelbar vor der Brücke befindet sich rechts der Einstieg zum Triftsteig (Klettersteig, siehe Hinweis). Weg Nr. 470 leitet stets auf der Straße durch einen Tunnel, überquert den von links mündenden Haselbach, zieht bei der Hohen Stiege durch weitere drei Tunnel der ehemaligen Waldbahn (Solarstrom-Beleuchtung!) und überquert beim **Annerlsteg** ❼ erneut den Schwarzen Bach, 515 m.

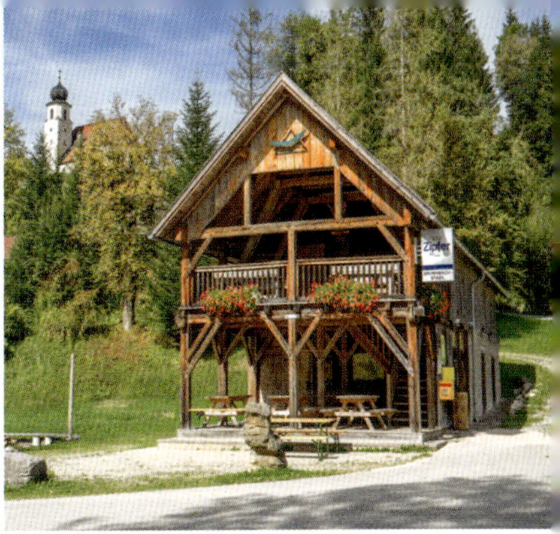

Brunnbach – hier mit dem Veranstaltungshaus »Brunnbachstadl« und der Kirche darüber.

Kurz danach rechts ab und auf bez. Weg ab bewaldetem Osthang des Keixengrabens (Wegweiser nach Brunnbach) steil hinauf zu einer Forststraße, der wir nach links folgen. An der Rechtseinmündung von Weg Nr. 488 (Variante) von der Anlaufalm vorbei geht es auf der rechts abzweigenden Forststraße leicht steigend weiter zum **Stieglboden** ❽, 850 m. Danach links auf Weg Nr. 488 weiter zur Ortbaueralm, 817 m, am Fuß der Hakenwand (links). Auf dem schönen Weg Nr. 488 den nach Norden streichenden Bergrücken in welligem Auf und Ab über den Sonnwendkogel, 855 m, zum quer verlaufenden »**Kreuzweg**« ❾, 810 m. Rechts auf Weg Nr. 488 zur Verzweigung unterm Rauchgrabneneck. Rechts den Weg Nr. E48/488 nach Südosten hinab in den **Schafgraben** ❿ und dort, eine weitere Forststraße querend, zum Parkplatz **Brunnbachschranken** ❶ im Plaißatal.

↗ 650 m | ↘ 650 m | 6.9 km

42 Brunnbacher Gamsstein, 1273 m

3.30 h

Aussichtsreiche Bergtour im Vorland des Kalkalpen-Nationalparks

Zum Scheitel seines großen Namensvetters in den Ybbstaler Alpen fehlen ihm stattliche 500 Höhenmeter, dennoch vermittelt eine Besteigung des Brunnbacher Gamssteins im Dürrensteigkamm am Rand des Reichraminger Hintergebirges eine attraktive Berg- und Familientour. Dass auf halbem Weg eine sommers bewirtschaftete gastfreundliche Alm Möglichkeit zu Einkehr und Labung bietet, sei Liebhabern uriger Almgaststätten verraten. Zugegeben, auf dem teilweise bewaldeten Gipfel wird nicht das große Schauspektakel geboten, doch entschädigen dafür die Ausblicke, die im Anstieg nach der Gschwendtalm auf Haller Mauern, Größenberg und Sengsengebirge geboten werden.

Ausgangspunkt: Parkplatz Gschwendthäusl, 630 m, an der Straße von Großraming nach Brunnbach am Waldrand nach dem Gschwendtbauern, 8 km von Großraming. Anreise von Großraming nach Brunnbach auch mit dem von Mo. bis Fr. mehrmals täglich verkehrenden Bus 448 zu den Haltestellen »Gschwendtkapelle / Gschwendtbauer« bzw. »Gschwendthäusl« (Sa., So. und an Feiertagen kein Busverkehr). Alternative Anfahrt mit dem Taxi (Taxi Aschauer, Tel. +43 7254 8219 oder +43 664 9274309, Taxi Bürscher, Tel. +43 664 3786611).
Anforderungen: Einfache, relativ kurze Wanderung auf bez. Wegen. Trittsicherheit nötig!

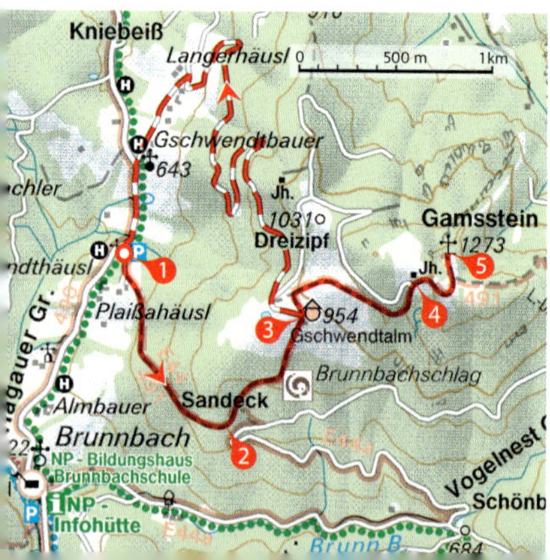

Einkehr: Gschwendtalm (20 L., geöffnet 15. Mai bis 15. Okt., Mo. Ruhetag; Übernachtung nach Voranmeldung; Tel. +43 680 1143142, gschwendtalm.at). In Brunnbach: Veranstaltungshaus »Brunnbachstadl« (kleinere Speisen und Getränke, brunnbachstadl.at) sowie das Bildungshaus »Brunnbachschule« (Übernachtung und Verpflegung nach Voranmeldung, 36 B., brunnbachschule.at), beide geöffnet 1. Mai bis 15. Nov. Fr. ab 17 Uhr, Sa., So. und an Feiertagen ab 10 Uhr, Tel. +43 664 4826444 und +43 650 9838891.
Varianten: Im Abstieg kann man von der Gschwendtalm bequemer, aber länger der Almzufahrt (Naturstraße) durch die Westseite des Dreizipfs zu den Wiesen beim Langerhäusl, 675 m, und weiter zur Brunnbachstraße an der Gschwendthöhe (Gschwendtbauer, 634 m) folgen. Auf ihr 300 m nach links (Süden) zum Parkplatz Gschwendthäusl. 1 Std. zusätzlich. Geübte können vom Gamsstein auf bez. Weg (»L.-Danzer-Steig«) über die Blaulucke zur Ennser Hütte (1.30 Std.) und weiter in 1 Std. auf den Almkogel gelangen. Von dort Abstieg in 3 Std. über die Ennser Hütte direkt nach Großraming.
Hinweis: In Brunnbach sehenswert die Filialkirche sowie die Rekonstruktion eines kleinen Bahnhofs der ehemligen Waldbahn. Guter Brunnen und E-Bike-Ladestation.

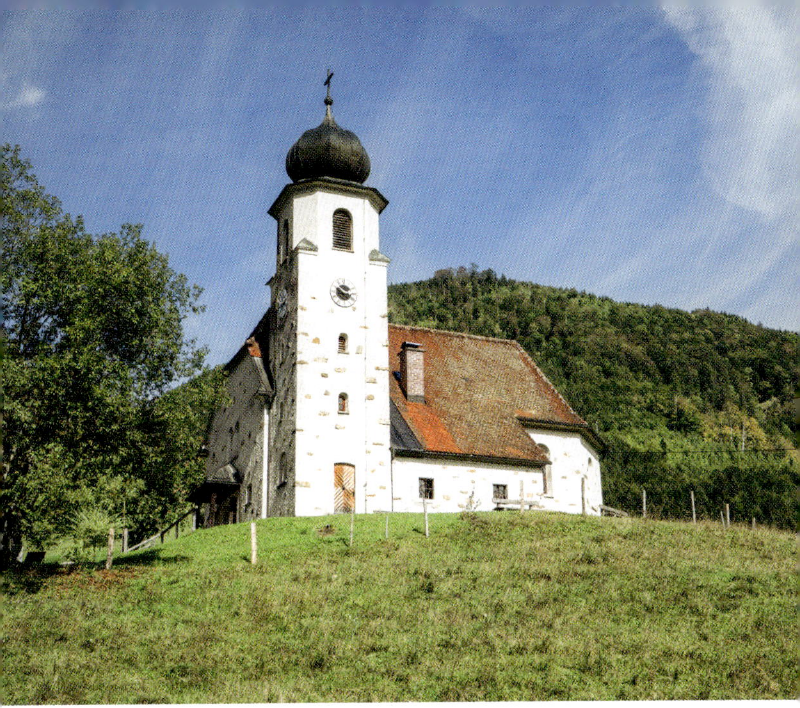

Die relativ junge Kirche von Brunnbach wurde in den Jahren 1947 bis 1950 errichtet.

Vom Parkplatz **Gschwendthäusl** ❶ die Brunnbachstraße südwärts in den Wald und dort gleich zur Abzweigung einer schmalen Asphaltstraße (Weg Nr. 491/E44) halb links aufwärts. Diese nach Süden hinauf zur Verzweigung vor dem Pleißahäusl. Links auf nun breitem Fußweg durch Wald südostwärts steil bergan, später im Linksbogen um das **Sandeck** ❷ herum. Weiter in Nordostrichtung an den Waldhängen bergauf zu einem Flachstück, danach zur Rechtseinmündung von Weg Nr. E44a von Brunnbach her.

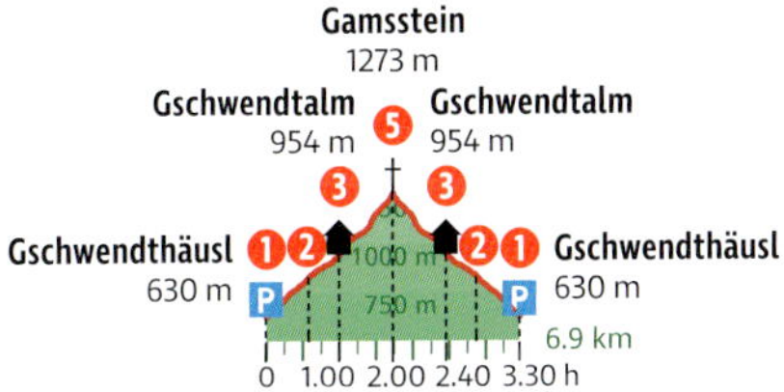

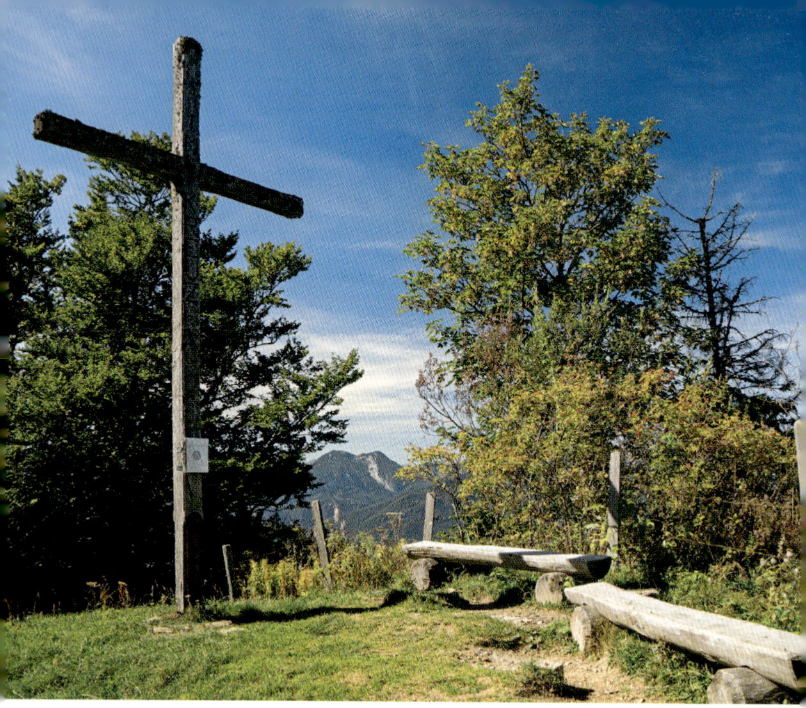

Der Gipfel des Brunnbacher Gamssteins.

Geradeaus nochmals steiler aufwärts zur ausgedehnten Wiesenschulter der Gschwendtalm und dort durch ein Gatter zur **Jst. Gschwendtalm** 3, 954 m.

Von der Alm auf Weg Nr. 491 durch ein Gatter nach Nordwesten aufwärts an den Westrücken des Gamsstein. Über ihn (Viehweide) steil nach oben, später in aussichtsreicher Querung der Grashänge (Blick auf Haller Mauern, Größenberg, Sengsengebirge und Kremsmauer) nach rechts in den Wald. Dort an den Hängen weiter, später einen felsigen Waldrücken (Trittsicherheit nötig!) steil nach links hinauf zu querender Forststraße und diese sich rechts haltend zu einer Weidefläche mit **Jagdhütte** 4, 1155 m. An dieser vorbei, danach einen steilen Grashang in Kehren aufsteigen, schließlich über einen Rücken nach links (Norden) empor zu einer Verzweigung (rechts auf Weg Nr. 492 und 492a zur Ennser Hütte und auf den Almkogel). Über den Wiesenrücken gerade fort zum nahen Gipfel des **Gamsstein** 5, 1273 m. Überraschender Tiefblick durch den Lumplgraben nach Norden auf Großraming! Abstieg entlang der Anstiegsroute.

↗ 1120 m | ↘ 1120 m | 17.1 km

7.00 h

Almkogel, 1513 m

43

Auf den nördlichen Eckpfeiler im Dürrensteigkamm

Da der Almkogel auch unter Skitourengehern einen guten Ruf genießt, kennen ihn nicht nur die Wanderer. Ihnen schenkt der Berg allerdings eine ganze Latte attraktiver Unternehmungen, die allesamt mit prächtiger Gipfelschau belohnt werden.

Ausgangspunkt: Großraming, Bahnhof, 410 m, Ennstalbahn St. Valentin – Steyr – Hieflau.
Endpunkt: Bahnhaltestelle Küpfern, 403 m, Ennstalbahn. Von dort Rückfahrt nach Großraming.

Anforderungen: Einfache, aber lange Wanderung auf bez. Wegen mit beachtlichem Höhenunterschied.
Einkehr: Mehrere Gasthöfe in Großraming. Ennser Hütte (9 B., 29 L., 10. Jan. bis 15./20. März geschl., sonst immer geöffnet, März bis April bzw. Nov. bis Dez. Fr. bis So., Mai bis Juni bzw. Sept. bis Okt. Mo. Ruhetag, Juli/August durchgehend offen, Tel. +43 664 4430141, ennser-huette.at), Stallburgalm (28 L., bew. 1. Mai bis 31. Okt. Fr., Sa., So. und an Feiertagen, Tel. +43 664 75019110, naturfreunde-huetten.at).
Variante: Verzichtet man auf eine Überschreitung des Berges und kehrt auf bekanntem Weg zum Ausgangspunkt zurück, so startet man vorteilhaft am Hof Bamacher (3 Std. Zeitersparnis).

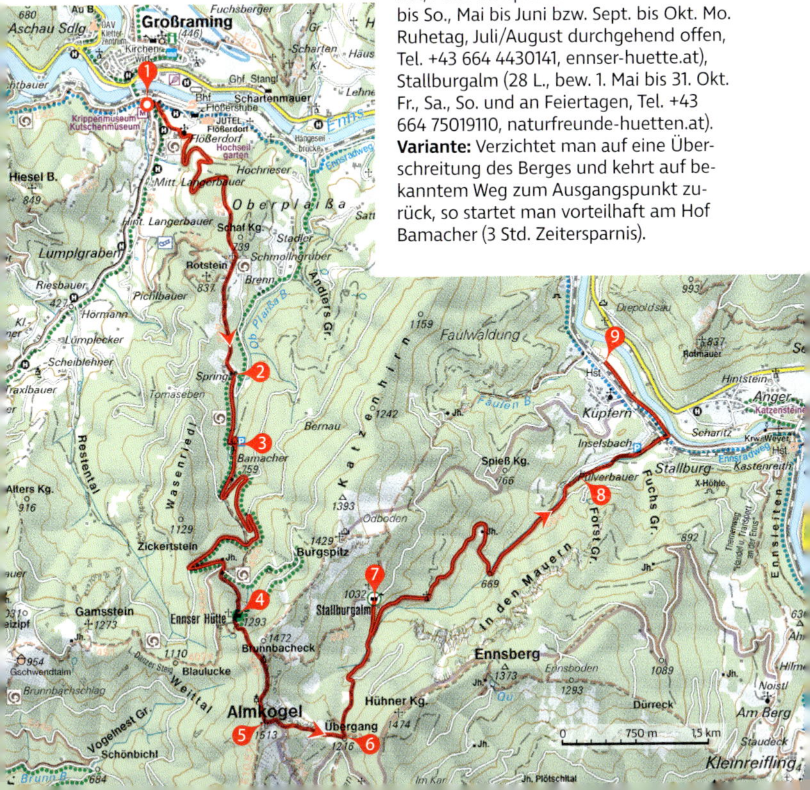

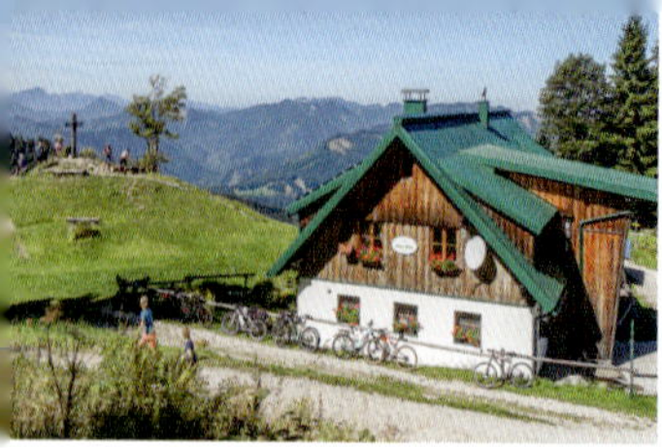

Die Ennser Hütte am Almkogel.

Vom Bahnhof in **Großraming ❶** auf dem Kalkalpenweg (E43/492) steil nach Süden hinauf zu einem Güterweg und diesen in Kehren aufwärts zu seinem Ende, danach auf bez. Steig auf den Wiesenrücken zwischen Schafkogel und Rotstein. Jenseits an den Hängen des Plaißabachtales entlang nach Süden zum **Hof Spring ❷**, 700 m, wo man den aus dem Ennstal heraufführenden Güterweg erreicht. Auf diesem in Südrichtung talein zum **Hof Bamacher ❸**, 759 m (bis hierher Autozufahrt möglich, Parkplatz). Auf Weg Nr. 492 durch einen Graben und über eine Waldrippe, eine Forststraße mehrmals kreuzend, mäßig steil nach Süden empor zur **Ennser Hütte ❹**, 1295 m. Der Kalkalpenweg wendet sich hier nach rechts (Westen) und führt über die Blaulucke zum Brunnbacher Gamsstein. Von der Hütte auf Weg Nr. 492 geht es durch Hochwald nach Süden zur Verzweigung unter dem Brunnbacheck (Abstecher nach links zum Burgspitz, 1429 m; 30 Min.). In Richtung Gipfel folgen wir dem Weg Nr. 492 südwärts weiter in eine kleine Mulde und aus ihr auf den **Almkogel ❺**, 1513 m, mit prächtigem Panorama.
Vom Gipfel auf Weg Nr. 494 sehr steil (Vorsicht bei Nässe!) nach Osten hinab in den Sattel **Übergang ❻**, 1216 m, zwischen Almkogel und Hühnerkogel. Auf Weg Nr. 494 nach links (Norden) durch einen Bachgraben abwärts, später entlang einer Forststraße in Nordostrichtung zu einer Verzweigung. Diese Straße noch einige Meter weiter und links hoch zur **Stallburgalm ❼**, 1032 m. Zurück zur zuletzt erwähnten Verzweigung. Scharf links ab und auf einem Fußweg wieder hinab zur Straße. Auf ihr in Nordostrichtung bergab, später in einer Rechtskehre (Jagdhaus, 740 m) hinunter in den Hammergraben. Am **Pulverbauer ❽**, 455 m (Parkplatz), vorbei, folgen wir der Straße nach Inselsbach, danach geht es unter der Bahn durch zur Enns. Sich links haltend, am Fluss entlang, zur Haltestelle **Küpfern ❾**, 403 m; Rückfahrt mit der Ennstalbahn nach **Großraming ❶**.

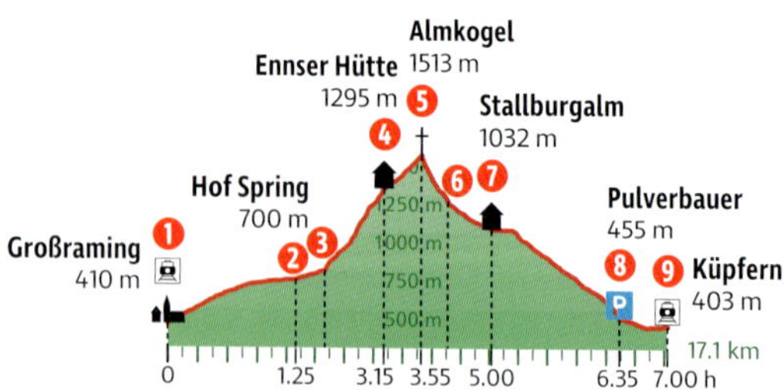

Das Gipfelkreuz am Almkogel: Blick nach Süden zu den Haller Mauern.

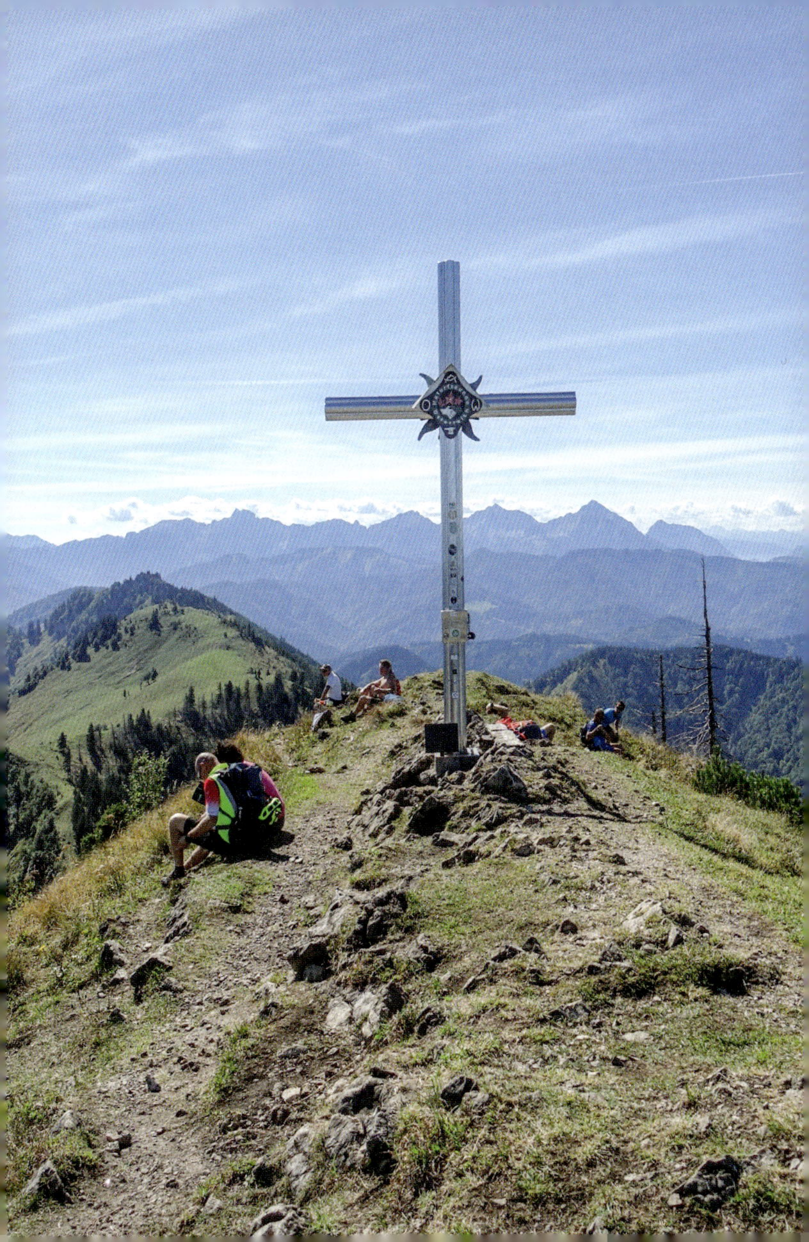

↗ 720 m | ↘ 720 m | 9.2 km

44 Wetterkogel, 1115 m, und Hirschkogel, 1078 m

3.45 h

Voralpine Gipfelüberschreitung für Spürnasen

Die Tour zum Wetterkogel kennen Ortsansässige so gut, dass sie fehlende Markierungen und verwachsene Steige kaum stören. Wer aber als Gebietsfremder sein Glück versucht, braucht etwas Orientierungssinn, um den im Dickicht verborgenen Pfaden zu folgen. Man durchwandert dabei ein malerisch kupiertes, liebliches Voralpenland mit sanften Waldbergen, Wiesenmatten und einsamen Höfen. Von der höchsten Erhebung, dem licht bewaldeten Wetterkogel, fällt der Blick auf Ybbstaler Berge, Sengsengebirge, Kremsmauer und die auf einem Hügel thronende Wallfahrtskirche Sonntagberg. Besonders zu empfehlen ist die Wanderung zur Zeit der Narzissenblüte im Mai sowie zur Baumverfärbung im Herbst.

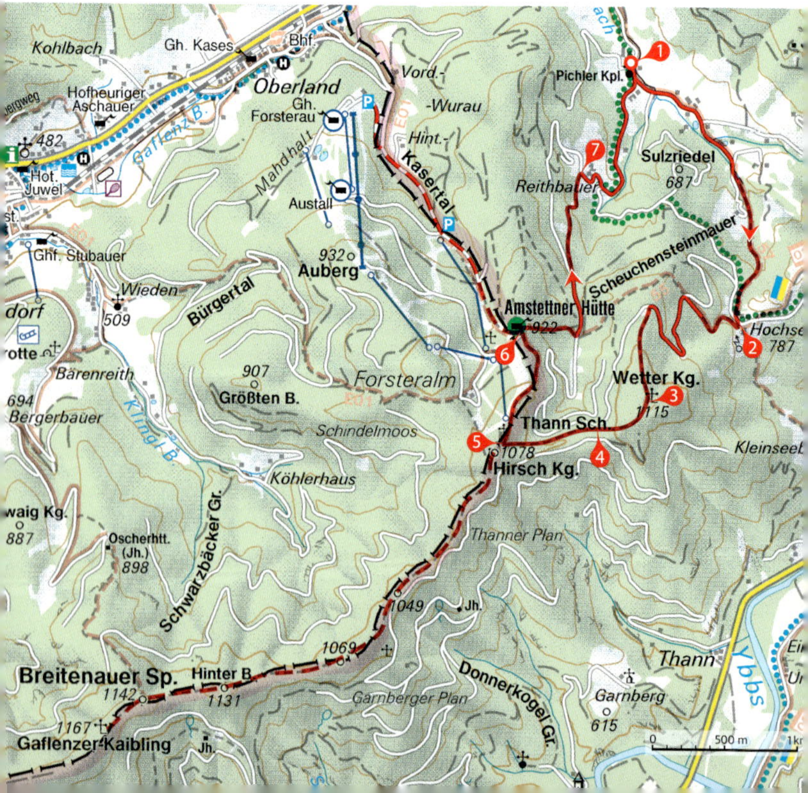

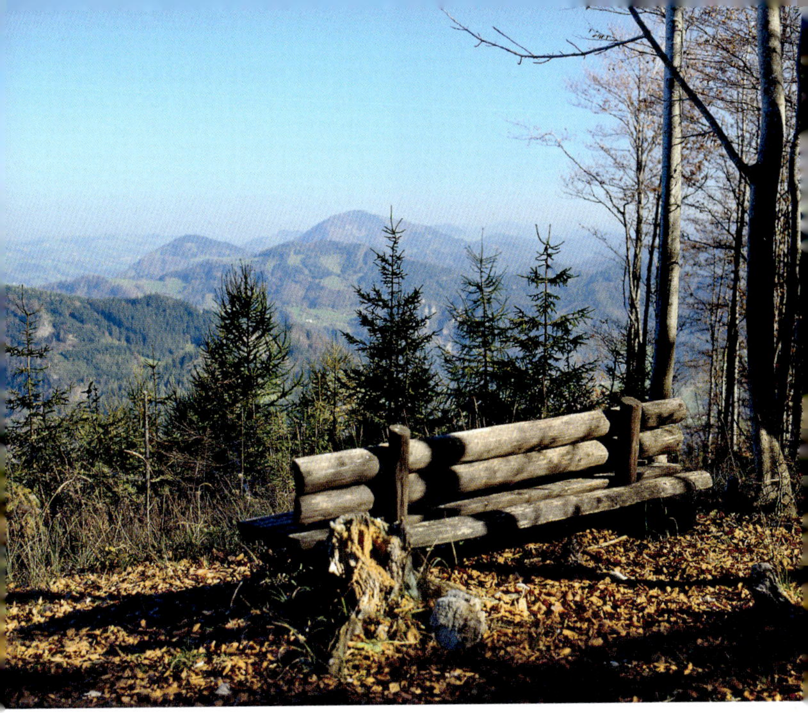

Am Gipfel des Wetterkogels. Im Nordosten erkennt man den Prochenberg bei Ybbsitz.

Ausgangspunkt: Pichler-Kapelle im Seebachgraben, 510 m, mit kleinem Parkplatz. Zufahrt mit Pkw von Waidhofen auf der B121 zur Klaus-Siedlung (5,5 km, hierher auch mit dem Linienbus 630 ab Waidhofen – Weyer mehrmals täglich). Dort links ab und auf Asphaltstraße den Seebachgraben einwärts zur Pichler-Kapelle, 300 m unterhalb des Hofes Poltbauer, 1,5 km (15 Gehminuten) ab Klaus-Siedlung, 7 km von Waidhofen an der Ybbs.
Anforderungen: Leichte Wanderung auf teils unbez. Fahr- und Fußwegen. Orientierungsvermögen nötig.
Einkehr: Amstettner Hütte (30 L., geöffnet 1. Mai bis 26. Okt. Do. bis So. und an Feiertagen, Tel. +43 7353 570 oder +43 676 9581221). Einige Bauernhöfe bieten Milchprodukte und Obstmost an.
Alternativen: Die Amstettner Hütte kann von der obersten Kehre der Forsteralm-Straße auf Weg E01 (1 km, 200 Hm, 40 Min.) oder von Gaflenz auf Weg E01 durch das Bürgertal (5 km, 440 Hm 1.15 Std.) erreicht und dort die unten beschriebene Rundtour gestartet werden (5,5 km, 460 Hm Anstieg).
Gute Geher können vom Hirschkogel auf unbez. Pfad dem Kamm über Hinterberg und Breitenauer Spitz nach Südwesten bis zum Gaflenzer Kalbling, 1167 m, folgen (3,5 km, 100 m zusätzlicher Anstieg vom Hirschkogel, Gehzeit: 1 Std.). Vom Breitenauer Spitz Abstieg auf teils markierten Wegen nach Gaflenz.

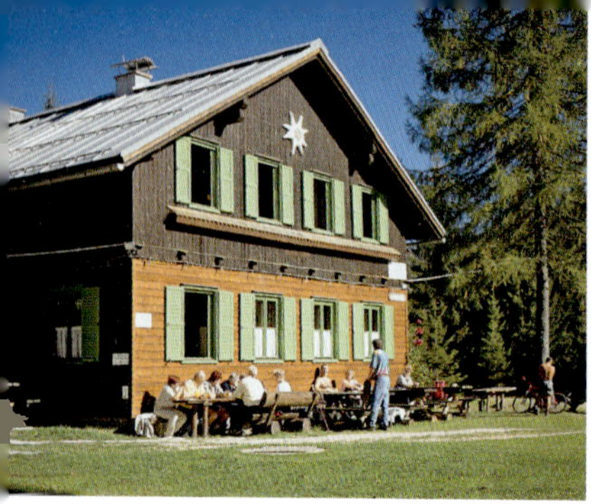

Die Amstettner Hütte.

Von der **Pichler-Kapelle** ❶ die Asphaltstraße mit Weg Nr. 57, an Höfen vorbei, über Wiesen nach Südosten aufwärts zu einer Gabelung. Rechts weiter zur nächsten Teilung und nochmals rechts zum Straßenende an der dritten Gabelung. Links den bez. Karrenweg durch den Waldgraben zuerst in südöstlicher, dann in südlicher Richtung hinauf zu einer Wiese mit Gehöft, danach auf verwachsenem Fußweg zu einer Asphaltstraße. Auf ihr kurz links zum **Hof Hochseeberg** ❷ am gleichnamigen Wiesensattel, 787 m. Vom Hof geht man auf der Straße 50 m zurück zur Linksabzweigung zweier Steige. Den unbez. linken Pfad steil nach Südwesten aufwärts zu einer Forststraße (rechts direkt zur Amstettner Hütte). Auf der Straße gelangen wir bergwärts, die Waldflanke querend, nach rechts an den Nordrücken. Dort links ab und auf dem unbez. »Jagasteig«, an einer Jagdhütte vorbei, über den Rücken steil hinauf zum Gipfel des **Wetterkogels** ❸, 1115 m, mit Rede- und Schreibpult sowie einem Thermometer. Hier haben wir eine schöne Rundsicht.

Auf unbez. Steig durch Buschwerk und Wald steil nach Südwesten hinab in die **Thannscharte** ❹, 970 m. Jenseits am Waldrücken vorerst eben bzw. sanft aufwärts, später steil empor zum Gipfel des **Hirschkogels** ❺, 1078 m, und auf dem rot bez. Steig über den Nordrücken zum nahen Gipfelkreuz mit Rastbank, aber ohne Rundsicht. Den Waldrücken sanft bergab zu einer Abfahrtsschneise (Blick auf Amstettner Hütte und Sonntagberg) und weiter abwärts zu der auf einer Schulter östlich der Forsteralm-Mulde (Skigebiet) gelegenen **Amstettner Hütte** ❻, 922 m.

Den Fahrweg Nr. 55 durch Wald nach Osten hinab in einen Graben mit querender Forststraße, der wir nach links folgen. An der linken Grabenseite in Nordrichtung sanft bergab zu den Wiesen beim **Reithbauer** ❼, 630 m. Über diese auf schmaler Asphaltstraße hinab zur **Pichler-Kapelle** ❶.

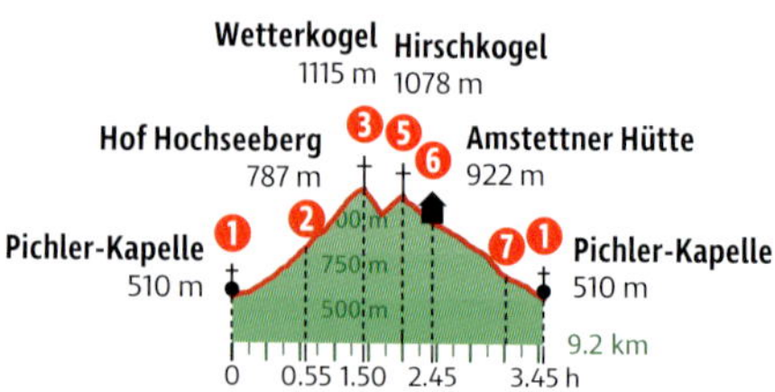

↗ 670 m | ↘ 730 m | 14.7 km

5.00 h

Von Opponitz nach Waidhofen

Genussreiche Stunden auf dem Eisenwurzen-Wanderweg 08

Diese Wanderung bietet Gelegenheit, einen der schönsten Winkel der Ybbstaler Alpen kennenzulernen. Unterwegs überschreiten wir den Reichenwaldberg und durchwandern später den Naturpark Buchenberg, durch den wir auf gepflegten Spazierwegen unser Ziel, Waidhofen an der Ybbs, erreichen.

Ausgangspunkt: Opponitz, 422 m, mehrere Parkplätze im Ort. Buslinien 640 oder 164 von Waidhofen a.d. Ybbs bis »Opponitz Busbahnhof«.
Endpunkt: Waidhofen an der Ybbs, 362 m. Rückfahrt zum Ausgangspunkt mit den Buslinien 640 oder 164.
Anforderungen: Streckenwanderung auf markierten Fuß- und Fahrwegen.
Einkehr: Mehrere Gastbetriebe in Opponitz und Waidhofen. Ghf. am Grasberg (keine Nächtigung, täglich 11–20 Uhr, Di. und Mi. Ruhetag, Tel. +43 7442 52743, gasthaus-am-grasberg.at).
Varianten: Von Obergrasberg kann der Gipfel des Glatzberges, 904 m, auf bez. Weg in 1.30 Std. erreicht werden.
Tipp: Vom Endpunkt der Wanderung lohnende Besichtigung des Stadtzentrums von Waidhofen a.d. Ybbs.

Das reizvolle Städtchen Waidhofen an der Ybbs in den niederösterreichischen Eisenwurzen.

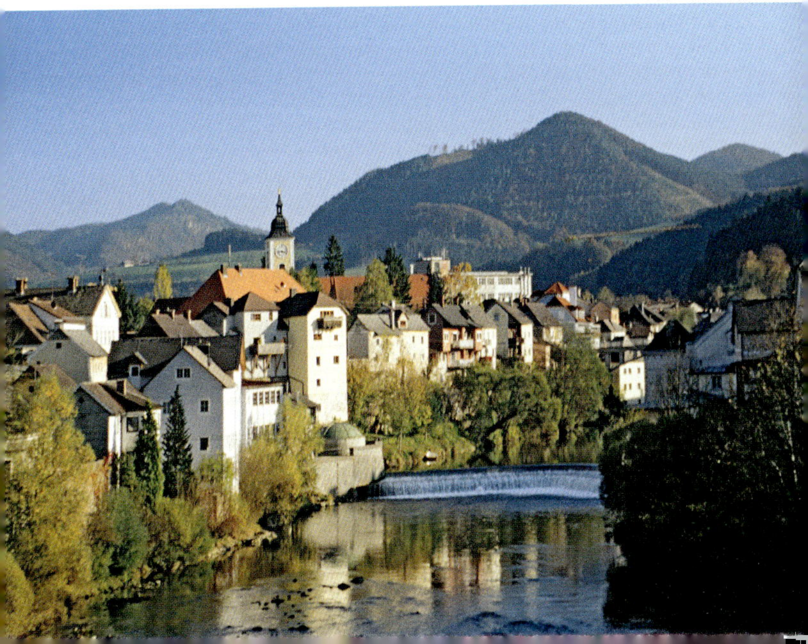

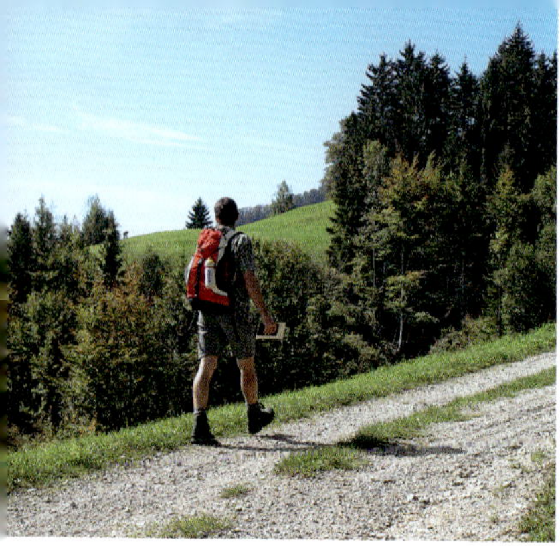

Unterwegs von Opponitz nach Waidhofen wird genussreiches Wandern auf schönen Wegen geboten.

Von **Opponitz** ❶ die Ortsstraße 600 m nach Norden zur B31 im Ybbstal. Auf ihr kurz nach links, dann scharf rechts ab und auf dem breiten Waldweg Nr. 58 nach Nordosten hinauf, später in einer scharfen Linksbiegung über Wiesen bergauf zu einem Güterweg und diesen sich links haltend in Kehren zu den Höfen von **Oberstockreith** ❷, 650 m. Auf dem Forstweg Nr. 58 sich rechts haltend weiter bergan, an der zweiten Kehre jedoch links ab und, südlich des Obermitterkogels vorbei, über Wiesen, später am Waldrand entlang zum querenden Eisenwurzen-Weitwanderweg 08, 830 m, dem wir nach rechts folgen.

Auf dem Fahrweg wird die Wiesenkuppe des Obermitterkogels links (westlich) umgangen, später führt der Weg im Hochwald weiter zur »Kreuzwiese« (Wegkreuz) und danach zu der mit 965 m höchsten Stelle der Wegstrecke am **Reichenwaldberg** ❸. Leicht fallend erreicht der Weg nach 100 m eine Forststraße, die wir bei der ersten Abzweigung halb rechts verlassen. Nach einem Waldstück erreicht man die große Wiese mit der ehemaligen Forsthütte **Rabenstadel** ❹, 820 m, wo sich eine wunderbare Schau über das Mostviertel und zum Sonntagberg hin auftut. An einer Kapelle vorbei zu einer Forststraße und auf ihr sich rechts haltend über eine Wiese bergab, danach im Wald steil hinunter zum Holzerbauernkreuz, 670 m. Auf Weg Nr. 08 den Fohraberg hinauf und knapp unterhalb des Gipfels vorbei, danach im Auf und Ab durch die Steilflanken des Glatzbergs nach Obergrasberg, 660 m, und auf einem asphaltiertem Fahrweg hinab nach **Untergrasberg** ❺, 595 m, wo es ein Gasthaus gibt. Ein letzter kurzer Anstieg bringt uns in den **Naturpark Buchenberg** ❻, 630 m. Dort auf guten Spazierwegen (Naturlehrpfad, Wildgehege mit schönen Ausblicken auf Waidhofen) am Westabhang des Berges gemütlich bergab nach **Waidhofen an der Ybbs** ❼, 362 m. Rückfahrt mit den Buslinien 640 oder 164 nach Opponitz.

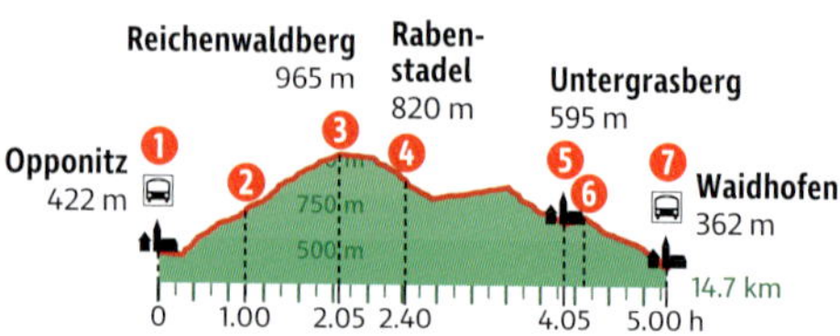

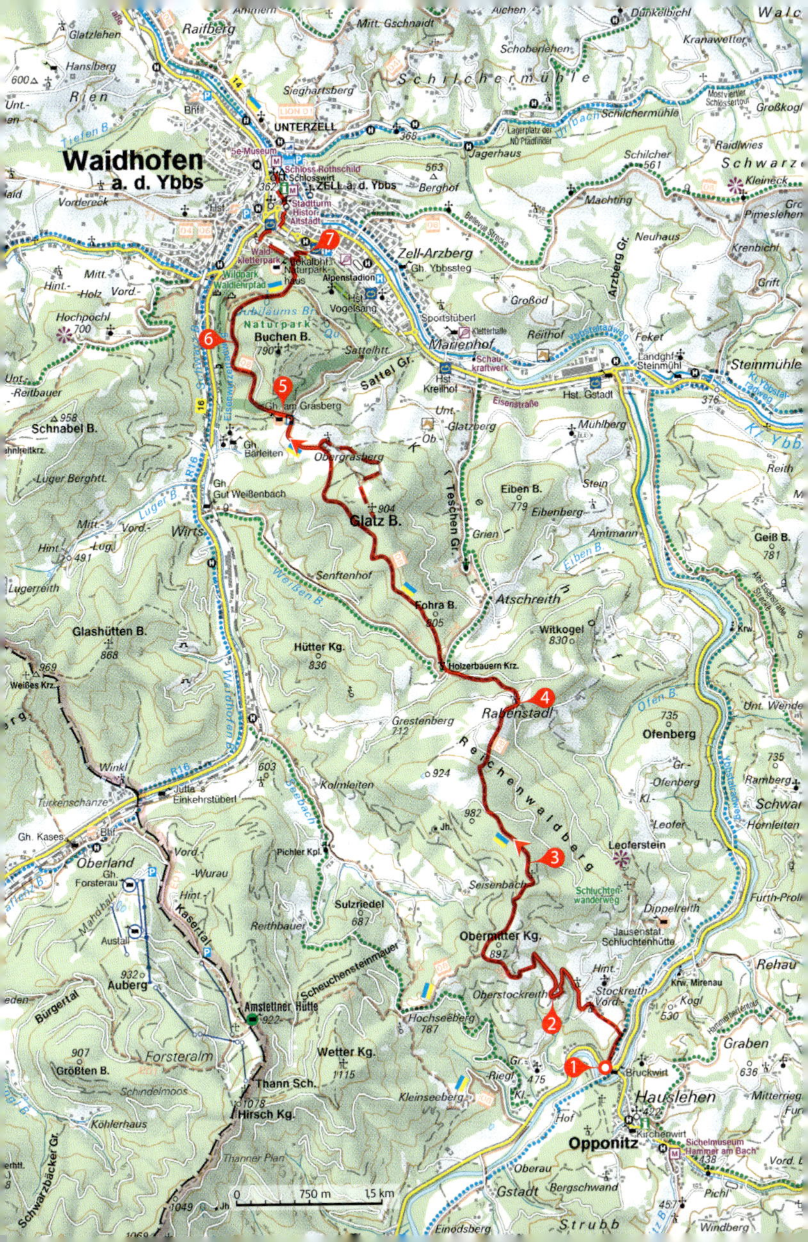
Waidhofen
a. d. Ybbs
Raifberg
Glatzlehen
Hanslberg
Rien
Unterzell
Zell a. d. Ybbs
Schloss Rothschild
Stadtturm
Histor. Altstadt
Sieghartsberg
Mitt. Gschnaidt
Schoberlehen
Schilchermühle
Dunkelbichl
Kranawetter
Jagerhaus
Berghof
Machting
Schilcher
561
Schwarze
Kleineck
Neuhaus
Zell-Arzberg
Gh. Ybbssteg
Alpenstadion
Vogelsang
Großöd
Reithof
Marienhof
Sportstüberl
Kletterhalle
Schaukraftwerk
Feket
Steinmühle
Hst. Gstadt
Hst. Kreilhof
Eisenstraße
Wildpark
Waldlehrpfad
Waldkletterpark
Naturpark
Buchen B.
790
Sattelhtt.
Sattel Gr.
Hochpochl
700
Vordereck
Mitt.
Holz
Vord.
Hint.
Gh. am Grasberg
Gh. Bärleiten
Obergrasberg
Schnabel B.
958
Luger Berghtt.
Gh. Gut Weißenbach
Glatz B.
904
Unt.-Glatzberg
Mühlberg
Eiben B.
779
Eibenberg
Stein
Amtmann
Teschen Gr.
Grien
Luger B.
Wirts
Lug
491
Lugerreith
Senftenhof
Weißen B.
Fohra B.
805
Atschreith
Witkogel
830
Glashütten B.
868
Hütter Kg.
836
Holzerbauern Krz.
Rabenstadl
Grestenberg
712
Ofen B.
Ofenberg
735
Ramberg
Reichenwaldberg
924
Kolmleiten
982
Winkl
603
Jutta's Einkehrstüberl
Turkenschanze
Gh. Kases
Oberland
Gh. Forsterau
Pichler Kpl.
Seisenbach
Leoferstein
Schluchtenwanderweg
Dippelreith
Jausenstat. Schluchtenhütte
Sulzriedel
687
Reithbauer
Obermitter Kg.
897
Scheuchensteinmauer
Oberstockreith
Stockreith
Rehau
Krw. Mirenau
Kogl
530
Auberg
932
Austall
Amstettner Hütte
922
Hochseeberg
787
Wetter Kg.
1115
Bürgertal
Größten B.
907
Forsteralm
Schindelmoos
Thann Sch.
Hirsch Kg.
1078
Köhlerhaus
Kleinseeberg
Riegl
475
Bruckwirt
Hauslehen
422
Kirchenwirt
Opponitz
Sichelmuseum Hammer am Bach
438
Graben
636
Oberau
Gstadt
Bergschwand
Strubb
Einödsberg
Windberg
Thanner Plan
Schwarzbäcker Gr.
0
750 m
1,5 km
1
2
3
4
5
6
7

↗ 1240 m | ↘ 1240 m | 12.2 km

46 Voralpe: Stumpfmauer, 1770 m, und Tanzboden, 1727 m

7.00 h

Anspruchsvolle Tour auf zwei prachtvolle Aussichtsberge

Wie der Gamsstein ist auch die benachbarte Voralpe ein selten besuchtes Ziel. Das liegt zum einen an der abgeschiedenen Lage, zum anderen an den beschwerlichen Zugängen und dem Fehlen von Stützpunkten. Aus dem Höhenrücken ragen zwei markante Gipfel: die höhere Stumpfmauer und der weiter im Süden gelegene, durch einen Felsgrat vom Hauptgipfel getrennte begrünte Tanzboden. Man erreicht beide Höhen auf steilen markierten Wegen aus dem Hammerbachtal bei Hollenstein. Die Gipfelwiese des Tanzbodens bietet sich für die Gipfelrast an. Auf der felsigen Stumpfmauer ist hingegen nur wenig Platz, dafür eröffnet sich hier ein perfektes 360°-Panorama!

Ausgangspunkt: Wenten, 570 m (beschränkte Parkmöglichkeit). Von Waidhofen a. d. Ybbs mit Buslinie 640 bis Bushalt »Hollenstein / Ybbs Feuerwehr«. Von dort 3,5 km zu Fuß (45 Min.) bis Wenten südlich von Hollenstein, am Nordfuß der Voralpe. Zufahrt mit Pkw von Hollenstein durch das Hammerbachtal über Dornleiten zum Klausbach. Neben diesem 300 m nach rechts hinauf, dann links die Straße 800 m nach Süden empor zur Rechtsabzweigung (Parkplatz) der Straße nach Haberfeld in Wenten, 3 km von Hollenstein.

Anforderungen: Unschwierige, wegen der Länge und des zu bewältigenden Höhenunterschieds jedoch ziemlich anstrengende Tour auf bez. Wegen und Bergpfaden. Trittsicherheit und Ausdauer nötig. Nur bei trockenem Wetter!

Einkehr: Unterwegs keine. Mehrere Gasthöfe in Hollenstein.

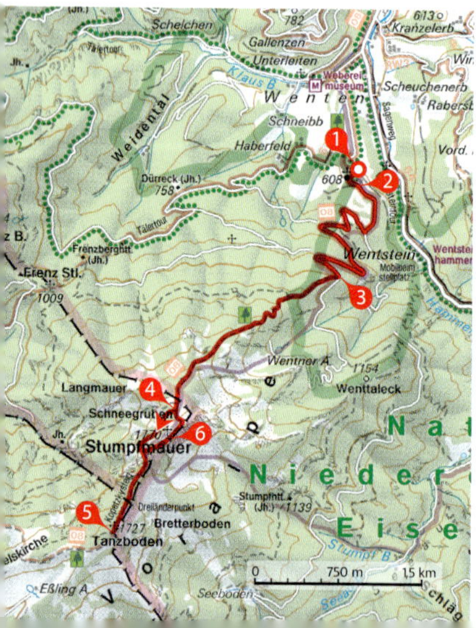

Vom Parkplatz in **Wenten** ❶ auf asphaltiertem Güterweg (Nr. 208) in einer Kehre nach Süden aufwärts zu einem Hof mit roter **Backsteinkapelle** ❷, 608 m. Auf Forststraße südwärts in Kehren weiter bergauf, bis die Straße nach der 6. Kehre, 970 m, nach **rechts** ❸ verlassen wird. Auf dem Hugo-Zettl-Steig durch Wald in steilen Serpentinen nach Südwesten hinauf an den von Latschen bewachsenen Nordostkamm des Berges. Über ihn, an den Felsen vorbei, dann wieder durch Latschengassen auf die Hochfläche der Voralm (Hochwiese) empor und dort zu einer **Wegteilung** ❹, 1680 m. Hier rechts auf Weg Nr. 208

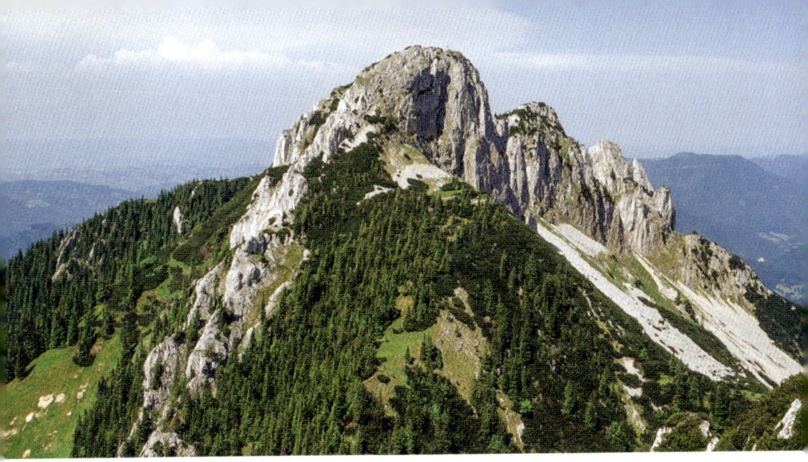

Das Felsmassiv der Stumpfmauer von Südwesten (vom Tanzboden).

in die Nordwestflanke des Berges hinein und dort am Rand der Schneegruben eben weiter, später leicht fallend an den Südwestgrat und dort zur Wegeinmündung, 1680 m, von der Stumpfmauer her. Mit ihm über den Kamm weiter bergab, durch einen felsigen Durchschlupf (»Lucken«), dann im lichten Nadelwald zum Sattel, 1570 m, vor dem Tanzboden. Auf dem Kopetzky-Steig steil nach oben zum Gipfel des **Tanzbodens** 5, 1727 m, mit herrliche Schau nach Süden auf die Gesäuseberge. Im Nordosten erhebt sich die imponierende Felsgestalt der Stumpfmauer.

Rückweg und Abstieg: Ab dort zur Wegeinmündung, 1680 m, von der Stumpfmauer her. Auf diesem im felsigen Gelände hinauf in eine Steilrinne, durch sie (Drahtseil) in eine Scharte und nach rechts zum Hauptgipfel der Voralpe, der **Stumpfmauer** 6, 1770 m, mit umfassender Rundschau. Vom Gipfel über den unschwierigen Felskamm nach Nordosten, dann über eine steile Wiese nach links hinab zum Querweg Nr. 208 4 und auf ihm weiter wie im Anstieg zum Parkplatz in **Wenten** 1.

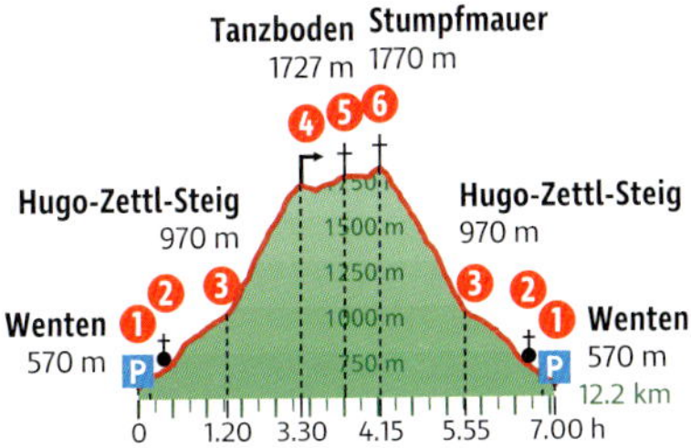

↗ 1260 m | ↘ 1260 m | 15.4 km

47 Gamsstein, 1770 m, und Hochkogel, 1774 m

7.30 h

Stille Höhen an der niederösterreichisch-steirischen Grenze

Die Voralpe und der über dem Salzatal aufragende Gamsstein gehören zu den eher selten besuchten Tourenzielen der beiden Naturparke Eisenwurzen. Und das trotz ihrer Eignung als hervorragende Aussichtswarten vor den wilden Felsrecken des Gesäuses und der Hochschwabgruppe. Man kann dem Gamsstein mit seiner höchsten Erhebung, dem Hochkogel, auf markierten Wegen sowohl aus dem nördlichen Ybbstal vom niederösterreichischen Jagdhaus Sandgraben als auch aus dem Salzatal vom steirischen Palfau her an den Leib rücken, wobei sich die südseitigen Wege, wie nachstehend beschrieben, zu einer schönen Runde kombinieren lassen.

Ausgangsort: Obere Palfau, 540 m, Haltestelle Palfau »Zur Wacht« der Buslinie 643 Göstling / Ybbs – Palfau im Ortsgebiet; Parkplatz bei der Kirche (Palfau).
Anforderungen: Unschwierige, aber lange Wanderung auf bez. Wegen. Trittsicherheit wird vorausgesetzt. Unterwegs kein Trinkwasser!
Einkehr: Zwei Gastbetriebe in Palfau. Bergbauern-Lackneralmhütte der Naturfreunde (16 L.; wochentags Selbstversorgerhütte, bew. 15. Mai bis 15. Okt. an den Wochenenden; Tel. +43 664 1153809, lackneralmhuette.naturfreunde.at).

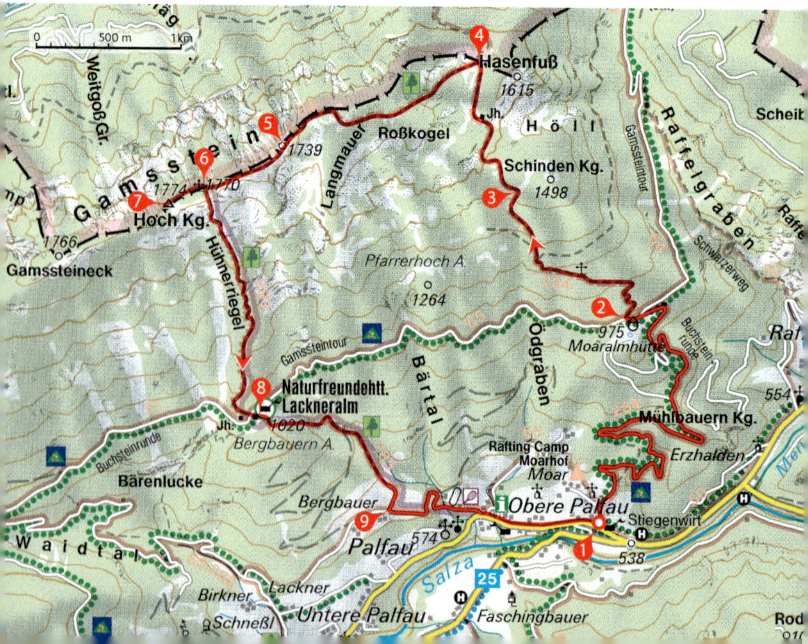

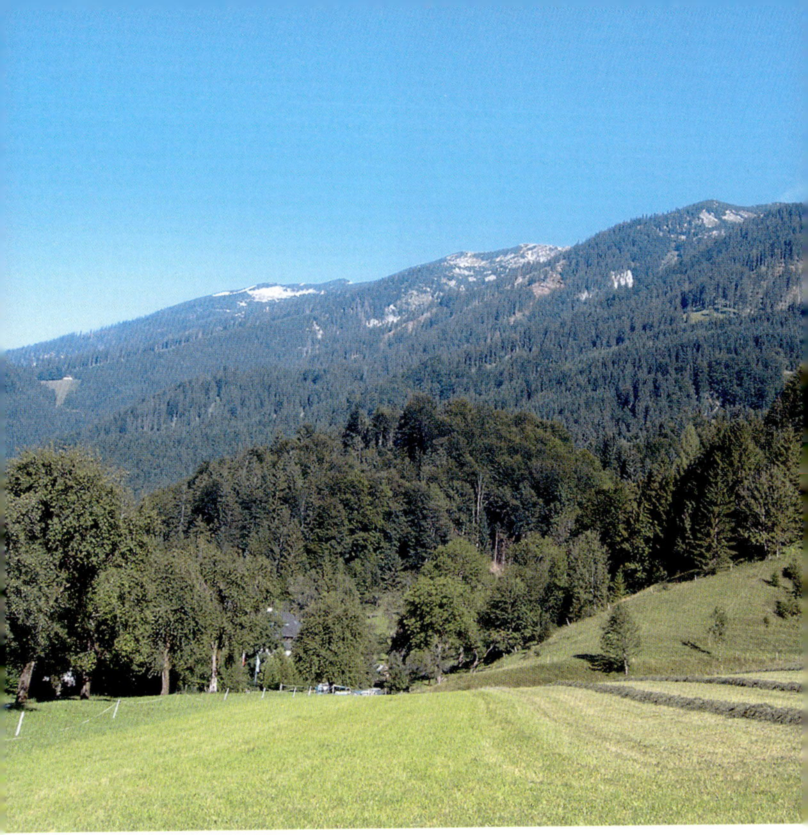

Der Gamsstein-Höhenrücken aus dem Salzatal bei Palfau.

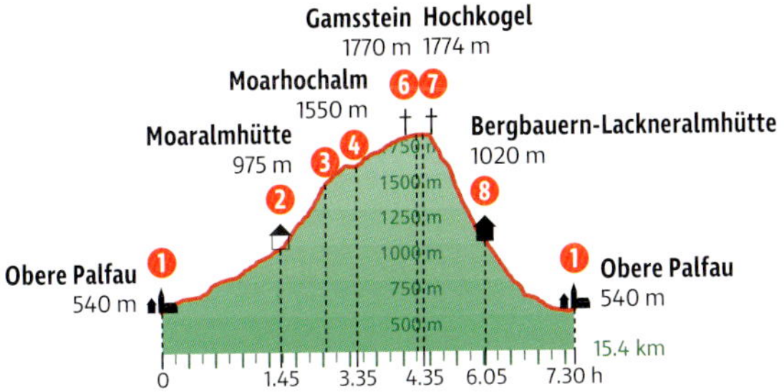

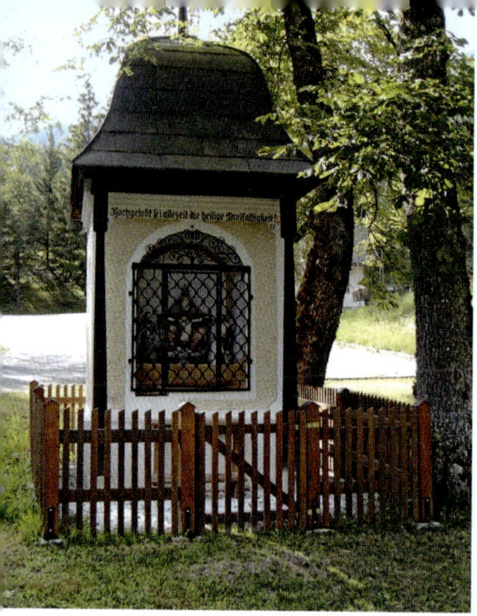

Schöne Gedenkkapelle am Ende der Gamsstein-Runde.

Ab der Bushaltestelle in der **Oberen Palfau** ❶ die Ortsstraße 350 m nach Nordwesten zur Rechtsabzweigung der Zufahrt zur Moaralmhütte. Diese kurz nach Norden hinauf, bald aber rechts ab und auf einer Forststraße (Weg Nr. 284), vorbei an einem Klettergarten, in Kehren bergan zur Straßengabelung, 820 m, unterm Mühlbauernkogel. Sich links haltend in weiteren Kehren bergan zur **Moaralmhütte** ❷, 975 m. Nach Traversierung einer Forststraße geht es auf einem steilen Waldweg weiter bergauf. Über eine kleine **Lichtung** ❸, 1430 m, unterm Schindenkogel empor, danach in zunehmend felsigem Gelände zur Wiesenfläche, 1560 m (Jagdhütte) unterhalb des Hasenfußes. In Nordrichtung weiter bergauf und durch eine kleine Einsattelung zur **Moarhochalm** ❹, 1550 m, wo der Querweg Nr. 64 aus dem Ybbstal erreicht wird. Auf ihm sich links haltend, südwestwärts, durch lichten Baumbestand, Wiesen und Latschen die lang gestreckte Wiesenmulde zwischen Roßkogel / Langmauer und Gamsstein-Rücken sanft bergauf, bis man an **P. 1739** ❺, einem Vorgipfel (kleines Kreuz), den flachen Höhenrücken selber erreicht. Über diesen (oder links von ihm) durch Bergwiesen und Latschen auf und ab in den Sattel vor dem Gamsstein. Nun im felsigen Gelände (Trittsicherheit nötig!), vorbei an der Linksabzweigung des Hühnerriegelsteigs Nr. 283, steil empor zum Gipfel des **Gamsstein** ❻, 1770 m, mit herrlicher Rundsicht!. Weiter auf Steigspuren (nicht markiert) entweder über den flachen, von Latschen bewachsenen Kamm oder über die felsdurchsetzten Steilwiesen links von ihm (Trittsicherheit nötig!) zum 230 Meter entfernten **Hochkogel** ❼, 1774 m. Rundsicht wie vom Gamsstein!

Zurück zur Rechtsabzweigung von Steig 283. Dieser führt uns vorerst durch Wiesen, dann über den Waldkamm des Hühnerriegels in Kehren nach Süden hinab zur **Bergbauern-Lackneralmhütte** ❽, 1020 m, wo eine Forststraße gequert wird. Sich links haltend über die Wiesen der Bergbauernalm in ein kleines Bachtal, 850 m. Parallel zu ihm geht es durch Wald südostwärts weiter bergab, zuletzt über Wiesen zum **Bergbauer** ❾, 640 m. Entlang der Zufahrtsstraße ostwärts hinunter zur Ortsstraße von Palfau (rechts zur Kirche) und auf ihr 800 m nach links zum Ausgangspunkt in der **Oberen Palfau** ❶.

↗ 150 m | ↘ 150 m | 6.7 km

TOP

3.15 h Erlebniswelt Mendlingtal 48

Der Lassinger Holzweg durch die letzte funktionstüchtige Holztriftanlage Mitteleuropas

Die Holztriftanlage bei Lassing, einer ehemaligen Holzknechtsiedlung, ist eine viel besuchte Attraktion. Ein 3,5 Kilometer langer Themenweg zeigt, wie einst der für die Eisenerzeugung so wichtige Brennstoff Holz transportiert wurde. Ausgestattet mit Stegen, Brücken, wasserbetriebener Schaumühle, Venezianer-Brettersäge, Schmiedegesellenhaus, Brotbackhaus und einladender Gaststätte, ist die Erlebniswelt ideal für Leute, die auf der Suche nach altem Kulturgut dem bequemen Schauwandern huldigen möchten.

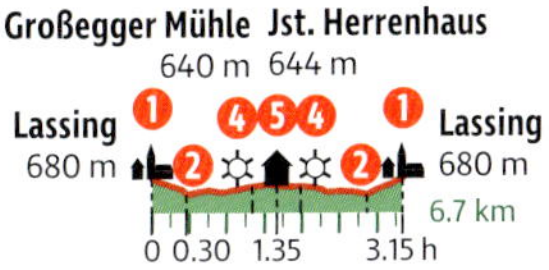

Ausgangspunkt: Parkplatz, 680 m, westlich unterhalb des Hotels Farnberger (Bushalt »Farnberger« der Linie 643 Göstling / Palfau) in Lassing an der B25, 9 km von Göstling, 500 m südlich der Abzweigung bzw. Mautstelle zur Hochkar-Alpenstraße, 9 km von Göstling.
Anforderungen: Bequeme Familienwanderung auf breiten Wegen, über Stege und Holzbrücken.
Einkehr: Hotel Farnberger (ganzj. geöffnet, 35 B., Tel. +43 7484 72340, hotelfahrnberger.at), Alpenhotel Ensmann (44 B., ganzj. geöffnet, Mo. und Di. Ruhetag, Tel. +43 7484 7014, alpenhotel-ensmann.at), beide in Lassing. Jst. Herrenhaus (keine Nächtigung, geöffnet 1. Mai bis 31. Okt., täglich 9–17 Uhr, herrenhaus-mendlingtal.at), Ghf. Zum Hammer (16 B., ganzj. geöffnet, Mo. und Di. Ruhetag, Tel. +43 7484 7229, hammerwirt.at).
Variante: Mit Übergang über den Sattel »Eisenwiesen« zum Ghf. Zum Hammer und Rückkehr teilweise auf Asphaltstraßen (z. T. auf der B25) kann die Tour erweitert werden. Gesamter Zeitaufwand 4 Std., mit Besichtigungen 5.30 Std.

Hinweis: Die Erlebniswelt Mendlingtal ist zwischen 1. Mai und 31. Okt. täglich 9–17 Uhr geöffnet. Schautriftführungen gibt es jeden 1. So. und 3. Sa. im Monat jeweils um 13.30 Uhr bei der Klaushütte. An diesen Tagen sind die Großegger Mühle (ab 10 Uhr) und die Venezianer-Brettersäge (13 Uhr) in Betrieb, erlebniswelt-mendlingtal.at.

Am Eingang in die Erlebniswelt Mendlingtal.

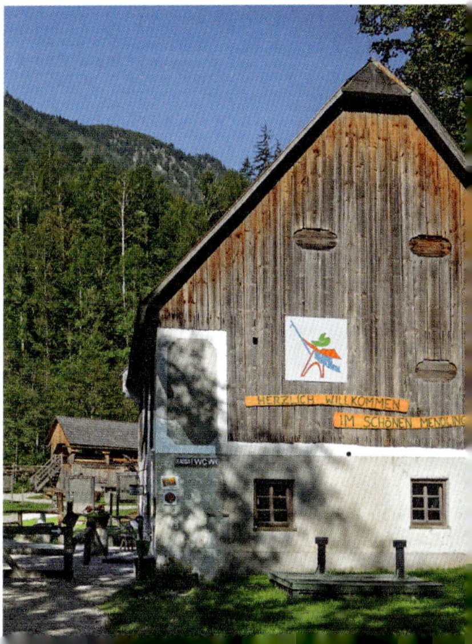

Vom Parkplatz in **Lassing** ❶, den Hinweistafeln zur Erlebniswelt Mendlingtal folgend, auf breitem Weg über Wiesen, rechts am Dorfteich vorbei und die B25 kreuzend, nach Südwesten hinab in den Wald und dort an den Hängen abwärts, später um eine Ecke nach rechts herum zum »Buchsteinblick«, schließlich über Stiegen hinab zum Eingang in die **Erlebniswelt Mendlingtal** ❷, 600 m (Mautstelle), am tiefsten Punkt der Wanderung. Hier lohnt ein Besuch des früheren Schmiedegesellenhauses des Hammerwerks Staudinger (Museum mit Darstellung des Holzverarbeitungsvorgangs mit Köhlerei, Händlern, Fuhrleuten, Mauteintreibern und origineller »Rauchkuchl«) sowie der Venezianer-Brettersäge von 1907.

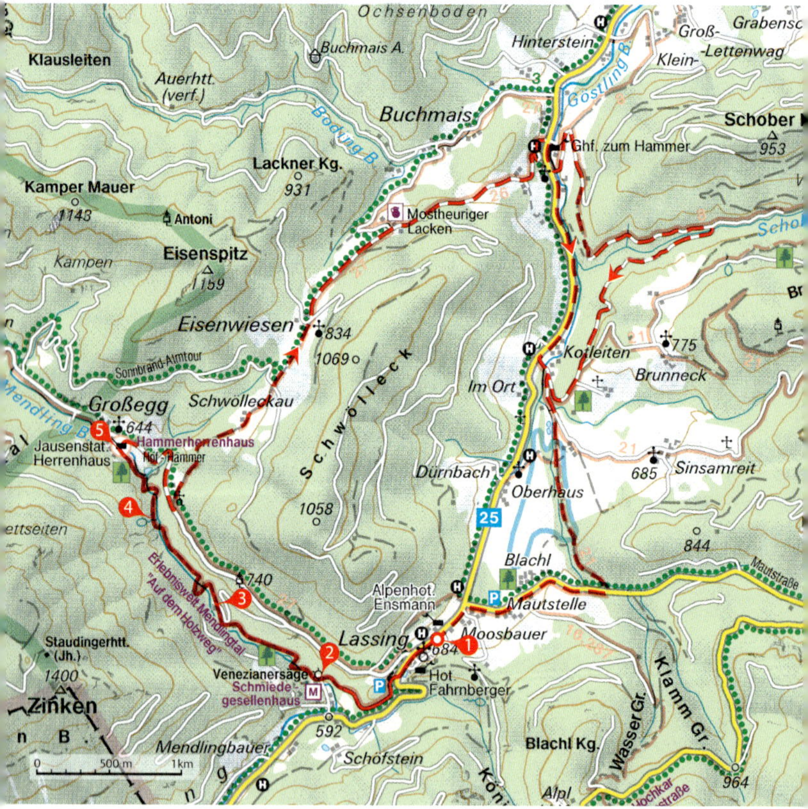

Wir folgen dem Triftsteig auf Holzstegen und über Brücken links vom Mendlingbach neben dem Nutzwasserkanal durch den ersten Schluchtabschnitt zur Rechenanlage (zum Abfangen der Baumstämme), dann rechts vom Bach vorerst an der Roten Mauer (herausgesprengtes Wegstück), später auf Holzstegen an der Sauprügelmauer entlang. Durch ein Augebiet an der Langen Mauer weiter zum Rastplatz **Klaushütte 3**, einem ehemaligen Holzknecht-Unterstand.

Am rechten Bachufer an den Felswänden auf Stegen weiter, später, das Ufer mehrmals wechselnd, zur Steinkastenklause beim Triftsee. Rechts am Stausee entlang, dann an den Waldhängen (»Klauswurzel«) in die Große Klamm. Auf Holzstegen durch die Enge zum »Hochkarblick«, schließlich an die linke Bachseite und dort zur Großeggerquelle (Karstquelle) links oberhalb des Klammweges. Über den Quellbach zur alten **Großegger Mühle 4**, einer Schaumühle, die 1864 als Getreidemühle errichtet wurde und von 1874 bis 1916 im Besitz von Baron Rothschild war. Durch den Waldgraben zur Rechtsabzweigung in Richtung der nahen Herrenhaus-Fischteiche und geradeaus weiter zum einstigen Hammerherrenhaus Hof mit der **Jst. Herrenhaus 5**, Kinderspielplatz, Brotbackstube, Brotladen und Kapelle.

Auf demselben Weg zurück zum Parkplatz in **Lassing 1**.

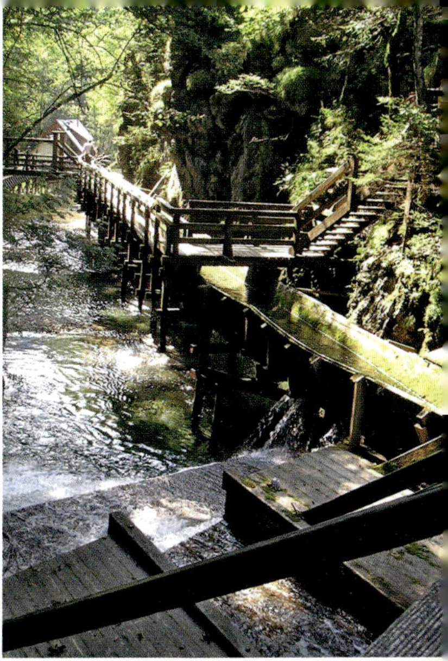

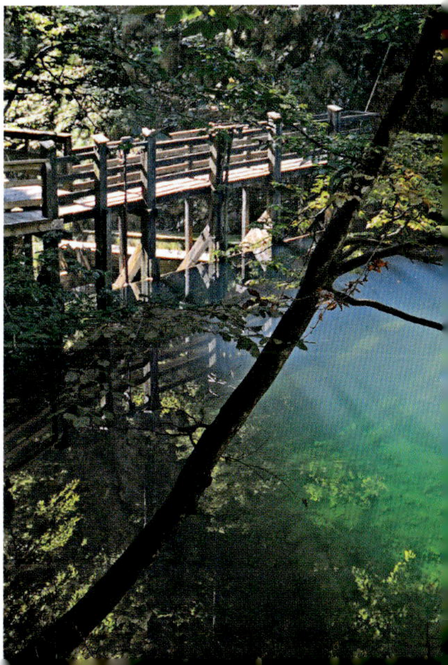

Oben: Holztriftanlage und Nutzwasserkanal auf dem Mendlingtal-Schauweg. Unten: Märchenhaft wirkende Lichtbrechungen beim Triftsee in der Steinkastenklause.

↗ 370 m | ↘ 370 m | 3.5 km

49 Palfauer Wasserlochklamm

2.15 h

Eindrucksvolles Naturphänomen im Hochkar-Massiv

Am Südfuß des Hochkar-Massivs findet sich eines der spektakulärsten Naturwunder des Salzatals: Eine Wasser führende Höhle, die einen mächtigen Siphonsee überwölbt, aus dem eine riesige Karstquelle – die größte der Steiermark – austritt. Eine attraktive Steiganlage führt, die natürlichen Gegebenheiten ausnützend, über Holztreppen und -brücken durch eine steile Klamm zu ihr empor. Der Weg passiert Felsengen, schmale Canyons und fünf gischtende Wasserfälle mit einer Fallhöhe von in Summe über 150 Metern. Am Scheitelpunkt der Tour erwartet uns die Quellhöhle mit dem unergründlich tiefen Wasserloch inmitten der steilen, schwer zugänglichen Felswand.

Ausgangspunkt: Ghf. Wasserlochschenke, 540 m (Großparkplatz, Bushaltestelle) an der B24 im Salzatal 5 km östlich von Palfau. 9 km von Lassing, 18 km von Göstling. Anreise mit Pkw oder per Rufbus: Ab Göstling per Bus 923 Sa., So. und an Feiertagen nach Palfau, danach mit Bus 922 Hieflau – Palfau – Wildalpen zur Haltestelle »Schönau« beim Ghf. Wasserlochschenke. Rufbus-Anmeldung 2 Std. vor Abfahrt unter Tel. +43 676 5870031 und +43 3637 212.

Anforderungen: Kurze, einfache Wanderung über Holzstege und Treppen durch steiles Felsgelände. Trittsicherheit nötig. Nur bei trockenem Wetter!

Einkehr: Ghf. Wasserlochschenke (keine Nächtigung, geöffnet 25./30. April bis 15. Okt., bei Schönwetter auch länger, Tel. +43 3638 322, wasserloch.at).

Hinweis: Das Wasserloch ist vom 25./30. April bis 31. Okt. ab 8 Uhr zugänglich. Eintritt für Erwachsene 7,50 Euro, für Kinder 5 Euro, Familienkarte 20 Euro; Tel. +43 3633 2201-51, wasserloch.at.

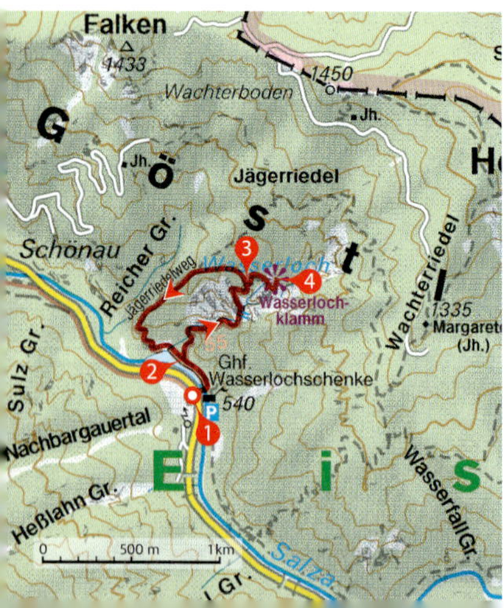

Vom **Ghf. Wasserlochschenke** ❶ den rot markierten Weg Nr. 55 auf der 65 m langen und 22 m hohen Fußgänger-Hängebrücke über die türkisgrüne Salza zur Mautstelle (Eintrittsgebühr) am jenseitigen Ufer. Dort den teils aus dem Fels gehauenen Steig im lichten Wald nach links hinab zur Wegteilung am **Salza-Ufer** ❷, 515 m (geradeaus die Abstiegsroute vom Jägerriedel). Eine steile Wiese in Kehren nach rechts (Norden) hinauf zu einer Schulter. Jenseits durch Wald bergab in die von senkrechten Wänden flankierte wildromantische

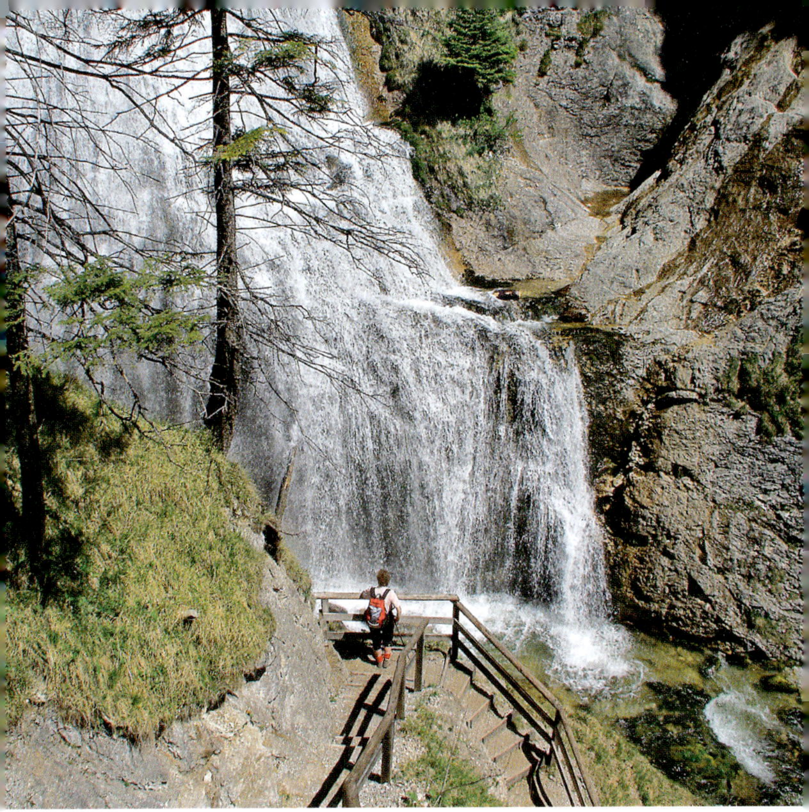

Ein rauschender »Wasservorhang« im Anstieg zum Palfauer Wasserloch.

Wasserlochklamm und dort über den Bach (Brücke). Den Bach mehrmals über Holzstege und -treppen querend, an fünf größeren Wasserfällen vorbei (darunter ein regelrechter »Wasservorhang«), durch die Schlucht in Kehren hinauf, später etwas abseits des Baches im steilen Waldgelände empor zur Linksabzweigung des **Jägerriedel-Steigs** ❸, 790 m. Kurz nach rechts hinauf zu kleiner, stets geöffneter Unterstandshütte (Info-Tafeln, Tische, Bänke) am Rand des Wasserlochs. Über eine Treppe nach rechts empor in eine Scharte direkt über dem Felsenfenster des Lochs,

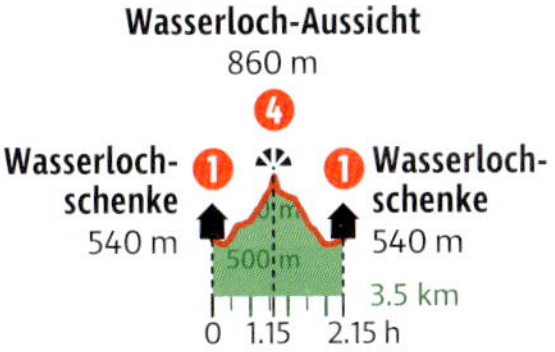

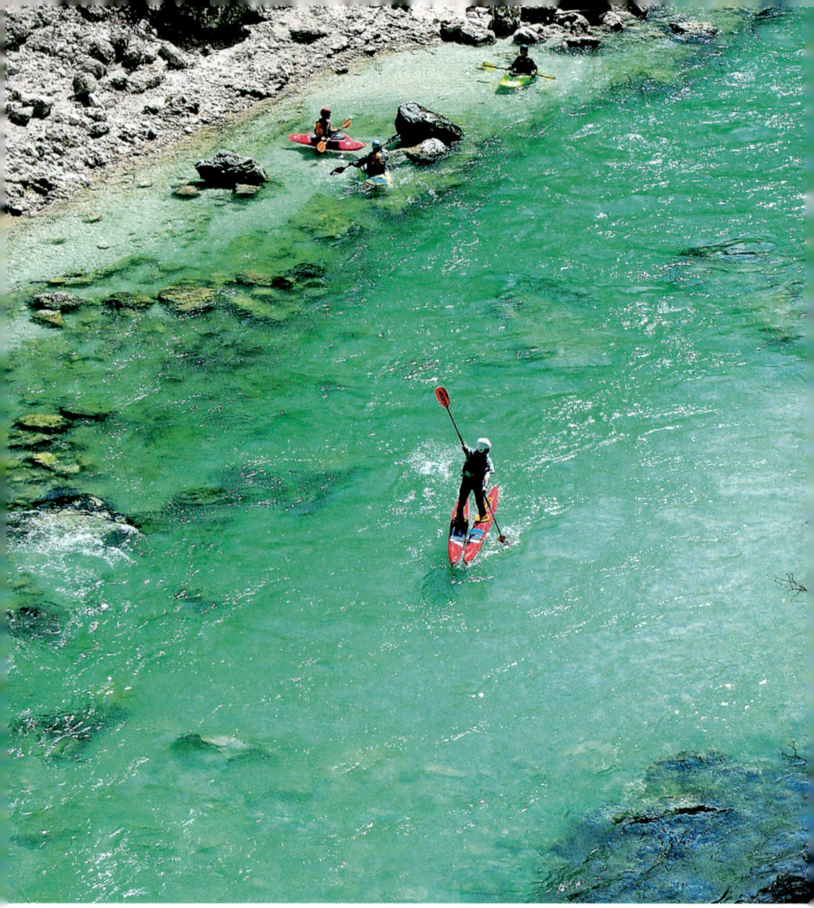

Die Salza ist gut für Wassersportaktivitäten jeder Art, auch für Stand-up-Paddling.

danach den Treppenweg über eine natürliche Felsbrücke zur **Wasserloch-Aussicht** 4, 860 m. Imponierender Blick in den Wasserloch-Canyon und Tiefblick in das Salzatal.

Zurück zur Rechtsabzweigung des **Jägerriedel-Steigs** 3. Auf diesem, in einer Gegensteigung einen Steilabbruch im Wald umgehend, an einen vom Hochkar herabziehenden Waldrücken. Über ihn durch Wald nach links (Südwesten) hinab zur Salza. Dort nach links über den Wasserlochbach zum Anstiegsweg und auf ihm zurück zum **Ghf. Wasserlochschenke** 1.

↗ 490 m | ↘ 780 m | 16.6 km

6.00 h

Vom Hochkar, 1808 m, zum Ringkogel, 1668 m

50

Lange Grat- und Almenwanderung in die Einsamkeit

Das im Winter von den Skifahrern überrannte Hochkar kann an den Wochentagen im Sommer sehr einsam sein. Zu den Highlights für ausdauernde Wanderer dort gehört fraglos die vom Hochkar auf den Dürrenstein führende »Alpintour«, auf der sich ein Teil unseres anspruchsvollen »Ringkogel-Achters« abspielt. Dennoch ist das eine zugegeben lange, anstrengende Tour, auf der man sich allerdings die einleitenden 300 Höhenmeter vom Hochkarboden auf den Hochkargipfel durch Benutzung des Hochkarlifts erspart.

Ausgangspunkt: Talstation des Hochkarlifts (4er-Sessellift) am Hochkarboden, 1480 m (Großparkplatz). Zufahrt mit Pkw auf der B25 von Göstling nach Lassing (9 km), dann 9 km Mautstraße (im Sommer keine Gebühr!) oder per Regionalbus 643 (Göstling – Lassing – Hochkar – Palfau, z. T. als Rufbus mit Anmeldung 90 Min. vor Abfahrt, Tel. +43 676 83336750, mostviertel-linie.at). Vom Hochkarboden Auffahrt mit dem Hochkarlift zur Bergstation beim JoSchi Berghaus (ehemaliges Geischlägerhaus, 1770 m). Liftbetrieb von Pfingsten bis 31. Okt. an den Wochenenden, durchgehend in den Sommer- (1. Juli bis 10. Sept., außer Montag) und Herbstferien (26. bis 31. Okt.). Tel. +43 5013 8200, hochkar.com).

Anforderungen: Unschwierige, aber lange, aufgrund der zahlreichen Gegenanstiege anstrengende Tour. Von einem unbez. weglosen Stück am Anfang abgesehen meist gut bez. Wege. Ausdauer, Orientierungsvermögen und Trittsicherheit nötig. Bei Nebel abzuraten!

Einkehr: Beim Hochkar-Großparkplatz mehrere Gastbetriebe sowie das Hochkar-Schutzhaus des Österreichischen Touristenklubs (6 B., 26 L.; geöffnet 1. Juli bis 31. Okt. Sa. bis Mi., Do. und Fr. Ruhetag, Mai, Juni und Nov. auf Anfrage; Tel. +43 7484 7203, schutzhaus-hochkar.at), JoSchi Berghaus an der Hochkarlift-Bergstation (40 B., mit der Hochkarbahn geöffnet, Tel. +43 7484 7213, jo-schi.at), Jst. Schwarzalm (20 L., bew. 25./30. Juni bis 15./30. Sept., Mi. Ruhetag, Tel. +43 664 3135706 und +43 688 83904460).

Hinweis: Von der Hochkarlift-Bergstation Besuch der »360° Skytour«, eine zum Teil aus Stahl gefertigte Anlage rund um den Noten, 1781 m, mit 60 m langer Hängebrücke und 9 m auskragender Aussichtsplattform 120 m über dem Abgrund. Großartiger Ausblick! Zeitaufwand 45 Min.

Variante: Der Hochkar-Gipfel kann vom Großparkplatz am Hochkarboden auf blau bez. Weg über den Scheinecksattel in 1.30 Std. auch lohnend zu Fuß erreicht werden.

Von der **Talstation** mit dem **Hochkarlift** ❶ zur **Bergstation** ❷ östlich des Hochkar-Gipfels. Dort auf Promenadenweg westwärts hinab in einen Sattel, 1762 m, und jenseits über eine Steilstufe empor zum Gipfel des **Hochkar** ❸, 1808 m, mit umfassende Rundsicht. Auf demselben wieder zurück zur **Hochkarlift-Bergstation** ❷.

Vom nahen Sendemast Noten folgt man dem bez. Steig (nicht der Asphaltstraße!) der »Alpintour« Hochkar – Dürrenstein – Ötscher nach Osten hin-

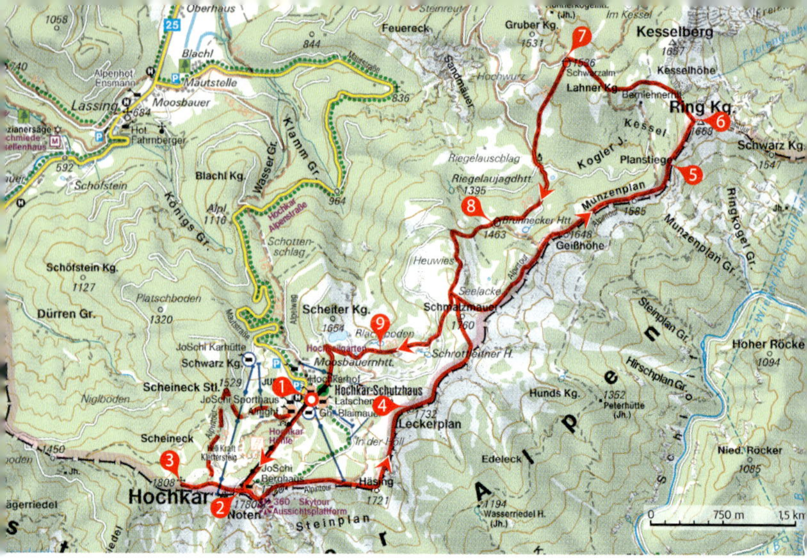

ab zum Steirertörl. Nun nicht entlang der »Alpintour«, sondern auf breiter Sandstraße Richtung Häsing geradeaus steil bergauf zur Lift-Bergstation. Oberhalb von ihr vorbei zur Skiabfahrt, auf dieser gerade hinab vor den nächsten Grataufschwung. Links über die Piste steil nach Norden hinab in die Mulde In der Höll, 1580 m. Vom tiefsten Punkt weglos über einen Wiesenhang (rechter Pistenrand) sehr steil hinauf zur Bergstation des Leckerplanlifts und durch eine kurze Latschengasse nach rechts zum Gipfel des **Leckerplan** 4, 1732 m, am Südabbruch des Hochkar-Massivs.

Nun stets am Kamm, entlang der Abbruchkante (Weidezaun) den unbez. Steigspuren folgend nordostwärts auf und ab dahin. Dort, wo der Grat steil abbricht und ungangbar wird, weicht man, die Schmalzmauer umgehend, links aus und erreicht leicht fallend eine Weggabelung, 1690 m, wo man wieder auf die »Alpintour« stößt. Auf ihr ostwärts ein Stück in die Seelacke, 1640 m, abwärts, auf halber Hanghöhe jedoch aus dem Steilgelände

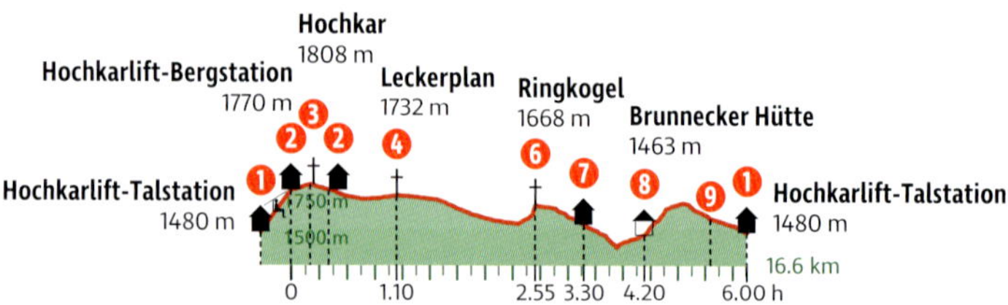

über Schuttfelder und Grasbänder nach rechts aufwärts zur Kammhöhe, 1695 m. Diese nordostwärts über Graskuppen hinweg in einen Wiesensattel, 1585 m (Bank, Linksabzweigung zur Brunnecker Hütte). Über die schmale, von Latschen bewachsene Gratschneide bergauf, danach durch Latschengassen quer durch die steile Nordflanke der Geißhöhe, schließlich durch Waldschneisen hinab auf einen flachen Wiesenboden und dort über steinübersäte Wiesen zum Munzenplan, 1585 m. Am Abbruchrand weiter, später durch eine Mulde mit Steinblöcken hinab in den Waldsattel der **Planstiege** ❺, 1540 m (knapp davor die Linksabzweigung durch den »Kessel« zur Schwarzalm), und jenseits den Gipfelhang empor zum **Ringkogel** ❻, 1668 m, mit prachtvollem Rundblick. Vom Gipfel links den rot bez. Weg in Nordwestrichtung zur Kesselhöhe, danach westwärts über den Lahnerkogel zur **Schwarzalm** ❼, 1536 m. Von der Alm weg folgen wir dem rot bez. Weg Nr. 23 in Richtung Hochkarboden durch Wald und über Almwiesen, nach Süden abwärts in eine Mulde mit einer »Lacke«, 1380 m, danach mit Gegenanstieg zur unbew. **Brunnecker Hütte** ❽, 1463 m. Weiter auf schönem Fußweg südwestwärts über die Heuwies zu der vom Hinweg bekannten Wegteilung, 1690 m, unterhalb der Schmalzmauer. Wir folgen weiterhin dem Weg Nr. 23 (»Alpintour«) nach Südwesten hinab in das Kar der Schrottleitner Alm, danach westwärts entlang einer Schotterstraße zum **Blachlboden** ❾, 1575 m. Auf der Straße geradeaus weiter bergab zu großer Linkskehre, danach südwärts zu den Häusern am Hochkarboden und schließlich zurück zum Großparkplatz an der **Talstation** ❶.

Wohlverdiente Einkehr an der Schwarzalm.

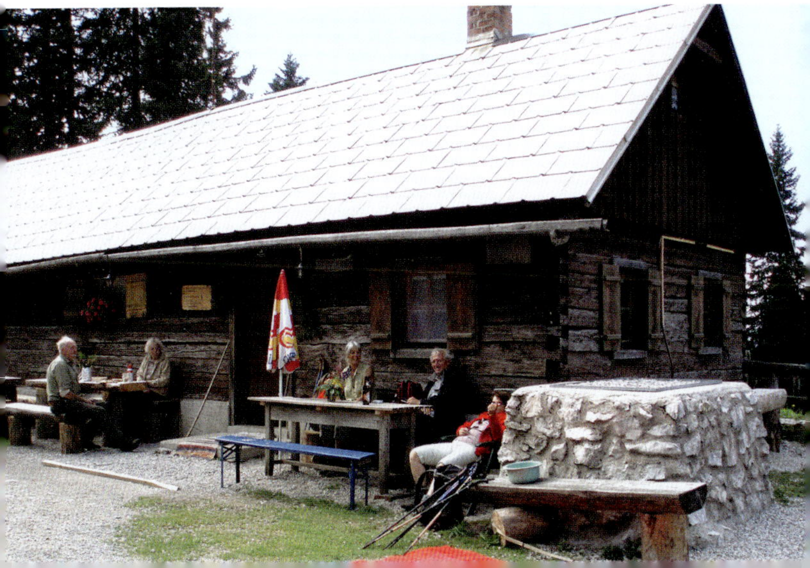

STICHWORTVERZEICHNIS

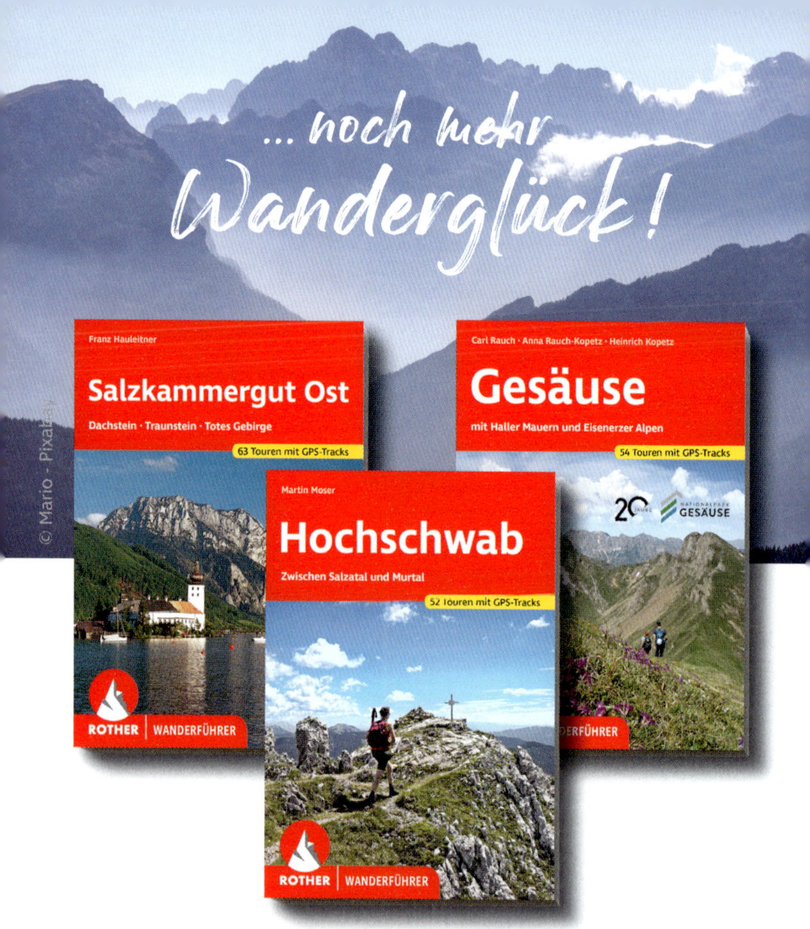
... noch mehr Wanderglück!
© Mario - Pixabay
Franz Hauleitner
Salzkammergut Ost
Dachstein · Traunstein · Totes Gebirge
63 Touren mit GPS-Tracks
ROTHER WANDERFÜHRER
Carl Rauch · Anna Rauch-Kopetz · Heinrich Kopetz
Gesäuse
mit Haller Mauern und Eisenerzer Alpen
54 Touren mit GPS-Tracks
GESÄUSE
Martin Moser
Hochschwab
Zwischen Salzatal und Murtal
52 Touren mit GPS-Tracks
ROTHER WANDERFÜHRER

Umschlagbild: Die Dörflmoaralm im Anstieg vom Hengstpass auf den Wasserklotz (Tour 37). Im Westen jenseits des Windischgarstner Beckens die Ende September schon schneeverbrämten Höhen des Toten Gebirges mit Spitzmauer und Großem Priel.

Bild im Innentitel: Das mächtige Schloss Klaus mit dem gleichnamigen Stausee (Tour 17) von Nordwesten betrachtet. Im Hintergrund das Sengsengebirge mit dem Spering (Tour 29) ganz rechts.

Bild S. 38/39: Erholsame Rast am Stausee Klaus nahe der Mündung des Vorderen Rettenbachs (Tour 17).

Alle Fotos von den Autoren Franz und Michael Hauleitner, ausgenommen die Fotos der Seiten 178 (Robert Gahleitner), 10, 97, 100 (Siegfried Kniewasser), 63, 160, 183, 184 (Josef Lehner), 21, 23, 41, 42, 61, 94, 126, 127, 137 (Johann Lenzenweger), 13, 106, 111, 112, 119 (Pyhrn-Priel-Touristik) und 72 (Heinrich Zukrigl).

Kartografie:
50 Wanderkärtchen im Maßstab 1:50.000 und 1:75.000 sowie
zwei Übersichtskärtchen im Maßstab 1:500.000 und 1:800.000
© Freytag & Berndt, Wien

Werk-Nr.: 4539

4., vollständig überarbeitete Auflage 2024

ISBN 978-3-7633-4728-5

MIX
Papier | Fördert gute Waldnutzung
FSC® C147178
www.fsc.org

Wir freuen uns über jeden Korrekturhinweis zu diesem Wanderführer!
Bitte per E-Mail an: leserzuschrift@rother.de

ROTHER BERGVERLAG · Keltenring 17 · D-82041 Oberhaching
Tel. +49 89 608669-0 · rother.de